SCM893

LA
RECONEXIÓN

Dr. Eric Pearl

EDICIONES OBELISCO

Si este libro le ha interesado y desea que le mantengamos informado
de nuestras publicaciones, escríbanos indicándonos qué temas son de su interés
(Astrología, Autoayuda, Ciencias Ocultas, Artes Marciales, Naturismo,
Espiritualidad, Tradición...) y gustosamente le complaceremos.

Puede consultar nuestro catálogo en www.edicionesobelisco.com

*Los editores no han comprobado la eficacia ni el resultado de las recetas, productos,
fórmulas técnicas, ejercicios o similares contenidos en este libro. Instan a los lectores
a consultar al médico o especialista de la salud ante cualquier duda que surja.
No asumen, por lo tanto, responsabilidad alguna en cuanto a su utilización
ni realizan asesoramiento al respecto.*

Colección Espiritualidad, Metafísica y Vida Interior
LA RECONEXIÓN
Dr. Eric Pearl

1.ª edición: febrero de 2007
18.ª edición: diciembre de 2015

Título original: *The Reconnection. Heal Others, Heal Yourself*

Traducción: *Belén Cabal*
Maquetación: *B.C.R.*
Diseño de cubierta: *Marta Rovira*

© 2004, Eric Pearl
(Reservados todos los derechos)
Primera edición en inglés publicada por Hay House, Inc., EE. UU.
© 2007, Ediciones Obelisco, S. L.
(Reservados los derechos para la presente edición)

Edita: Ediciones Obelisco S. L.
Pere IV, 78 (Edif. Pedro IV) 3.ª planta, 5.ª puerta
08005 Barcelona - España
Tel. 93 309 85 25 - Fax 93 309 85 23
E-mail: info@edicionesobelisco.com

ISBN: 978-84-9777-346-1
Depósito Legal: B-32.425-2011

Printed in Spain

Impreso en España en los talleres gráficos de Romanyà/Valls S.A.
Verdaguer, 1 - 08786 Capellades (Barcelona)

Elogios a *La Reconexión*

«Eric es un hombre sorprendente con el espléndido don de la sanación. ¡Lee este libro y te transformarás!»

John Edward, médium; autor de *Cruzando al más allá*[1].

«Cuando recibí por primera vez *La Reconexión*, me senté y lo leí de principio a fin en una sola tarde. Estaba absorto. Se lee como una buena novela. Pero, a diferencia de una novela, este libro es la verdad; la verdad sobre un nuevo sistema revolucionario para sanar y ser sanado que está al alcance de cualquiera. Con mucho humor, perspicacia, y la profunda comprensión y humildad que llega sólo con la madurez de un buen médico y científico, Eric Pearl narra la historia de cómo él se transformó por la energía reconectiva, y cómo todos nosotros podemos hacer lo mismo. Si te tomas en serio la salud y la sanación, ¡lee este libro!»

Dra. Christiane Northrup, Profesora clínica adjunta de Ginecología y Obstetricia, Universidad de Medicina de Vermont College; autora de *Cuerpo de mujer, sabiduría de mujer* y *La sabiduría de la menopausia*[2].

«Como médico y neurocientífica, he sido entrenada para saber por qué y cómo funcionan los tratamientos. Cuando hablamos de la Sanación Reconectiva, no sé cómo funciona. Simplemente sé por propia experiencia que lo hace. El trabajo de Eric Pearl ha sido un gran regalo para mí, y a través de este libro, también puede serlo para ti.»

Dra. Mona Lisa Schulz, autora de *Despierta tu intuición*[3].

---

1. *N. de la T.:* Publicados ambos en español por Jodere Group, EE. UU., 2002.
2. *N. de la T.:* Publicados ambos en español por Ediciones Urano, Barcelona, 2002.
3. *N. de la T.:* Publicado en español por Ediciones Urano, Barcelona, 1999.

«Muchos hemos estado esperando durante décadas que el Dr. Eric Pearl nos mostrara en su primer libro, una nueva, única y elegante forma de enseñar la sanación y la transformación. La verdadera revelación de este trabajo, sin embargo, es que él ¡comparte sus secretos con todos! Este libro no sólo es ameno de leer, sino que este divertidísimo y curioso sanador muestra realmente la facilidad en la que la verdadera energía de sanación puede reconocerse y activarse en todos nosotros. ¡Ya era hora!»

Lee Carroll, autor de los libros de Kryon, y coautor de *Los niños índigo*[4].

«La Reconexión del Dr. Eric Pearl es simplemente el mejor libro de sanación transpersonal y medicina espiritual de los últimos años. Es un regalo del Universo y una contribución extraordinariamente apasionante al paradigma mundial de transformación que está sucediendo en nuestro tiempo. Si vas a leer sólo dos libros este año, asegúrate de que esta joya sea uno de ellos.»

Dr. Hank Wesselman, autor de *Encuentros con el espíritu* y *El mensaje del chamán*[5].

«Eric ha escrito un maravilloso, provocador y práctico libro sobre sanación. Comparte no sólo su conocimiento personal y experiencia con el don de sanar, sino que también brinda unas técnicas útiles para realizar las sanaciones que todos necesitamos en nuestras vidas, no sólo para nosotros mismos sino también para los demás. El humor y la sinceridad de Eric hacen que este libro sea de OBLIGADA lectura.»

Dr. Ron Roth, autor de *Holy Spirit for Healing*.

«Innovadoras y sorprendentes revelaciones entre las dinámicas de sanación.»

Dr. Deepak Chopra, autor de *Conocer a Dios*[6].

«Éste es un libro que inspira la mente, conforta el corazón y celebra el proceso de la sanación. La visión del Dr. Pearl de la Sanación Reconectiva debe ser leída por profesionales de la salud que deseen fomentar un mayor nivel de sanación en sus pacientes y, en el proceso, sanarse a sí mismos.

---

4. *N. de la T.:* Publicado en español por Ediciones Obelisco, Barcelona, 2001.
5. *N. de la T.:* Publicados en español por Plaza & Janés, Barcelona, 1999.
6. *N. de la T.:* Publicado en español por Debolsillo, Barcelona, 2001.

La Reconexión debería ser leído por los pacientes no sólo para que se puedan sanar a ellos mismos, sino para ayudar en la sanación de otros y, a través de su ejemplo, poder informar a sus médicos convencionales de la medicina energética actual y el poder sanador de La Reconexión.»

Dr. Gary E. R. Schwartz, y **Dra. Linda G. S. Russek**, directores del Laboratorio de Sistemas de Energía Humana de la Universidad de Arizona; y autores de *The Living Energy Universe: A Fundamental Discovery That Transforms Science And Medicine.*

«Un libro maravilloso que describe la evolución de un doctor-sanador, contada con agudeza, humor y gran perspicacia. Las curiosas historias y experiencias del Dr. Pearl que llevan al desarrollo de la Sanación Reconectiva son a la vez edificantes y conmovedoras. Eric Pearl ha recibido un don sin igual, que él nos transmite a todos nosotros. Su propuesta sobre la Sanación Reconectiva es simple, aunque sus efectos son profundos. Representa una nueva y no dirigida forma de sanación energética que va más allá de las fórmulas, técnicas y mantras de las que hemos dispuesto hasta ahora para trabajar en este planeta. Yo lo recomiendo especialmente para los terapeutas, así como para todos los que estén interesados en despertar su propio potencial de sanación.»

Dr. Richard Gerber, autor de *La curación energética*[7] y *Vibrational Medicine For The 21st Century.*

«*La Reconexión* es una historia real bien escrita que podría realmente inspirar a la gente a seguir su camino espiritual y convertirse en sanadores.»

Dra. Doreen Virtue, autora de *The Lightworker's Way, Healing With The Angels* y *Los niños de cristal*[8].

---

7. *N. de la T.:* Publicado en español por Robin Book, Barcelona, 1993.
8. *N. de la T.:* Publicado en español por Ediciones Obelisco, Barcelona, 2004.

LA
RECONEXIÓN

Sana a otros;
sánate a ti mismo

Dr. Eric Pearl

A mis padres, por darme la vida y por darme el valor de vivir su verdad.

A Salomón y Aarón, por darme entendimiento
… y por darme la validación que necesitaba para seguir adelante.

A Dios/Amor/Universo, por dar.

Índice

Prefacio

Estás a punto de leer un libro sobre un valiente y comprensivo médico, el Dr. Eric Pearl, quien descubrió que la clave para la salud y la sanación está en lo que él llama *La Reconexión*. Cuando le oímos hablar por primera vez en el Programa de Medicina Integradora del Dr. Andrew Weil en la Universidad de Arizona, nos sentimos inmediatamente impactados por la honestidad y sinceridad del Dr. Pearl. Era un hombre que estaba dispuesto a renunciar a una de las consultas quiroprácticas más lucrativas de Los Ángeles para adentrarse en un viaje de sanación espiritual y formular algunas de las más importantes y controvertidas preguntas de la medicina y la sanación de hoy en día.

¿Juega la energía, y la información que conlleva, un papel principal en la salud y la sanación?

¿Pueden nuestras mentes conectarse con esta energía, y podemos aprender a aprovechar esta energía para sanarnos a nosotros mismos y a los demás?

¿Hay una gran realidad espiritual, formada de energía viva, con la que podemos aprender a conectarnos, que no sólo fomenta nuestra sanación personal, sino la sanación del planeta entero?

Nos preguntamos: «¿Habrá perdido la razón el Dr. Pearl? O, ¿se habrá reconectado con la sabiduría de su propio corazón y el corazón de energía viva del cosmos?».

La verdad es que, cuando vimos al Dr. Pearl por primera vez, no lo sabíamos. Sin embargo, el Dr. Pearl había sido destinado a «predicar con el ejemplo». Esto incluía llevar sus afirmaciones –y sus talentos– a un laboratorio de investigación cuyo lema es «Si es cierto, debe darse a conocer; y si es falso, encontraremos el error».

El Laboratorio de Sistemas de Energía Humana de la Universidad de Arizona es fiel a la integración de la medicina mente-cuerpo, medicina energética, y medicina espiritual. Nuestro propósito al trabajar con el Dr. Pearl no fue probar que la Sanación Reconectiva funciona, sino más bien proporcionar al proceso de la Sanación Reconectiva la oportunidad de probarse a sí mismo.

Una conexión histórica con la Reconexión

Mi relación personal (habla Gary) con el concepto de reconexión se remonta a mi programa de doctorado en filosofía en la Universidad de Harvard a finales de los años 60. Me incorporé a una investigación revolucionaria sobre la autorregulación y sanación dirigida por uno de los médicos más integradores del primer tercio del siglo pasado.

En 1932, el profesor Walter B. Cannon de la Universidad de Harvard publicó su clásico libro *The Wisdom of the Body*. El Dr. Cannon describió cómo el cuerpo mantiene su salud –en inglés, *health*, del griego *hael* que significa «plenitud»– fisiológica a través de un proceso que él llamó «homeostasis». Según Cannon, la capacidad del cuerpo para mantener su plenitud homeostática requiere que los procesos de retroalimentación que hay en todo el cuerpo estén conectados, y que la información que viaja a través de esta red de autopistas de retroalimentación sea fluida y precisa.

Por ejemplo: al conectar un termostato a una caldera, si la temperatura de tu habitación baja del nivel establecido, la señal del termostato encenderá la caldera, y viceversa, y así se mantendrá la temperatura en tu habitación. El termostato proporciona la retroalimentación; el resultado es la homeostasis entre tu habitación y tú.

Lo que hace que todo esto funcione son las conexiones apropiadas dentro del sistema. Si desconectas la retroalimentación, la temperatura no se mantendrá. Esto, en una palabra, es la idea de la conexión de la retroalimentación.

Como joven profesor asistente en el Departamento de Psicología y Relaciones Sociales de la Universidad de Harvard, desarrollé la lógica que conduce al descubrimiento de que las conexiones de retroalimentación son fundamentales no sólo para la salud y la plenitud fisiológicas, sino para la salud y la plenitud en todos los niveles de la naturaleza. La conexión de la retroalimentación es fundamental en la plenitud; esto es: energética, física, emocional, mental, social, global y, sí, incluso astrofísica.

Propuse que «la sabiduría del cuerpo» de Cannon podía reflejar un principio mayor y universal. Lo llamé «la sabiduría de un sistema» o más simple, «la sabiduría de la conexión»:

Cuando las cosas están conectadas, ya sea:

1. el oxígeno al hidrógeno por vínculos químicos en el agua;

2. el cerebro a órganos fisiológicos por mecanismos neurales, hormonales o electromagnéticos del cuerpo; o

3. el sol a la tierra por la gravedad y las influencias electromagnéticas del sistema solar...

... y la información y la energía circulan libremente, cualquier sistema tiene la capacidad de sanar, permanecer íntegro, y evolucionar.

Cuando fui profesor de psicología y psiquiatría de la Universidad de Yale desde mediados de los años 70 hasta finales de los 80, publiqué documentos científicos que cumplían este principio de conexión universal no sólo en la plenitud y salud mente-cuerpo, sino en la plenitud y salud en todos los niveles de la naturaleza (por ejemplo: Schwartz, 1977; 1984). Mis colegas y yo sugerimos que había cinco aspectos básicos para conseguir la plenitud y la salud: *atención, conexión, autorregulación, orden* y *bienestar*.

Paso 1: *Atención* voluntaria: Esto es tan simple como sentir tu cuerpo, y la energía que fluye dentro de él y entre el medio ambiente y tú.

Paso 2: La atención crea *conexión*: Cuando permites a tu mente, consciente o inconscientemente, experimentar la energía y la información, este proceso promueve conexiones no sólo dentro de tu cuerpo, sino entre tu cuerpo y el medio ambiente.

Paso 3: La conexión conlleva *autorregulación*. Como un equipo de atletas o de músicos que consiguen éxitos en el deporte o el jazz, las conexiones dinámicas entre los integrantes permiten que el equipo se organice y se controle (lo que se llama «autorregulación»), con la ayuda de entrenadores y directores.

Paso 4: La autorregulación promueve el *orden*. Lo que experimentas como plenitud, éxito, e incluso belleza, refleja un proceso organizador realizado por las conexiones que permiten la autorregulación.

Paso 5: El orden se expresa con *bienestar*. Cuando cada cosa está conectada correctamente, y las partes (los integrantes) están autorizadas a cumplir con sus respectivos papeles, el proceso de autorregulación puede ocurrir sin esfuerzo. El proceso fluye.

También es cierto a la inversa. Hay cinco pasos básicos para conseguir la desintegración y la enfermedad: *desatención, desconexión, desregulación, desorden* y *enfermedad*.

Si *desatiendes* tu cuerpo (Paso 1), se crea *desconexión* dentro de tu cuerpo y entre tu cuerpo y el medio ambiente (Paso 2), promoviendo la *desregulación* del cuerpo (Paso 3), que podría ser medida como *desorden* del sistema (Paso 4), y *experimentada* como enfermedad (Paso 5).

En una palabra, la *conexión* lleva al *orden* y al *bienestar*; la *desconexión* lleva al *desorden* y la *enfermedad*.

Cuando leas el libro del Dr. Pearl, verás que estos pasos conectados aparecen en todos los niveles de la vida, desde el energético, a través de mente-cuerpo, al espiritual. La clave para comprender este nuevo nivel de sanación es el prefijo «re»: reatención, reconexión, re-regulación, reordenamiento sanador.

Descubrir la Sabiduría de la Reconexión

En el musical de Stephen Sondheim *Un domingo en el parque con George*, que trata del pintor puntillista George Seurat, la creación de la belleza se describe como un proceso de conexión. Seurat fue un maestro en la organización y conexión de puntos de color, creando bellas imágenes que aún hoy admiramos. Sondheim nos recuerda la importancia de este proceso con su sencilla canción: «Conecta, George, conecta».

Durante la lectura de este libro, formarás parte de una experiencia de conexión sanadora. Tu mente y tu corazón se expandirán y unirán a medida que el Dr. Pearl conecta los puntos de su vida. Entrarás en el alma de un sanador que ha experimentado dudas personales y dolor mientras descubría el proceso de la reconexión, y presenciarás la profunda bendición y satisfacción que él experimentó cuando vio a sus pacientes sanarse.

No queremos insinuar que todo lo escrito en este libro esté reconocido científicamente. No obstante, tampoco lo hace el Dr. Pearl. Él comparte sus experiencias, ofrece *sus* conclusiones, y te lleva a que saques las *tuyas* propias. El viaje continúa.

El Dr. Pearl tiene un amplio compromiso con la medicina basada en la evidencia. Sus estudios científicos básicos dirigidos en nuestro laboratorio hasta la fecha son sorprendentemente consistentes con sus predicciones, y hay proyectos de futuros estudios clínicos. Como sugiere nuestro libro *The Living Energy Universe*, la sabiduría para sanar puede estar entre nosotros, esperando a que demos con la clave que servirá para propósitos mayores.

Puede que tú te sientas tan iluminado e ilusionado con este libro como nosotros.

Dr. Gary E. R. Schwartz y **Dra. Linda G. S. Russek**

Dr. Gary E. R. Schwartz, profesor de psicología, medicina, neurología, psiquiatría y cirugía; es director del Laboratorio de Sistemas de Energía Humana de la Universidad de Arizona. También es vicepresidente de investigación y educación de la Fundación de la Energía Viva del Universo. Recibió su Doctorado en Filosofía en la Universidad de Harvard en 1971, y fue profesor asistente de psicología en Harvard hasta 1976. Fue profesor de psicología y psiquiatría en la Universidad de Yale, director del Centro de Psicofisiología de Yale, y codirector de la Clínica de Medicina Conductual hasta 1988.

Dra. Linda G. S. Russek, profesora clínica asistente de medicina y codirectora del Laboratorio de Sistemas de Energía Humana de la Universidad de Arizona. También es presidenta de la Fundación de la Energía Viva del Universo y dirige la serie de conferencias *Celebración del Alma Viva* (www.livingenergyuniverse.com).

Prólogo

Todos tenemos un propósito en la vida... un don único o un talento especial que dar a los demás. Y cuando mezclamos este talento único con el servicio a los demás, experimentamos éxtasis y júbilo en nuestro espíritu, que es la última meta de todas las metas.

Dr. Deepak Chopra

Me han hecho muchos regalos en mi vida. Uno de ellos es la asombrosa habilidad para devolver la salud, que como verás al pasar estas páginas, no entiendo por completo (aunque estoy cerca). Un segundo regalo ha sido mi descubrimiento de que ciertamente hay mundos que existen fuera de éste. Un tercer regalo es la oportunidad que se me dio de escribir este libro y compartir la información que había adquirido hasta ahora.

Lo más maravilloso del primer regalo es que, a través de él, me he dado cuenta de que tenía un propósito en la vida y que he sido bendecido no sólo por ser capaz de reconocer ese propósito, sino por vivirlo activa y conscientemente. De los regalos de la vida, éste es realmente uno de los mejores.

El segundo regalo me dio la habilidad de reconocer mi verdadero Ser, de comprender que soy un ser espiritual, y que mi experiencia humana es exactamente ésa: mi experiencia *humana*. No es sino *una* experiencia de quién soy. Hay otras. Así como veo mi espíritu ir más allá en cada cosa que hago, soy capaz de ver –y tocar– también el de otros. Éste es un regalo increíble, y aunque ha estado delante de mí desde siempre, no lo había notado hasta ahora. Este segundo regalo me dio la perspectiva de mi propósito.

El tercer regalo es el que dio aliento a un nuevo elemento de vida dentro de los dos anteriores. Hasta hace poco, había estado compartiendo el regalo de la sanación con otros, uno a uno. Aunque amaba lo que estaba haciendo, sabía que era para ser compartido con más gente. No le estaba haciendo un favor quedándomelo para mí... y no me lo estaba quedando intencionadamente. Lo veía como un regalo (que lo es), y por lo tanto pensaba que no se lo podía dar a otros (que lo puede ser).

21

Fui paciente conmigo. Sabía que pronto podría reconocer la imagen completa. Conforme su habilidad para lograr la sincronización armónica en otros se hacía conocida, comencé a dar seminarios donde había una gran cantidad de gente que era capaz de interactuar con ella de primera mano. Descubrir que este regalo de sanación puede ser activado en otros a través de la televisión también fue muy excitante. Al igual que a través de la palabra escrita (bueno, esto parece sacar a relucir una dimensión completamente nueva de transmisión). Lo más convincente sobre comunicarse a través de lo impreso o de medios televisivos es que permite a mucha más gente experimentar la activación de sus habilidades de sanación en ellos mismos. Me di cuenta de que era el momento para un cambio en nuestro entendimiento; para que la raza humana vea que –no quiero parecer demasiado religioso– dondequiera que haya dos o más personas juntas, podemos sernos útiles unos a otros. Podemos facilitar la sanación del otro. Y ahora debemos hacerlo en niveles que antes no estaban disponibles para nosotros.

Me he dado cuenta de que mi regalo no sólo es para ayudar a *otros*, sino para ayudar a *otros* para que ayuden a los demás. Esto me ha proporcionado un vehículo más amplio con el que comenzar a cumplir mi propósito.

Este libro es una combinación del manual de instrucciones que no se me dio nunca… y una activación para que inicies tu propio camino.

Tanto si tu intención es *convertirte* en sanador, conseguir que tu actual habilidad como sanador llegue a niveles más altos –o simplemente tocar las estrellas para saber que realmente existen– este libro está escrito para ti.

Pero también está escrito para mí. Es una expresión de mi propósito en la vida, que por fin encontré. O, quizá debo decir, el propósito me encontró a mí. Espero que te ayude a encontrar el tuyo también.

Dr. Eric Pearl

ဢၯဢၯ

Agradecimientos

QUIERO DAR LAS GRACIAS A:

Sonny y Lois Pearl, mis padres, por su apoyo en todos los sentidos.

Debbie Lucien, una estrella brillante en mi vida, cuya confianza, paciencia y absoluta fortaleza hicieron que este libro existiera. Me invitó a su vida y tuvo la gracia de hacer que pareciera como si *yo* estuviera rindiéndole a *ella* un homenaje.

Chad Edwards, cuya integridad, incesante energía, y su inquebrantable compromiso con la verdad salvaron este libro.

Hobie Dodd, cuyo extraordinario amor, lealtad, amistad y confianza –así como su habilidad para cuidar de mi vida personal y de negocios– hizo que fuera capaz de sacar tiempo para sentarme y escribir este libro.

Jill Kramer, cuya edición encontró la esencia en mi libro, y se aseguró de que otros fueran capaces de encontrarla también.

Robin Pearl-Smith, mi hermana, por mantener mi página de internet, editando incesantemente este libro (junto con mis padres, Hobie, y Chad que lo hicieron antes de que Jill lo tomara), y ayudar a la comprensión de La Reconexión en el mundo.

John Edward, por todo su apoyo en la sombra.

Lorane, Harry y Cameron Gordon, que me abrieron sus corazones y me ofrecieron una familia y una casa, ayudándome a ser todo lo que podía ser.

Lee y Patti Carroll, cuya amistad y opinión me ayudaron a seguir adelante durante el proceso de escribir este libro.

John Altschul, quien educadamente intentó ignorar esto hasta que tuvo su propia sanación.

Aaron y Salomón, por su entendimiento mundial.

Fred Ponzlov, por su entrega desinteresada de él mismo y de su tiempo.

Mary Kay Adams, por su decidido apoyo y aliento.

Gary Schwartz y Linda Russek, por su tiempo y energía invertidos en la investigación y documentación de la Sanación Reconectiva, y por su precioso Prefacio para este libro.

Reid Tracy, por su ayuda en este libro y por tratarme con amabilidad y respeto.

Todo el equipo de Hay House, incluidas Tonya, Jacqui, Jenny, Summer, y Christie, por estar ahí y por su bella disposición para con este libro donde quiera que se las necesitara.

Susan Shoemaker, quien preparó innumerables tazas de té mientras leía este libro entero en voz alta para mí, ¡dos veces!

Joel Carpenter, que me permitió meterme en su casa y siempre se aseguraba de que dejaba de escribir el suficiente tiempo para comer.

Steven Wolfe, por ser un elemento que me conecta a la tierra y estabiliza mi vida.

Craig Pearl, mi hermano, por no reírse.

Belén Cabal, Luis Díaz, Beatriz «Bee» Jimpson y Beatriz Schriber, mi súper especial equipo de traducción español, que ha invertido su valioso tiempo personal y esfuerzo para conseguir una traducción que exprese el verdadero espíritu de la Sanación Reconectiva.

Gemma Sellarés y Alejandro Ariza por sus leales esfuerzos para encontrar un editor y ayudar a ofrecer el mensaje de la Sanación Reconectiva al público de lengua española.

Juli Peradejordi, Giovanna Cuccia y Anna M.ª Mañas por su suprema paciencia al permitir que la publicación del libro se retrasara hasta conseguir que la traducción fuese lo más perfecta posible.

Y a Dios, el Único en este libro
al que no le preocupa si le llamo Él o Ella.

ஐஐஐ

Parte I

El regalo

¿Cuánto tiempo dejarás dormir tu energía?
¿Cuánto tiempo vas a permanecer ajeno
a la inmensidad de ti mismo?
Una taza de té – **Bhagwan Shree Rajneesh**

Capítulo Uno

Primeros pasos

Sólo hay dos maneras de vivir tu vida. Una es como si nada fuera un milagro. La otra es como si todo fuera un milagro.
Albert Einstein

El milagro de Gary

¿Cómo pudo esta persona subir las escaleras?, pensé, mirando a través del ventanal junto a la entrada de mi oficina. Mi nuevo paciente acababa de subir la escalera. Se movía en una serie de pasos y pausas, durante las cuales miraba al siguiente escalón, preparándose para el esfuerzo. Una vez más me pregunté si poner un consultorio quiropráctico en el segundo piso de un edificio sin ascensor había sido la mejor idea. ¿No sería como poner una tienda de reparación de frenos al pie de una colina empinada?

No tenía muchas opciones cuando abrí el consultorio en 1981 y, como se podía ver, ahora tenía incluso menos… aunque las razones habían cambiado. Durante los 12 años que llevaba aquí, mi consultorio quiropráctico había llegado a ser uno de las más grandes de la ciudad de Los Ángeles. ¿Cómo podía cerrarlo y trasladarme?

Decidí no salir a ayudar a ese hombre en el último par de escalones. No quería disminuir su inminente sensación de éxito. Podía ver en su cara la absoluta determinación de un montañero escalando la última pendiente del Monte Everest. Cuando se tambaleó por última vez en el descansillo no podía ayudarle, pero me recordó el valor que tenía el Jorobado de Notre Dame para alcanzar la torre de la campana.

Una mirada al informe del paciente reveló que su nombre era Gary. Vino a mí por su dolor de espalda de toda la vida. No era sorprendente. Aunque joven y saludable, tenía una postura torturadora que se hacía evidente desde que su cuerpo se hacía visible. Su pierna derecha era varios centímetros más corta que la izquierda, y su cadera derecha estaba bastante más alta. Debido a su deformidad, caminaba con una cojera exagerada, balanceando la parte exterior de su cadera derecha con cada paso, despés empujaba su cuerpo hacia delante para alcanzarla. Su pie derecho se giraba hacia dentro y se quedaba encima del izquierdo para que sus dos piernas actuaran como una sola gran pierna, equilibrando el peso de su cuerpo. Para mantenerse sin caer, su espalda se arqueaba hacia delante en un ángulo aproximado de 30 grados, dándole la apariencia de estar preparándose para tirarse a una piscina. Su postura y su manera de andar daban como resultado sus intensos problemas de espalda, desde la infancia hasta ahora.

Pronto, Gary me fue metiendo en su historia. Resultó que, de alguna manera, él había estado luchando contra una escalera desde el momento de su nacimiento. El doctor cortó su cordón umbilical demasiado pronto, interrumpiendo el suministro de oxígeno en su cerebro infantil. Cuando sus pulmones comenzaron a reaccionar, el mal estaba hecho: su cerebro se vio afectado de tal manera que el lado derecho de su cuerpo no se desarrolló simétricamente.

A los 14 años, explicó Gary, había visitado a más de 20 doctores en un intento de remediar su condición. Se le practicó cirugía para ayudar a su postura y forma de andar alargando el tendón de Aquiles de su pierna derecha. No funcionó. Le pusieron zapatos y aparatos ortopédicos. Ningún resultado. Cuando los espasmos que afligían sus piernas comenzaron a ser más y más violentos, a Gary se le prescribieron potentes medicinas antiespasmódicas. Los espasmos parecían aumentar con la medicación, que por otro lado le embotaba y desorientaba.

Finalmente, Gary acudió al consultorio de un famoso y reconocido especialista. Si alguien podía ayudarle, Gary estaba seguro de que sería este hombre.

Después de un exhaustivo examen, el doctor se sentó, le miró a los ojos, y le dijo que no había nada que él pudiera hacer. Gary tendría siempre sus problemas de espalda, dijo, además de que sus problemas aumentarían con la edad, su esqueleto continuaría deteriorándose, e incluso podría acabar su vida en una silla de ruedas. Gary miró fijamente al doctor.

Gary había puesto todas sus esperanzas y expectativas en este médico profesional, pero dejó el consultorio sintiéndose más abatido que nunca. Fue el día, según dijo Gary, que él «rompió mentalmente con el sistema médico».

Habían pasado trece años. Mientras entrenaba con una conocida, Gary le comentó que había tenido un inusual y fuerte dolor de espalda. Aunque parezca mentira, ella había sido paciente mía dos años antes, después de un accidente de moto. Le habló a Gary de mi consultorio.

Así que aquí estaba él.

Absorto en su historia, levanté la mirada de mi cuaderno de notas y le pregunté: «¿Sabes lo que pasa aquí?».

Gary me miró, en cierto modo perplejo por la pregunta. «¿Eres quiro-práctico, no?»

Dije que *sí* con la cabeza, conscientemente decidido a no decir nada más. Se respiraba un sentimiento expectante. ¿Era yo el único que lo sentía?

Llevé a Gary a otra habitación, le coloqué sobre una camilla y ajusté su cuello. Le dije que volviera en 48 horas para revisión y le informé de que había acabado la primera visita.

Dos días después, Gary volvió.

Como la vez anterior, le acosté en la camilla. El ajuste llevó sólo unos segundos. Esta vez le pedí que se relajara y cerrara los ojos… y que no los abriera hasta que yo se lo pidiera. Puse mis manos en el aire, con la palma hacia abajo, a unos treinta centímetros de su torso, sintiendo suavemente sensaciones variadas e inusuales mientras llevaba mis manos hacia su cabeza. Giré mis manos hacia dentro y continué moviéndolas hasta que estuvieron una frente a otra sobre sus sienes. Mientras las tenía allí, miré los ojos de Gary moviéndose de un lado a otro, rápidamente y con fuerza, de lado a lado, con una intensidad que indicaba que no estaba dormido en absoluto.

Me sentí atraído instintivamente a llevar mis manos hacia la zona de los pies de Gary. Puse suavemente mis palmas sobre las plantas de sus pies. Sentía mis manos como si estuvieran suspendidas por una invisi-ble estructura de apoyo. Debido a la deformidad de nacimiento de Gary, su pierna derecha permanecía en su posición rotada hacia dentro incluso cuando estaba echado sobre su espalda. Como yo sólo veía sus calcetines, no tenía ni idea de lo que estaba a punto de presenciar. Fue como si sus pies volvieran a la vida. No sólo que estuvieran vivos como lo están nues-tros pies, sino como si se convirtieran en dos entidades vivientes, distintas una de otra, y claramente *no* las de Gary. Con una embelesada fascina-ción, observé los movimientos de sus pies. Una conciencia independiente casi parecía presente en cada uno.

29

De repente, el pie derecho de Gary comenzó un movimiento semejante a un ligero «bombeo» de un pedal de gas. Mientras continuaba este «bombeo», se añadió un segundo movimiento, un movimiento de rotación hacia fuera que llevó su pie derecho desde su posición original de descansar sobre el izquierdo, a una posición con los dedos hacia arriba, que le llevó a que sus dedos miraran hacia el techo igual que lo hacían los de su pie izquierdo. Sin preocuparme de si yo seguía respirando, miré fijamente en silencio mientras los ojos de Gary continuaban moviéndose como un veloz metrónomo de un piano de cola. Entonces su pie, aún bombeando, se volvió a rotar y se colocó en su posición original. La situación se volvió a repetir. Fuera. Dentro. Fuera. Dentro. Entonces pareció parar. Esperé. Y esperé. Y esperé. Parecía que no iba a pasar nada más.

Caminé a lo largo de la camilla hasta colocarme en el lado derecho de Gary. Aunque no era mi forma de tocar el cuerpo de una persona cuando hago esto, me sentí impulsado a poner muy suavemente mis manos sobre su cadera derecha, mi mano derecha sobre mi izquierda, aunque no directamente una sobre la otra. Miré hacia los pies de Gary. De nuevo, el pie derecho comenzó a moverse, primero de manera bombeante, después reanudando su rotación. Hacia fuera. Hacia dentro. Hacia fuera. Hacia dentro. Hacia fuera.

Esperé. Y esperé. Parecía que no iba a pasar nada más.

Quité las manos de la cadera de Gary, y suavemente, con dos dedos, toqué a Gary sobre el pecho. «¿Gary? Creo que hemos terminado.»

Los ojos de Gary continuaban moviéndose, aunque podía ver que estaba tratando de abrirlos. Unos 30 segundos después, cuando los abrió, Gary parecía un poco aturdido. «Mi pie se estuvo moviendo», me dijo, como si yo no lo hubiera visto. «Pude sentirlo, pero no podía pararlo. Sentí mucho calor por todas partes, entonces sentí un tipo de energía creciendo en mi pantorrilla derecha. Entonces… creerás que esto es un poco loco, pero sentí como si unas manos invisibles estuvieran girando mi pie, aunque no las sentía como si fueran manos en absoluto.»

«Puedes levantarte ya», dije, haciendo lo posible para que no se notara mi perplejidad, tratando aún de asimilarlo. Gary se levantó –por primera vez en 26 años– 1,80 metros de alto, con dos piernas independientes.

Yo miraba con asombrosa gratitud mientras Gary estaba de pie: su columna estaba derecha, y sus caderas niveladas y equilibradas. Su expresión comenzó a reflejar su propio entendimiento de lo que acababa de suceder. Cuando dio un par de pasos, le dije que aún quedaba un poco de cojera, pero nada que ver con su tambaleante giro de pierna de antes. Bastante lejos de eso.

Gary dejó mi consultorio con una enorme sonrisa en su cara, y le miré bajar con elegancia las escaleras.

Señales

Aquel día, la energía había subido claramente un nuevo nivel. ¿Por qué? No lo puedo decir. Simplemente subía a niveles nuevos, a veces cada semana, a veces pasando unos cuantos días, a veces varias veces en un mismo día. Incluso así, sabía que aunque la energía pasaba a través de mí, ni la creaba ni la dirigía. Alguien lo hacía, alguien más poderoso que yo. Aunque había estado leyendo mucho recientemente, lo que me estaba sucediendo a mí no tenía nada que ver con la «energía de sanación» de la que había leído en esos libros. Era más que simple «energía». Llevaba consigo vida e inteligencia más allá de las «técnicas» que llenan las páginas de las revistas de la Nueva Era. Era diferente. Era algo muy real.

Lo que ocurrió esa tarde con Gary no sólo cambió *su* vida, sino que cambió la mía también. Gary no fue el único paciente con el que trabajé de esa manera, pasando mis manos sobre su cuerpo. Eso había sucedido durante más de un año. No fue el único paciente que recibió una considerable sanación durante la experiencia. Sin embargo, él representa el caso más extremo, el paciente que había comenzado con mayor discapacidad y que había salido de mi consultorio con los resultados más llamativos y obvios. Casi dos docenas de los mejores médicos del país habían sido incapaces de corregir –e incluso mejorar– la forma de caminar de Gary, su postura, o la rotación de su cadera y pierna, pero esta anomalía, y su dolor asociado, habían desaparecido prácticamente. En cuestión de minutos. Se fueron.

Me pregunté una vez más porqué esta energía había elegido aparecer a través de *mí*. Quiero decir que, si yo estuviera sentado en una nube rastreando el planeta para elegir la persona correcta a la que otorgar uno de los más extraños y jamás vistos regalos del universo, no sé si a través del éter hubiera podido localizar, apuntar con mi dedo entre las multitudes, y decir: «¡Él! Ése es. Dáselo a él».

Quizá no sucediera de esa forma, pero así es como lo sentí.

Claramente, yo no he pasado mi vida sentado en la cima del Tíbet, contemplando mi ombligo y comiendo tierra en tazones, con palillos. Había pasado 12 años trabajando en mi consultorio, tenía tres casas, un Mercedes, dos perros y dos gatos. Era un hombre que de vez en cuando se mimaba en exceso, miraba más televisión que un aficionado de fútbol en temporada, y creía que había hecho todo lo que se «suponía» que tenía que hacer. Claro, también tenía mis problemas –de hecho, crecieron mucho justo antes de que todos estos acontecimientos extraños comenzaran a suceder– pero, en general, mi vida se desarrollaba de acuerdo con lo planeado.

Pero, ¿el plan de quién? Ésa era la cuestión que tenía que plantearme a mí mismo. Porque cuando miraba hacia atrás, podía ver que había ciertas señales a lo largo del camino de mi vida –sucesos extraños, coincidencias, y acontecimientos– que, aunque no importaban mucho individualmente… colectivamente, y con la ventaja de la retrospección, insinuaban que no debería haber caminado nunca por el camino que creía que había elegido.

¿Dónde estaba la primera señal? ¿Hace cuánto que sucedió la primera evidencia? Si le preguntas a mi madre, sucedió desde el día en que salí de su vientre. Mi nacimiento fue, en sus propias palabras, «raro». Por supuesto, muchas madres recuerdan su primera experiencia de dar a luz como especial y única. Pero no se trata de eso. Algunas mujeres pasan días de trabajo duro para parir. Otras paren en el bosque o en el asiento trasero de un taxi. ¿Mi madre? Ella murió en la camilla del quirófano mientras me daba a luz.

Pero lo que le preocupaba no era morir. Lo que le preocupaba era tener que volver a la vida.

ฌฌฌฌ

Capítulo Dos

Lecciones de vida después de la muerte

*Existe una razón lógica para todo lo que sucede en este mundo
y en el más allá, y todo es perfectamente comprensible.
Algún día, entenderás el propósito divino del proyecto de Dios.*
Lois Pearl

El hospital

¿Cuándo nacerá este niño? se atormentaba. En la sala de partos, Lois Pearl, mi madre, había estado haciendo sus ejercicios de respiración y dilatando y dilatando... pero no pasaba nada. No venía el bebé, no dilataba, sólo tenía dolor, y más dolor, y la doctora pasaba a controlarla entre un parto y otro. Intentaba no gritar; estaba decidida a no montar una escena. Después de todo, esto era un hospital. Había personas enfermas.

Pero, la siguiente vez que vino la doctora, mi madre la miró suplicante, y con lágrimas en los ojos, preguntó: «¿Cuándo se acaba esto?».

Preocupada, la doctora colocó con firmeza una mano sobre el abdomen de mi madre para ver si yo había «bajado» lo suficiente como para nacer. La cara de la doctora demostraba que no estaba muy convencida de que fuera así. Pero tomando en consideración el dolor extraordinario que sufría mi madre, la doctora se volvió hacia la enfermera y a regañadientes le dijo: «Pásala dentro».

La pusieron en una camilla y la llevaron a la sala de partos. Mientras la doctora seguía presionando su abdomen, mi madre percibió que la habitación se había llenado de repente con el sonido de alguien gritando muy fuerte. *¡Caramba!* pensó, *¡esa mujer sí que está quedando en ridículo!* Entonces se dio cuenta de que en esa habitación sólo estaban ella y el personal médico, lo que significaba que los gritos debían ser suyos. Después de todo, sí que estaba montando una escena.

Eso la molestaba de sobremanera.

«*¿Cuándo* va a terminar esto?»

La doctora le ofreció una mirada de consuelo y una ligera ráfaga de éter. Fue como colocar una minúscula venda en un miembro amputado.

«*La perdemos...*»

Mi madre casi no podía oír la voz entre el rugido de los motores, enormes motores, como los que encontrarías en una fábrica, no en un hospital. Al principio no se oían tan fuerte. El sonido, acompañado de un hormigueo, había comenzado por las plantas de sus pies. Luego empezó a subirle por el cuerpo como si los motores fueran avanzando, oyéndose cada vez más fuertes según ascendían, apagando la sensación en una zona antes de pasar a la otra. Tras de sí sólo dejaban entumecimiento.

Por encima del sonido de los motores, los dolores del parto continuaban con una intensidad manifiesta.

Mi madre sabía que recordaría ese dolor por el resto de su vida. Su ginecóloga, una doctora del tipo de las del campo (práctica, no-me-vengas-con-cuentos) era partidaria de que las mujeres experimentaran la «expresión total» del nacimiento. Lo que se traducía en «sin anestesia», ni siquiera durante el parto, a excepción de un chorrito de éter en la cúspide de la contracción.

Por extraño que parezca, ninguno de los doctores o enfermeras parecía distraído. Ahí estaba ese ruido atronador, y nadie en la sala de partos parecía escucharlo. Mi madre se preguntó, *¿Cómo es posible?*

Así que los motores y el entumecimiento que dejaban tras de sí, tendrían que haber sido un alivio. Pero al pasar retumbando por la pelvis de mi madre hacia su cintura, se percató de que sabía lo que pasaría cuando llegaran a su corazón.

La perdemos...

¡No! La invadió una sensación de resistencia. Con o sin dolor, no quería morir, se imaginaba a sus seres queridos llorándola. Pero a pesar de su lucha, los motores no se detenían. Seguían sin parar hacia arriba, dejándola entumecida milímetro a milímetro, como si borraran su existencia. No tenía poder para pararlos. Y al darse cuenta de esto, algo extraño pasó. Aunque no *quería* morir, de pronto una paz la invadió.

La perdemos...

Los motores llegaron a su esternón, su rugido llenaba su cabeza.

Y entonces comenzó a *elevarse...*

34

El viaje

No era el *cuerpo* de mi madre el que se elevaba por el aire. Era lo que ella suponía su *alma*. La estaban ascendiendo, gravitando a propósito *hacia* algo. No miró hacia atrás. Sin ser consciente de lo que la rodeaba físicamente, sabía que ya había dejado atrás la sala de partos y sus motores. Seguía ascendiendo, moviéndose hacia arriba. Y, aunque no tenía ningún conocimiento consciente de vida después de la muerte, o de ninguna otra cosa «espiritual», ni siquiera importaba. No se requiere un conocimiento espiritual para reconocer cuándo tu esencia fundamental deja tu cuerpo y empieza a ascender. Sólo puede haber una explicación para eso.

La última cosa de la que mi madre se dio cuenta en la mesa de partos fue que, aunque estaba dejando atrás todo aquello que le era familiar, *ya no le importaba*. Al principio esto le sorprendió. Tan pronto como dejó de luchar y se «dejó ir», empezó su viaje. Lo que sintió primero fue una sensación de paz general, tranquilidad y ausencia de responsabilidades mundanas. Ninguna de las preocupaciones cotidianas la retenía. No había que cumplir horarios, ni que acometer tareas terrenales, no había que cumplir expectaciones, ni que establecer límites. *Ni miedos a lo desconocido*. Uno a uno se iban derritiendo... y qué alivio se sentía. Qué *gran* alivio. Mientras esto sucedía, un sentimiento de ligereza se apoderaba de ella, y se dio cuenta de que estaba *flotando*. Se sentía tan ligera, con la desaparición de las responsabilidades mundanas, que se elevó a un nivel más alto aún. Y así empezó el ascenso de mi madre, y sólo se detenía para absorber un tipo de conocimiento u otro.

Se elevó a través de una sucesión de niveles distintos, no recuerda un «túnel» exactamente, como han relatado otros que han tenido experiencias similares. Lo que sí recuerda es que por el camino encontró a «otros». Eran algo más que «personas». Eran «seres», «espíritus», «almas» cuyo tiempo en la Tierra ya había terminado. Estas «almas» hablaban con ella, aunque *hablar* no es la palabra más exacta. La comunicación no era verbal, era más bien como una transferencia de pensamiento que no dejaba lugar a dudas de lo que se estaba comunicando. Allí no existía la duda.

Mi madre aprendió que el lenguaje verbal, tal y como lo conocemos, más que una *ayuda* es una *barrera* para la comunicación. Es uno de los obstáculos que se nos pone como parte de la experiencia de aprendizaje aquí en la Tierra. También forma parte de lo que nos mantiene en el ámbito limitado de comprensión en el cual debemos funcionar para poder adquirir maestría en nuestras otras lecciones.

35

Mi madre se dio cuenta de que el alma –el «corazón» de una persona– es la única cosa que sobrevive o importa. Las almas exhiben su naturaleza claramente. No había ni caras, ni cuerpos, ni nada detrás de lo que esconderse, y a pesar de esto reconocía a cada uno por lo que eran exactamente. Su fachada física ya no era parte de ellos. Se quedaba atrás como el recuerdo del papel que una vez jugaron en las vidas de sus seres queridos, para ser preservados en la memoria de su existencia. Este testamento de la verdad de su ser físico anterior es todo lo que queda aquí en la Tierra. Su esencia verdadera había trascendido.

Mi madre aprendió que nuestra apariencia externa y gestos físicos importan muy poco, y lo superficial que resulta nuestro apego a ellos. La lección que aprendió en ese nivel es que no se debe juzgar a la gente por su apariencia ya sea de raza o color, ni por su credo o nivel de educación, sino que debemos descubrir quiénes *son* en realidad, ver lo que hay dentro, ir más allá del exterior y contemplar su identidad verdadera. Y, aunque ésta era una lección que ella ya sabía, de alguna forma la iluminación que adquirió *allí* era infinitamente más compleja, infinitamente más amplia.

Resultaba imposible juzgar cuánto tiempo había pasado. Mi madre sabía que llevaba lo suficiente como para subir por todos los niveles. También sabía que cada nivel enseñaba una lección.

El primer nivel era el de las almas que estaban ligadas a la Tierra, aquellas que todavía no están listas para partir. Aquellas que tenían dificultad para separarse de lo familiar. Por lo general son espíritus que sienten que han dejado asignaturas pendientes. Pueden haber dejado seres queridos con minusvalías o enfermos que dependían de ellos (y son reacios a abandonarles), y permanecen en este primer nivel hasta que se sienten capaces para liberarse de sus ataduras terrenales. O, pueden haber tenido una muerte repentina y violenta que no les dio tiempo a percatarse de que habían muerto, así como del proceso que tendrían que seguir para continuar con el camino de la ascensión. De cualquier forma, siguen sintiendo lazos fuertes con los vivos y simplemente todavía no están listos para irse. Hasta que se den cuenta de que ya no pueden funcionar en ese plano, que ya no pertenecen aquí y que ya no están en esta dimensión, permanecerán en el primer nivel, el más cercano a su vida anterior.

Los recuerdos de mi madre del segundo nivel parecen algo vagos, aunque sus recuerdos del tercero todavía son vívidos.

Cuando ascendió al tercer nivel, recuerda haber experimentado un sentimiento fuerte. Sintió tristeza cuando se dio cuenta que este era el nivel de los que se habían suicidado. Estas almas ahora estaban en el limbo. Parecían haber sido aisladas, y no se movían ni para arriba ni para abajo. No llevaban dirección alguna.

Su presencia carecía de rumbo. ¿Se les permitiría ascender en algún momento para poder completar su lección y evolucionar en su desarrollo? No podía entender que no pudieran. Quizá sólo les estaba llevando más tiempo, pero esto, sintió, era pura especulación. No fue capaz de traer ninguna respuesta consigo. En cualquier caso, estas almas no tenían descanso, y la experiencia de este nivel fue muy desagradable, no sólo para los que tenían que estar allí, sino también para los que pasaban por ahí. La lección de este tercer nivel era indeleble y clara: *Suicidarte interrumpe el proyecto de Dios.*

Lecciones adicionales

Había otras lecciones que mi madre pudo traer de vuelta. Se le enseñó la inutilidad de llorar por los que se han muerto. Si hubiera algún pesar que experimentaran los espíritus que han muerto, sería el del dolor que sufren los que se quedan. Desearían que nos regocijáramos por su muerte, que «les acompañáramos con fanfarrias a casa», porque cuando morimos, estamos en donde deseamos estar. Nuestra aflicción es por *nuestra* pérdida, por el hueco que deja esa persona en nuestras vidas. Su existencia, ya fuera una experiencia agradable o desagradable, fue parte de nuestro proceso de aprendizaje. Cuando mueren, perdemos esa «fuente». Con suerte, habremos aprendido lo que teníamos que aprender, o finalmente deberíamos ser capaces de hacerlo, a través de la reflexión sobre la influencia de su vida en la nuestra. Supo que el paso del tiempo —desde que dejamos el cielo para el transcurso de nuestra vida aquí en la Tierra, hasta nuestro regreso— es tan solo un chasquido de los dedos para nuestra conciencia eterna, y que estaremos juntos «momentáneamente». Es entonces cuando nos damos cuenta de que así es como tenía que ser.

Se le demostró que, a pesar de lo terrible e injustas que sean las cosas que le pasan a la gente en la Tierra, *no es culpa de Dios.* Cuando se mata niños inocentes, o mueren personas buenas después de una enfermedad prolongada, o se daña o desfigura a alguien, no tiene nada que ver con *culpa* o *falta.* Son *nuestras* lecciones para aprender —las que están en *nuestro* proyecto divino— y hemos acordado llevarlas a cabo. Son lecciones para nuestra evolución, tanto para los que las infligen como para los que las padecen.

En su totalidad, *estas eventualidades están bajo la dirección y control de la persona que las experimenta.* La acción, o la forma en que se desarrolle, depende simplemente de la dirección que elijamos. Al comprender esto, podía ver lo inapropiado que es cuestionar cómo puede Dios permitir que estas cosas pasen, o, basándose en estos sucesos, cuestionar siquiera la existencia de Dios. Mi madre entonces entendió que hay una explicación perfectamente lógica para todo esto. Era *tan* perfecta que se preguntó por qué no lo había sabido desde el principio. Y, de alguna manera, al ver el panorama en su totalidad, se dio cuenta de que todo –*todo*– es como debe ser.

Mi madre también aprendió que la guerra es un estado temporal de barbarismo –una forma ignorante e inepta de solucionar las diferencias, y en algún momento, dejará de existir. Estas almas encuentran la adicción de la humanidad a la Guerra no sólo primitiva, sino ridícula: enviar a hombres jóvenes a luchar en batallas de hombres viejos para adquirir tierras. Llegará el día en que la humanidad verá ese viejo concepto del pasado y se preguntará: *¿Por qué?* Cuando haya almas lo suficientemente evolucionadas con una gran inteligencia para resolver problemas, se terminarán las guerras para siempre.

Mi madre hasta descubrió por qué la gente que, para todos los pareceres, habían hecho cosas «horribles» en la vida, se les recibía allí sin juicio. Sus acciones se volvieron lecciones de las que tenían que aprender, y que les harían seres más perfectos. Tenían que desarrollarse a partir del nivel de sus elecciones. Por supuesto, tendrían que volver a la Tierra una y otra vez hasta que absorbieran el conocimiento derivado de las consecuencias trascendentales de su comportamiento. Tendrían que ir de un ciclo de nacimiento a otro hasta que consiguieran evolucionar y finalmente regresar a Casa.

Cuando las lecciones estaban completas, mi madre ascendió al nivel más alto. Una vez allí, dejó de subir y empezó a deslizarse sin esfuerzo hacia delante, y hacia delante, atraída firmemente y a propósito por algún tipo de fuerza. Los colores y las formas más hermosas pasaban a cada lado. Eran como paisajes, excepto que... no había tierra. De alguna forma supo que eran flores y árboles, aunque no se parecían a nada de la Tierra. Estos matices y formas indescriptibles que no existían en el mundo que había dejado atrás, la llenaban de asombro.

Poco a poco, mi madre se dio cuenta de que pasaba rozando una especie de camino, un sendero en el que se alineaban a cada lado almas familiares: amigos, parientes y gente que había conocido en otras vidas. Habían venido a recibirla, a guiarla y a hacerle saber que todo estaba bien. Fue un sentimiento indescriptible de paz y felicidad.

En el extremo del camino, mi madre vio una luz. Era como el sol, tan brillante que tenía miedo que quemara sus ojos. Pero su belleza era deslumbrante. No podía apartar la vista. Para su sorpresa, aunque se iba acercando, no le dolían los ojos. El brillo exquisito de la luz parecía familiar, y en cierta forma confortable. Se encontró rodeada por su corona y supo que la luz era mucho más que un simple resplandor: era el núcleo del Ser Supremo. Había alcanzado el nivel de la Luz de todo-conocimiento, todo-tiempo, todo-aceptación y todo-amor. Mi madre supo que estaba en *Casa*. Éste era su sitio. Éste era su origen.

Entonces, la Luz se comunicó con ella sin palabras. Con uno o dos pensamientos no verbales, transmitió suficiente información para llenar volúmenes. Expuso su vida –*esta* vida– frente a ella en fotografías. Era maravilloso verlo; casi todo lo que había dicho o hecho se le presentaba ante sus ojos. De hecho podía sentir el dolor o la felicidad que había dado a otros. A través de este proceso, estaba recibiendo sus lecciones, *sin ningún juicio*. Pero, aunque no había juicio, *sabía* que era una buena vida.

Después de un rato, se le hizo saber que la iban a enviar de regreso. Pero no *quería* ir. Qué chistoso, a pesar de toda la lucha que había opuesto a morirse, ahora ya no quería irse de aquí. Estaba muy en paz, instalada en su nuevo ambiente, su nuevo entendimiento, sus viejos amigos. Quería quedarse para la eternidad. ¿Cómo podían esperar que se fuera?

Como respuesta a sus súplicas silenciosas, a mi madre le hicieron entender que no había terminado todavía con su trabajo en la Tierra: tenía que regresar para criar a su hijo. ¡Parte de la razón de que se le hubiera traído aquí era para que adquiriera una percepción especial para hacer precisamente eso!

De repente, mi madre sintió que la sacaban fuera del corazón de la Luz y la devolvían al sendero por el que acababa de viajar. Pero ahora iba en la dirección opuesta, y sabía que estaba regresando a su vida en la Tierra. Dejar las almas familiares, los colores y las formas, y la Luz misma le hacía sentir un anhelo y una tristeza profundas.

Al retirarse de la Luz, la sabiduría de mi madre empezó a evaporarse. Sabía que la habían *programado* para olvidar; no *debía* recordar. Trató desesperadamente de aferrarse a lo que quedaba, sabiendo que decididamente esto no era un sueño. Luchó por aferrarse a los recuerdos y las impresiones, muchas de las cuales ya se habían ido, y sintió una pérdida terrible. Sin embargo, sintió una paz interna, ahora inculcada con el conocimiento de que cuando fuera su momento de regresar a Casa, sería recibida con amor. Esto, supo que sí lo recordaría. Ya no tendría miedo a la muerte.

En ese momento, mi madre escuchó el sonido distante de motores. Esta vez comenzaron en su cabeza y continuaron hacia abajo. Por encima del ruido, empezó a oír voces –voces humanas– y luego el latido de su propio corazón.

Se dio cuenta de que la mayor parte del dolor había desaparecido.

Los motores bajaban, bajaban, bajaban… el ruido disminuía. Pronto ya no quedaba nada de los motores más que un cosquilleo en las plantas de los pies. Y luego ni siquiera eso. Ya había acabado. Había vuelto a lo que la gente piensa que es el mundo «real».

Una doctora de aspecto muy aliviado se inclinó hacia ella, sonriendo. «Felicidades, Lois», dijo. «Tienes un precioso hijito.»

El significado de todo

Todavía no me habían enseñado a mi madre. Primero tenían que limpiarme, pesarme y contar mis dedos. Así que la llevaron a la habitación del hospital. Mientras la llevaban por el pasillo, el sentido total de lo que había experimentado y absorbido de repente la sobrecogió. Intuitivamente sabía que casi había olvidado gran parte de las percepciones que, tan sólo hacía unos instantes, eran suyas: por qué el cielo es azul, por qué el césped es verde, por qué el mundo es redondo y cómo se llevó a cabo la creación, la lógica perfecta de todo ello. Pero también sabía con certeza que *hay* un Ser Supremo. *Hay* un Dios.

Había también otro conocimiento que trajo consigo, de una claridad inequívoca: *«Hemos sido colocados aquí para aprender lecciones que nos hacen almas más completas. Tenemos que vivir este proyecto en este nivel antes de que estemos listos para pasar a otro nivel. Ésta es la razón de que algunas personas sean almas viejas, mientras que otras son almas jóvenes».*

En la actualidad, puedes encontrar mucha información sobre este tema en libros de metafísica, pero en aquella época no era así. Las librerías no tenían secciones de Nueva Era, y por supuesto, estas lecciones no se nos enseñaban como parte de nuestras tradiciones religiosas básicas. Mi madre no tenía amigos que hablaran de estas cosas, ni entró en el hospital para iluminarse, ¡simplemente quería que ese feto renuente a salir, saliera de su cuerpo antes de que se volviera loca del dolor!

No obstante, no había duda alguna de que *había* cambiado. Podía sentirlo, y sabía que, irónicamente, parte del cambio era el resultado de tener que dejar atrás el recuerdo de muchas lecciones. Durante toda su vida ella había sido compulsiva, perfeccionista. Ahora, se encontraba a sí misma deseando personificar cada uno de los principios que le habían enseñado, pero descubrió que no podía recordar la mayoría de ellos. ¿Cómo puedes poner en práctica lo que no recuerdas?

Así que mi madre decidió que ya era hora de relajarse consigo misma... y con los demás. Es decir, que tal vez dejaría que hubiera un poco de polvo en casa, y que no llevaría una botella de desinfectante en los viajes de vacaciones para limpiar los baños de los hoteles, y empezaría a aceptar las cosas como son.

Mientras rodaba en la camilla por el pasillo, apareció mi padre caminando a su lado, manteniendo la calma. Le hizo señas de que se inclinara. «Cuando volvamos a la habitación», le susurró, «tengo que decirte algo que me programaron para que olvidara.»

Cuando estuvieron juntos en la habitación, solos a excepción de dos mujeres en sus camas de hospital, mi madre susurró: «No repitas nada de lo que te diga, Sonny. La gente creerá que estoy loca».

«Yo no.»

Comenzó a describirle todo lo que aún recordaba, tratando de aferrarse a los pocos granitos de arena que aún le quedaban entre los dedos. Mi padre escuchaba en silencio, y ella estaba segura de que él no dudaba de una sola de sus palabras. Sabía que ella nunca podría haber inventado una historia tan loca.

Cuando terminó, el cansancio hizo que se quedara dormida. Le suplicó a mi padre que fuera a casa y escribiera todo tan pronto como pudiera. Esta información era demasiado valiosa para perderla. Él estuvo de acuerdo.

Al despertar, se encontró mirando a la mujer de la cama de al lado. Mi madre la reconoció del día anterior. Todavía estaba grogui, y su primer pensamiento fue: *¡Caramba, qué fea es!* Y entonces se dijo a sí misma: «Espera un momento, acabas de experimentar el conocimiento de que la apariencia de una persona no importa». La ironía de la situación la hizo reír.

«Estuviste hablando toda la noche cuando volviste de tener el bebé», le dijo la compañera de habitación.

«¿Ah, sí?»

«Recitabas las Escrituras.»

«¿Y qué era lo que decía?»

«No lo sé, hablabas en otras lenguas.»

¿En otras lenguas? Mamá no sabía ninguna lengua extranjera ni antigua; de hecho, no podía recitar más que el salmo 23, y eso sólo en inglés.

Se quedó recostada en la cama. Muchas preguntas. Si tenía alguna duda sobre lo que le había pasado el día antes, ahora ya no. Algo muy extraordinario había sucedido en esa sala de partos. Ella sabía que no era un sueño, aunque sólo sea porque los sueños no te hacen cambiar, no de una manera tan profunda. ¿Cómo si no podrías entrar en un sueño temiendo a la muerte, y salir de él no sólo sin miedo, sino incluso sintiéndote cómoda con ella, y sabiendo que *siempre* te sentirías así?

Mi madre quería ahondar más en su experiencia. En particular, quería saber exactamente lo que había estado pasando con su cuerpo en la sala de partos mientras su conciencia estaba en comunión con seres de luz pura.

Pronto descubrió que averiguarlo no iba a ser nada fácil.

Cuando mi madre le preguntó a la doctora si había pasado algo extraño en la sala de partos, le contestaron: «No, fue un parto normal». Según la doctora, la única complicación, y fue muy pequeña, fue la necesidad de utilizar fórceps para poner al bebé en la posición adecuada, una práctica bastante común en aquella época.

Código de silencio

¿Un parto normal?

No podía ser cierto. La frase «parto normal» no coincidía con «La estamos perdiendo».

Luego, mi madre interrogó a las enfermeras que estuvieron tanto en la sala de dilatación como en la de parto, pero no consiguió a nadie que reconociera que mi madre había hablado en otras lenguas, ni que admitiera que había habido algún problema.

«Todo salió bien», le dijeron.

Si los doctores y las enfermeras hubieran sido las únicas personas presentes durante el proceso del parto, ése hubiera sido el final de la cuestión. Pero mi madre recordó a una auxiliar que también había estado en la sala durante el parto. Las auxiliares trabajaban en las trincheras. Hacían su trabajo silenciosa y eficientemente, sin aspavientos. A menudo se les ignoraba y casi siempre se les apreciaba poco. *Las auxiliares no tenían muchas razones para ocultar la verdad cuando las cosas iban mal.*

Así que mi madre abordó a la auxiliar diciendo: «Sé que algo me pasó en la sala de operaciones».

Después de una larga pausa, la enfermera se encogió de hombros. «No puedo hablar de ello, pero todo lo que *puedo* decirle es que *tuvo usted... mucha... suerte.»*

¿La perdemos?

¿Tuvo usted suerte?

Esto era suficiente para confirmar lo que mi madre ya sabía: algo especial *le había* pasado aquel día en la sala de partos, algo más que la felicidad de sacar a mi pequeño ser a este mundo sin el beneficio de la anestesia. Los doctores de hecho, la *habían* perdido. Había muerto, y regresado. De hecho, llegó a pensar que lo que le pasó no era una experiencia «cercana a la muerte» sino una experiencia de «vida después de la muerte». «Cercana a la muerte» es una idea diluida. Mi madre no había estado *cerca* de la muerte. Ella *murió*. Y como otras personas que murieron y volvieron, regresó como una persona distinta. Ahora entendía que cualquier cosa que le pasara en su vida «buena» o «mala», sería exactamente lo que su alma necesitaba en ese momento para poder progresar. «Vas a repetir... hasta que aprendas.» Es parte de la evolución.

Esta lección resultó ser muy oportuna. Acababa de darme a luz y a sus ojos yo estaba fuera del ámbito de lo común desde el momento de mi nacimiento.

∞

¿Era ésta una apreciación típicamente maternal? Probablemente, excepto que mi madre insiste que tuvo claro que yo era distinto la primera vez que posó sus ojos en mí, el día después de mi nacimiento. Yo era el único bebé en la sala de recién nacidos, se acercó a mi cuna con una botella de leche en la mano y se asomó. Estaba boca abajo, despierto. «Hola, pequeño extraño», me saludó. «Estamos solos contra el mundo, tú y yo.»

Al oír su voz me levanté sobre mis antebrazos, e inclinando la cabeza, me volví lentamente hacia la izquierda, luego hacia la derecha, como para estudiar mi nuevo ambiente. Mi madre vio esto asombrada. ¿Cómo era posible? Siempre había sabido que los músculos del cuello de los recién nacidos eran demasiado débiles para hacer una cosa así.

Mi madre iba a dejar el biberón en una mesa cercana, y luego dudó. ¿Quién sabe qué gérmenes podría haber en la superficie de la mesa? Podía verlos subiéndose a la superficie externa del biberón y metiéndose por la tetina, contaminando la leche. Pero, ¿no acababa de aprender que sería mejor ignorar algunas de esas pequeñas obsesiones que la consumían, ya que existía una razón y un equilibrio para todo?

Casi. Mi madre transigió y simplemente colocó un pañuelo entre el biberón y la mesa, mientras me tomaba en brazos. Se enamoró de mí en el instante en que me vio.

Más tarde, cuando la doctora vino a examinarla, Mamá le contó que yo había levantado la cabeza. La doctora dijo con firmeza: «No pueden hacer eso». Luego fue a examinarme a la sala de recién nacidos.

Un instante después, mi mamá oyó la voz de la doctora desde la sala de recién nacidos, en la habitación de al lado. «Caramba», dijo la doctora, y su voz sonaba casi como si me regañara, «se supone que no puedes hacer eso...»

En ese momento, mi madre tuvo la seguridad de que algo extraordinario estaba sucediendo.

ɷɷɷɷ

Capítulo Tres

Cosas infantiles

Los niños dicen las cosas más rocambolescas.
Art Linkletter

Me han contado que, cuando era niño, aprendía muy rápido pero que me aburría fácilmente. Era imaginativo y caprichoso, pensativo e imprudente, cariñoso y egoísta. Como la mayoría de los niños, estaba convencido de que el universo giraba en torno a mí y a mis necesidades. ¿Y por qué no? Había un límite muy pequeño en mi mente entre lo que deseaba y lo que esperaba conseguir. Creía que todo estaba a mi alcance. Todo.

Incluidos los planes de la familia.

Mi madre tuvo las primeras sensaciones de que llevaba una nueva vida en su vientre cuando yo tenía dos años. La sensación fue como si tuviera dos «revoloteos» distintos, así que estaba convencida de que llevaba gemelos. Un equipo de ginecólogos insistía en que ella estaba equivocada, incluso cuando su barriga comenzó a crecer… y crecer… y crecer. Era una mujer alta y delgada. Por detrás, sólo veías su alta y esbelta silueta, pero cuando se ponía de lado, aparecía un perfil tan extremo que podías poner cómodamente una bandeja sobre su barriga.

Me gustaba escuchar los ruidos sordos dentro del vientre de mi madre. Cuando ponía mi oreja contra ella, las cosas se volvían muy activas dentro. Esto me fascinaba.

Unos cuantos meses después, mi madre estaba de vuelta en el quirófano, pero esta vez le dieron analgésicos. No escuchó motores ni odiseas.

«Expulse con fuerza», le dijeron los doctores en una neblina casi real, y ella lo hizo, y entonces cayó dormida. Un ratito después, la despertaron. «Felicidades, ha tenido una preciosa niña.» Satisfecha (y drogada), asintió con la cabeza y se volvió a dormir. Unos minutos después la despertaron de nuevo. «Expulse con fuerza.»

Bueno, pensó, *sabía que esto iba a pasar*. Una vez más lo hizo. Lo siguiente que recuerda oír fue: «Felicidades, ha tenido un precioso niño». Sabiendo que había terminado, se permitió deslizarse en un profundo sueño.

Pronto la estaban despertando de nuevo. «Expulse con fuerza.»

«¡Otro más no!»

Ellos se rieron. «No, no, es para la placenta.»

Cuando los gemelos llegaron finalmente a casa, estaba sorprendida de que su primer hijo, yo, parecía menos satisfecho.

«¿Qué pasa?», preguntó.

«No los quería», dije.

«Dijiste que los querías», respondió cariñosamente.

«No, no lo dije.»

«Dijiste que querías un hermano y una hermana.»

Con las piernas abiertas y el puño firmemente plantado en mi cadera, miré a mi madre a los ojos. «Dije que quería un hermano *o* una hermana. *Oooooo* una hermana. Devuelve uno.»

Poco sabía yo las dificultades que me encontraría para ajustarme a compartir con mis hermanos un espacio que hasta ahora había sido sólo mío. Éste sería el mayor reto (está bien, lección de crecimiento) durante los próximos años.

Abrir la puerta

La cuestión sobre la conducta precoz es: a veces es simpática y otras no. Desde una edad muy temprana, tuve un problema relacionado con la autoridad, y un problema aún mayor relacionado con el aburrimiento. Era una combinación volátil. Si había una pequeña grieta que sabía que no debía explorar, ahí estaría yo. Si había algo que no debía hacer, muy probablemente lo hacía. En palabras de mi madre, para mantenerme ocupado, yo me hice ingenioso con «trampas» y explicaciones. Rendirse al sueño es una forma de rejuvenecer. E incluso entonces, tenía miedo de que mientras dormía me perdiera algo.

Un ejemplo de una de mis trampas implicaba a mi abuela materna, «Nana». Un día, no mucho después de la llegada de mi hermano y mi hermana, Nana vino a casa para ayudar. Esto le permitía a mi madre un descanso muy necesario. Mi hermano y mi hermana estaban en sus cunas, y yo estaba temporalmente ocupado con la tele. Tres grandes ollas de aluminio, una llena de pañales, y las otras con biberones, estaban hirviendo en la cocina, y una tanda de ropa acababa de secarse en el sótano. Nana bajó a buscar la ropa. Trabajando duro, rápido y de forma práctica, Nana intentaba darse prisa porque sabía que no era una buena idea dejarme solo mucho rato. Con los brazos cargados de ropa limpia, perfumada y doblada en un cuidadoso montón, comenzó a subir las escaleras. Mirando por encima, de repente vio que la puerta del sótano se cerraba. Trató de correr, pero la puerta se cerró antes de que pudiera llegar. Sonó el cerrojo.

Inclinándose sobre la puerta sujetando el montón de ropa, Nana liberó una mano y comprobó el picaporte. No giraba. «Abre la puerta, Eric», dijo con una dulce y controlada voz.

Con una voz más suave aún, dije: «Oh-oh».

«Vamos, venga, abre la puerta.»

«Oh-oh.»

Nana sabía que conmigo no funcionaba ponerse firme. Pero no se iba a dejar ganar por un niño pequeño, aunque precoz, especialmente con tres ollas de agua hirviendo en una habitación y dos bebés durmiendo en otra. Así que intentó una nueva estrategia. «Te apuesto a que no puedes llegar al picaporte de la puerta», dijo, jugando con mi rebeldía.

«Sí, sí que puedo.»

«Apuesto a que no.»

Hubo un silencio.

Nana comenzó a sudar. Ella casi podía oír el sonido de mi cerebro runruneando, calibrando la situación. Pero finalmente, como ella esperaba, tuve que probarme a mí mismo. Empujé el picaporte un poco. Ella escuchó el suave ruido.

«Apuesto a que no puedes abrirla», dijo.

«Sí, sí que puedo.»

Una vez más llegó el desafío dulcemente disfrazado: «Apuesto a que no».

Hubo otra larga pausa. La ropa se estaba volviendo más pesada en sus brazos. El mecanismo de cierre consistía en un pequeño picaporte que empujabas y girabas. Sonaba un pequeño *clic* si lo abrías, y Nana esperaba el sonido. Tenía que moverse rápido. No quería hacerme daño al abrir la puerta rápidamente, pero esa parecía ser su única posibilidad.

No me pude resistir.

Clic.

Nana empujó rápidamente la puerta, y se abrió más rápido de lo que ella esperaba. La ropa aún caliente, perfumada y doblada cayó por el suelo. Yo me caí antes de poder salir corriendo. Conmocionado, me quedé allí sentado llorando.

Nana corrió a apagar el agua hirviendo y volvió a consolarme.

Yo sólo tenía dos años y medio, y ya entonces, Nana sabía que su carrera como niñera se había terminado.

En las nubes

Nana era la madre de mi madre, y «Bubba» era la de mi padre. Bubba era cálida, fuerte, una abuela al estilo antiguo que podía dar esos enormes y succionadores besos europeos, de esos que dejan marca. Estaba llena de vida, con una energía inagotable y un sentido del humor subidito de tono, que a menudo sonrojaba a alguno de los parientes más «conservadores». Se sentaba cerca de mí en las cenas festivas; y cuando me quedaba por las noches en su casa, me llevaba a su jardín por la mañana a buscar fresas y otras frutas, y después preparaba un gran desayuno. Más tarde, me levantaba en brazos como si fuera una pluma mientras ella limpiaba, quitaba el polvo, aspiraba, y hablaba por teléfono. Me encantaba tanto ese movimiento, que sentía como si estuviera navegando por el espacio sin usar mis pies. Más y más rápido, eso era lo que yo quería. Caramba, cuánto la quería.

Un día de enero, Bubba entró en el hospital y nunca salió.

Por lo visto, mientras yacía en su cama del hospital, sintió un dolor en el pecho, alcanzó el botón para llamar a la enfermera, pero no lo apretó.

Ahora mis padres tenían que ocuparse de la repentina desaparición de Bubba de mi vida.

«Se ha ido a dormir», me dijeron, «y no se despertará nunca más.»

Lo pensé un rato, luego lo descarté. «Yo puedo despertarla», dije. «Apuesto a que si ponemos tres aspirinas en su boca y saltamos en su barriga, se despertará.» Lo de saltar sobre su barriga fue mi estrategia adicional, algo que ayudaría en caso de que el sabor de las aspirinas disolviéndose en su lengua no fuera suficiente estímulo para que ella abriera los ojos y volviera a la vida.

Ésa fue una de las pocas veces que recuerdo ver a mi padre llorando.

El funeral se celebró poco después. No se me permitió asistir. Mis padres creían que, con cinco años, podría ser demasiado traumático para mí ver el cuerpo de mi abuela sin vida. Bubba se fue, y todos pudieron decirle adiós menos yo.

Por la noche me acostaba en la cama y pensaba en ella. A veces lloraba sin que se me oyera. La echaba de menos, y aunque no comprendía el concepto en aquella época, no tenía la sensación de *cierre*.

Mientras tanto, sabía que aunque no había podido darle mi adiós a Bubba, ella no *me* había olvidado. Sabía exactamente dónde estaba y sabía que ella me cuidaba como siempre lo había hecho. Lo sabía porque ella me ayudaba cuando lo «necesitaba», como cuando estaba jugando fuera de la casa con mis amigos y comenzaba a llover. Todo el mundo se iría a casa y el juego terminaría, entonces yo les decía a todos: «Que no se vaya nadie; volveré enseguida». Mientras todos se acurrucaban bajo mi porche cubierto, me iba corriendo a un lado de la casa donde no pudiera verme nadie. Entonces, miraba hacia el cielo y decía: «Bubba, ¿podrías hacer que dejara de llover?».

Y la mayoría de las veces, dejaba de llover. Parecía que mi Bubba no me había dejado después de todo.

Conflictos con el colegio

Pronto llegó el momento de ir a la escuela infantil. Desde el momento en que crucé la puerta, el colegio me aburrió como una ostra. La mayoría del tiempo lo pasaba soñando despierto, pero no las típicas fantasías de un niño: jugar al balón, ser un héroe, luchar con monstruos. (Bueno, algunas veces luché contra un enorme tornado o dos… ¿pero no lo hemos hecho todos?) Con cierta frecuencia yo imaginaba que era el Oráculo de Delfos. Yo no sabía quién o qué era el Oráculo de Delfos, pero de alguna manera yo me veía sentado en una cueva lejana atendiendo a multitud de personas que recorrían largas distancias para pedirme consejo.

También pensaba cosas que sólo yo *sabía* que podía realizar, como pasar mis manos a través de las paredes. Estaba seguro de que si pudiera encerrarme en mi habitación durante tres días, podría adivinar cómo hacerlo. Lo curioso era que nadie parecía estar dispuesto a dejarme probar. Probablemente ellos intentaron hacerlo cuando eran niños y decidieron que era una pérdida de tiempo.

Si los profesores no estaban de acuerdo con mis ensoñaciones, probablemente les gustaba menos aún mi falta de atención. Era bastante revoltoso: me portaba mal y dirigía la atención hacia mí, o los ignoraba y me perdía en mi propio mundo. Antes de que acabara mi primer año, había tenido problemas tantas veces que mi madre al final rompía a llorar delante del director.

«¿Cuándo se va a acabar esto?», sollozaba, repitiendo inadvertidamente las palabras que utilizó cuando nací.

«Cuando consiga interesarse por algo», dijo el director.

«¿Cuándo ocurrirá eso?»

«Puede pasar en cualquier momento.» El director hizo una pausa y después sonrió. «A *mi* hijo, no le sucedió hasta el instituto.»

No era que yo no tuviera intereses; sólo era que ellos no se manifestaban en el colegio. Cuando mi abuelo me dio una caja de relojes viejos y rotos, me fascinó. Era cuando los relojes eran complejos misterios de pequeñas piezas relacionadas (antes de la revolución digital). Cada vez que se rompía uno de sus relojes, si el relojero no podía arreglarlo, él lo metía en una vieja caja de puros con otros de similar destino. Un día me trajo este «cofre del tesoro» de relojes rotos. Ninguno de los que había en la caja funcionaba, y por supuesto todos eran demasiado grandes para que yo los llevara, pero no me importaba. Yo quería jugar con ellos a todas horas. Y eso hacía. Soplé uno y empezó a hacer tic-tac. Soplé otro, y también lo hizo, después se paró. A un tercero que no lo podía soplar, lo agité un poco. Sujeté con fuerza el que había empezado a funcionar y luego se había parado durante unos minutos. Comenzó de nuevo y siguió. Sujeté al que había agitado, y empezó a funcionar. Pronto estaba «arreglando» los relojes viejos de mis amigos. Supongo que es una forma de ir en contra de algún principio lo que hace que los relojes se *rompan* cuando algunas personas los llevan puestos.

Pero para algunas personas, la habilidad para reparar relojes sin abrirlos no era tan importante como la habilidad de colorear con rotuladores y recitar bien *Dick y Jane*. Mis defectos académicos eran considerados con tanta severidad que cuando llegué a segundo o tercer grado, una trabajadora social vino a casa a comprobar el ambiente y ver por qué no alcanzaba los objetivos escolares. Poco después de que llegara, le pregunté si podía explicarme el «infinito». Nerviosa, se puso de pie y salió corriendo de la casa.

«Tendré que hablar con el director sobre esto», gritó por encima de su hombro.

Si lo hizo, nunca me contó lo que había aprendido.

Ahora, el cierre

Había una buena razón para contemplar las cosas de una infinita naturaleza, porque en esa misma época, estaba a punto de sufrir otra pérdida: mi perra. Seda, un Doberman Pinscher, ya tenía dos años cuando yo nací, aunque soportaba graciosamente mi comportamiento infantil, incluido el hábito de utilizar su labio inferior como un asidero en el que agarrarme para ponerme de pie cuando estaba aprendiendo a caminar. Se había quejado con dolor pero nunca me mordió ni me gruñó. De alguna manera sabía que yo era un niño y que necesitaba amor y protección.

Adoraba tocar las cosas que estaban frías al tacto, incluyendo las orejas de Seda. Cuando se dormía cerca de mi cama, ponía mi brazo sobre su costado y agarraba su oreja fría suavemente entre dos dedos. Al tocarla, su oreja se volvía tibia (lo que yo no quería), así que cambiaba a su otra oreja, y luego al revés cuando ésa se había calentado. Cuando ambas orejas se habían calentado demasiado como para ser interesantes, dejaba que Seda se fuera para que se enfriaran otra vez. Unos diez minutos después, sonaba un ladrido en la puerta principal –su señal– y yo sabía que estaba lista para entrar y hacerlo otra vez. Después de dos ciclos completos de este ritual, me quedaba completamente dormido.

En la época en que yo tenía 10 años, Seda tenía 12 (que es 84 en años de perro) y problemas de salud. Mi madre y mi padre habían llegado al acuerdo de que, en el momento en que no se pudiera hacer nada más por ella, no dejarían que sufriera; la dormirían.

Éste había sido el año más difícil de Seda. Había veces que, aunque lo intentaba, esta perra que me ayudó a aprender a caminar no podía ni ponerse en pie. Era tremendo para un adulto ver esto, más aún para un niño. Removió todo mi mundo. Era el momento de llevarla al veterinario, y estábamos bastante seguros de que ésta iba a ser la visita.

Era casi Acción de Gracias. Decidimos esperar uno o dos días después de la fiesta. El Día de Acción de Gracias, mi madre le dio a Seda una fuente grande de pavo relleno con salsa y puré de patatas.

Seda, cuya dieta consistía poco en comida de «personas», dudó. Parecía algo confusa, nos miró buscando aprobación, y decidió no cuestionarla y comió su última comida.

El día siguiente, la llevamos al veterinario. Mi madre se quedó en casa esta vez. Al recordar cómo me había sentido al no poder despedirme de Bubba, insistí en ir con mi padre. Sentado en la sala de espera con los olores medicinales y las pinturas al estilo de Norman Rockwell de perros

51

que juegan a las cartas, parecía todo muy frío. Mi padre salió y me contó lo que pasaría: iban a dormir a Seda. ¿Quería estar ahí? Seguí a mi padre y al veterinario mientras llevaban a Seda por los viejos pasillos y salían por una puerta trasera a un jardín. Le dije adiós y vi cómo el veterinario le ponía la aguja. Después de unos segundos, se desplomó suavemente en el suelo. Levantaron a Seda y la metieron en un crematorio.

Esa noche y muchas otras posteriores, lloré de nuevo por un ser querido. Esta vez, sin embargo, hubo cierre. El infinito no parecía estar muy lejos, ni la eternidad.

Naturaleza / Nutrición

Cuando pasé de la escuela infantil a la escuela primaria, mi sentido de individualidad creció de alguna manera. Todavía me aburría fácilmente y pasaba mucho tiempo con mis ensoñaciones, pero en una extraña ocasión cuando se me asignó un profesor motivador y que hacía pensar, destaqué por encima de todas las expectativas. Desgraciadamente, igual que ahora, tales profesores eran la excepción, no la regla.

La atmósfera en casa permitió que yo me desarrollara más de lo normal a mi edad. Mis padres me trataban como a un adulto: no me hacían callar, sino que me incluían en las conversaciones y decisiones, reconociéndome como una persona cuyas opiniones importaban.

No podía esperar a volver a casa de la escuela todos los días. Me parecía que siempre había personas fascinantes por conocer. Mis padres invitaban a una gran variedad de amigos con grandes conocimientos: antropólogos, psicólogos, artistas, doctores, abogados, etcétera. (Y para hacer las cosas incluso más estupendas, este diverso grupo inspiraba una selección de cocina deliciosa acompañada de sabores y olores maravillosos.)

Y dado que mi casa era de mentalidad tan abierta, y me daba la posibilidad de descubrir personas tan diversas, era sencillamente natural que continuara teniendo un desafío con una autoridad dictatorial y desigual (o debería decir, que una autoridad dictatorial y desigual continuara teniendo un desafío conmigo).

La dirección de la escuela secundaria era estricta respecto a la puntualidad de los estudiantes. Aunque vivía a un paseo del instituto, casi siempre llegaba tarde por la mañana. Un minuto aquí, un minuto allí, no era importante, excepto para la dirección. Si los estudiantes llegaban a la escuela después de que la campana sonara, debían pedir un permiso de retraso.

El problema era que la escuela no daba un permiso de retraso a los estudiantes a menos que trajeran una nota de casa. Hacía las cosas con tan poco tiempo que nunca sabía cuándo iba a llegar tarde, y no podía conseguir una nota de casa sin volver allí para pedírsela a mi madre. Por lo tanto, me perdía continuamente la primera media hora de clase. ¿Por qué me resultaba tan difícil salir de casa 15 minutos antes? No tenía sentido, pero tampoco cambiaba. Simplemente parecía que yo no funcionaba con el mismo concepto de tiempo que el resto; pensé que si salía de casa todas las mañanas a las 8:01 a.m. y caminaba suficientemente rápido, podía llegar a la escuela antes de las 7:50.

Al final, le pregunté a mi madre si le importaría que yo me escribiera mis propias notas de retraso para aquellas mañanas y las firmara con su nombre si fuera necesario. Considerando la alternativa de perderme una asignatura completa por ir y volver cada mañana, aceptó de mala gana.

Un día el jefe de estudios de la escuela me vio escribir mi propia nota de retraso. Era un tipo peculiar y ex militar cuyo hijo podía haber sido el típico niño con problemas conductuales (te hace pensar, ¿verdad?). Señalando la nota que yo estaba escribiendo, gruñó dándose una importancia indignante: «¿Qué está haciendo usted?».

«Me estoy escribiendo una nota de retraso», fue mi tranquila respuesta.

«Usted tendrá que ir a la sala de arresto por falsificar la firma de su madre.»

«No. No iré. La falsificación es sin conocimiento o consentimiento. Y tengo ambos.»

Respuestas como ésa no me hacían ganar la simpatía de mis profesores. «¿Cuál es su nombre?», preguntó el jefe de estudios.

«Eric Pearl.» Me puse de pie, guardé mis cosas, y miré al hombre a los ojos. «P-E-A-R-L.» Después me di la vuelta y fui hacia mi clase.

Así que, entre estos acontecimientos –estas lecciones– mi joven vida continuó. Mi padre era copropietario y operador de una compañía de máquinas expendedoras junto con su hermano y su padre. También era policía voluntario. Mamá se quedaba en casa criándonos a los tres. También hacía de modelo de vez en cuando y presentaba desfiles de moda. Papá salía de casa antes de las 7:00 a.m., mientras mamá nos metía el desayuno en la garganta como una mamá pájaro alimentando a sus polluelos. No salías de casa hasta que tomaras un buen desayuno y te prepararas un almuerzo para llevar, con «los cuatro grupos de comida» (algo en lo que los padres de aquella época aún creían). A los 13 años, tuve mi bar-mitzvah. Los domingos, a veces asistía a la iglesia con amigos.

Escuela infantil, escuela primaria, secundaria, instituto: nuevos amigos, exámenes, entrega de diplomas, permiso de conducir, selectividad, y por fin, graduación y universidad...

Seguir adelante

Pronto descubrí que la graduación de la escuela secundaria no significaba «libertad»; mis padres estaban decididos a vigilarme de cerca. Pero como de costumbre, yo tenía ideas diferentes. ¿Por qué quedarme en Nueva Jersey? Quería ir a la universidad de California. Parecía que había dicho «al Polo Norte».

«Está muy lejos», insistieron mis padres. Una discusión razonable se convirtió en una bronca creciente.

Al final, se alcanzó un compromiso: podría ir a la universidad a Miami, Florida. Mis padres pensaban que este plan era seguro, no sólo porque Miami estaba dos veces más cerca de mi casa que California, sino también mi abuelo paterno, Zeida –el que me había regalado la caja de relojes cuando era pequeño– se había mudado allí poco después de la muerte de Bubba. La idea era que Zeida podría vigilar al hijo pródigo. Yo era, después de todo, el primer hijo de su primer hijo.

Así fue como mis padres me perdieron durante todo un año.

Me apunté a la universidad de Miami.

Mis padres siempre me habían dicho que yo podía ser *cualquier* cosa que quisiera ser, que podría hacer *cualquier* cosa que me propusiera. Esto es un concepto fortificante con el que crecer, pero para mí, esta falta de dirección se convertía cada vez más en un problema según me iba haciendo mayor y comenzaba a pensar en buscar una carrera. *Ser cualquier cosa* y *hacer cualquier cosa* no me ofrecía precisamente una clara orientación. La cuestión era que nada me interesaba, así que no había nada que «me propusiera».

Inmediatamente me dediqué a... unos estudios completamente incoherentes. En el espacio de un año, consideré no menos de tres carreras:

psicología, derecho y danza moderna. No tenía ni idea de lo que quería hacer. Y, como siempre, nada conseguía mantener mi interés.

Zeida lo observaba al vivir por mi cuenta en Miami; yo estaba evolucionando y él quería ver la continuación de este proceso. Sin pedir permiso a mis padres, abrió la puerta a la posibilidad de pasar mi segundo año de estudios en el Mediterráneo. Ésta era una propuesta muy atractiva. Mientras las visiones de Roma y Atenas flotaban en mi mente, Zeida «definió» *Mediterráneo*. Él tenía un nombre cariñoso para ello. Lo llamaba *Israel*. Yendo un paso más allá de la situación, como era habitual, Zeida compuso un plan de estudios de un año en Jerusalén, un programa para estudiantes americanos. Entonces se ofreció a subvencionar la aventura. ¿Cómo podrían decir que no mis padres?

Más que leche y miel

La mayoría de los estudiantes que viajan a Israel esperan que Dios descienda de los cielos, y que la leche y la miel fluyan en abundancia por las calles. Estaban desilusionados. Sin embargo, yo fui allí esperando poco más que un año fuera de Estados Unidos, así que sin expectativas irreales para mi estancia, acabé enamorándome de todo. Hasta entonces, ese viaje a Tierra Santa era el año más potente de toda mi vida. Incluso hoy en día, me despierto de sueños en los que aún me veo entre la gente, los antiguos templos, y las asombrosas vistas del Monte Sinaí.

A mi regreso a Estados Unidos, volví a la misma vida que había dejado atrás. Todo lo que había encontrado en Tierra Santa no había revelado mi verdadero propósito, o si lo había hecho, no lo reconocí. Ahora volvía a encontrarme con mi dilema: elegir una carrera.

Se me había ocurrido una idea el año anterior a mi viaje. Durante mi año en Miami, había tenido una experiencia con el Rolfing, un tipo de masaje de los tejidos profundos diseñado para liberar la musculatura del cuerpo. Algunos de mis amigos se había hecho las 10 sesiones de Rolfing recomendadas, y yo había visto los cambios físicos que habían tenido. Sus fotografías de antes y después eran todo lo que yo necesitaba para decidir ser «Rolfeado» también.

Las sesiones acabaron cambiando la manera en que yo me manejaba y me abrieron a una forma más expansiva de ver el mundo. Basado en el concepto de un lazo de retroalimentación mente-cuerpo, la teoría del Rolfing es que libera tus músculos individuales, y en el proceso, libera el dolor almacenado (físico y emocional, viejo y nuevo). A menudo, según vas pasando por las sesiones, alivias experiencias pasadas mientras la molestia te abandona a ti. Como resultado, tanto tu cuerpo físico como tus emociones se transforman. Ésta nueva existencia, libre de muchos de tus antiguos dolores, te permite moverte, estar, y soportarte de manera diferente. Y cuando te soportas de forma diferente –es decir, cuando ocupas un espacio físico distinto– ocupas también un espacio emocional distinto.

Impresionado por los conceptos y los resultados, pensé en hacerme terapeuta de Rolfing. Pero mis padres pensaban que el Rolfing podía ser pasajero, dejar de estar de moda, y dejarme profesionalmente encallado. Quizá, sugirieron, podría considerar entrar en el campo del cuidado de la salud que contaba con más aprobación: la quiropráctica. Como mínimo tendría un título como recurso.

Acepté viajar a Brooklyn para hablar con un quiropráctico que me había presentado un amigo de la familia. El doctor me contó la filosofía básica que hay detrás del arte y la ciencia de la quiropráctica. Me explicó que hay una inteligencia universal que mantiene la organización y el equilibrio del universo; y que gran parte de esta inteligencia, llamada *inteligencia innata*, está dentro de cada uno de nosotros y nos mantiene vivos, sanos y en equilibrio. Esta inteligencia innata, o fuerza de vida, se comunica con el resto de nuestro ser físico en gran parte a través de nuestro cerebro, nuestra columna vertebral, y el resto de nuestro sistema nervioso (el sistema controlador de nuestro cuerpo). Mientras la comunicación entre nuestro cerebro y nuestro cuerpo está abierta y fluye libremente, permanecemos con nuestro estado de salud potencial en condiciones óptimas.

Cuando una de las vértebras se gira o se sale de su posición, puede dar como resultado la presión de nuestros nervios, imposibilitando o cortando la comunicación entre la zona alimentada por estos nervios específicos y nuestro cerebro. Como resultado de esta interferencia, nuestras células pueden empezar a romperse y nuestra resistencia se puede ver debilitada, permitiendo el malestar, predecesor de la enfermedad. Lo que hace un quiropráctico es, pues, quitar la interferencia causada por estas desalineaciones (llamadas *subluxaciones*) de nuestra columna, y permitir a nuestra fuerza de vida restablecerse de nuevo, devolviéndonos a un estado de salud y equilibrio. En otras palabras, salud a través de quitar la causa, no tapándola o tratando el síntoma.

Cuando me di cuenta de repente de que los dolores de cabeza de la gente no eran el resultado de las deficiencias congénitas de aspirina en la sangre –como nos hacen creer los anuncios de televisión– y que había algo que yo podía hacer para ayudarles, me propuse ser quiropráctico. No me paré a considerar la enormidad de este paso, ni sospeché el papel que finalmente tendría en mi vida. La sincronicidad no era un concepto a tener en cuenta conscientemente.

De pronto, algo hizo «clic». Me inundé de recuerdos de fantasías infantiles –¿o fueron visiones?– de ayudar a gente como el Oráculo de Delfos. Quizá ésta era la forma en que realmente podía hacer algo de ese tipo. Todo lo que sabía en ese momento era que algo de lo que el doctor había dicho me tocó la fibra. Algo de todo esto parecía perfecto, y era suficiente para mí. Estaba a punto de dar mi primer paso en una nueva dirección, una que finalmente me acercaría a mi destino.

 കകക

Capítulo Cuatro

Un nuevo camino de descubrimiento

Por supuesto que eres médico; sólo que aún no te has dado cuenta.
Mi amiga **Debbie Lucian**

De vuelta al colegio

El quiropráctico de Brooklyn con el que había hablado me recomendó la Universidad Quiropráctica Cleveland en Los Ángeles. Pedí plaza allí y me aceptaron.

Y así fue como mis padres perdieron un hijo después de todo, y lo perdieron en California, donde él había querido ir mucho tiempo atrás. Por otro lado, también ganaron un doctor, así que supongo que todo está equilibrado.

Siempre recordaré mi primer día en la universidad. Había muchos novatos, más de 80 estudiantes. Había que romper una pared provisional para que pudiéramos pasar a otra habitación. El tutor nos pidió a cada uno un breve resumen de las razones para querer ser quiroprácticos. Comenzó con el estudiante que se sentaba en el extremo izquierdo de la primera fila, quien, por supuesto, resultaba estar lo más lejano posible de donde yo estaba sentado, en la esquina derecha del fondo de la sala. Desde allí, la narración zigzagueó entre las filas de estudiantes. Estaba sentado escuchando una historia tras otra de cómo un estudiante estaba paralítico antes de visitar un quiropráctico; el cáncer de otro estudiante desapareció; otra más había recuperado la vista; aquella otra había conseguido eliminar sus migrañas de toda la vida… otro y otro más, una letanía sinfín de sanaciones permanentes más allá del dominio de lo que cualquier no quiropráctico solía oír. Especialmente yo. Zeida incluso llamaba a los quiroprácticos «rompehuesos».

Finalmente, me llegó el turno para hablar. Ochenta y tres cabezas se volvieron para escuchar mi historia, la última del día. ¿Sería realmente mi epopeya culminante la que haría salir de clase a los otros estudiantes e iluminar sus nuevos caminos de vida? Creo que no. Fui la única persona de la clase que nunca había visitado un quiropráctico. Por eso, aún no sabía lo que era realmente un quiropráctico. Sólo recordaba datos y retazos de lo que me había contado aquel doctor durante los 20 minutos que estuvimos juntos, algo sobre quitar las interferencias y permitir al cuerpo sanarse por sí mismo. La premisa había tenido un sentido tan perfecto cuando me la habían explicado a mí que nunca me preocupé de comprobarla, examinarla, o hablar de ella a otros. Me levanté, miré a la multitud, y me escuché a mí mismo decir: «Bueno... *sonaba* bien».

Si no puedes encontrarlo, estás poniendo demasiado empeño

Así que aquí estaba yo, de vuelta al estudio, pero las cosas eran un poco distintas esta vez. Por primera vez, ésta era una escuela y una carrera que *yo* había elegido. Eso marcaba una enorme diferencia.

No era un ratón de biblioteca, me gustaba socializar, ir de fiesta, y explorar mi nueva ciudad. Encontré un trabajo de media jornada en una tienda de zapatos porque, aunque mis padres me enviaban dinero para cubrir mis gastos educativos, yo quería ganar algunos dólares extra para hacer las cosas que *yo* quería. Un día, un cliente –un investigador de un laboratorio sismológico– vino a comprar zapatos. Durante la venta, mencionó que, en el laboratorio, habían anticipado un terremoto en el sur de California en las próximas 24 horas.

«¿Se lo ha dicho a los otros empleados?», pregunté.

«No.»

«Bien. No lo diga.» Sonreí. Él me devolvió la sonrisa, entendiéndome, después pagó sus zapatos y se marchó.

Unos minutos después de que abandonara la tienda, hice como si yo tuviera una premonición y anuncié a mis compañeros que tenía un *presentimiento* de que iba a haber un terremoto en los próximos tres días.

Como «predije», sucedió. Todos lo sintieron y salió en las noticias. Mis compañeros estaban muy impresionados.

Unos días después, y sin la intervención del sismólogo, tuve el presentimiento de que sucedería otro temblor. Con valor, me aventuré y anuncié éste otro también.

Lo creas o no, tuvimos otro.

Fue como si algo se hubiera disparado en mí. Durante los siguientes dos o tres años, predije con precisión 21 de los 24 temblores.

Una tarde, mi compañero de piso llegó a casa y vio una nota que yo le había dejado: «la tierra se va a sacudir». Más tarde me contó que el temblor sucedió mientras él estaba leyendo la nota. Su novia estaba a su lado en ese momento… gritando.

Otro día, mientras comía solo en un restaurante, sentí el comienzo de otro terremoto, del tipo que hace un movimiento «rodante». Según iba aumentando su intensidad, eché un vistazo a la sala. Nadie más estaba reaccionando. Ningún vaso de agua se agitaba; las lámparas colgaban inmóviles sobre nuestras cabezas. Justo en ese momento, *yo* pude ver las lámparas balancearse. Fue real para *mí*. Me levanté y salí corriendo a la calle. No podía entender por qué nadie más lo había sentido, por qué todo lo que rodeaba mi vida seguía con la monótona normalidad de Mayberry.

Parecía imposible. La tierra aún estaba temblando; yo pude *sentirlo*. Fue el temblor rodante más largo que había sentido; aunque la combinación de sus movimientos surrealistas y el hecho de que nadie más parecía haberlo sentido me hacían pensar que no debía de estar sucediendo después de todo. Tímidamente volví al restaurante. Estaba contento de haber comido solo; explicar mi brusca salida a la calle hubiera sido un poco… difícil.

Pero si eso no había sido un temblor real, entonces debía haber sido otra premonición. No había otra explicación.

De camino del restaurante a casa, me paré en la lavandería para buscar mi ropa y comenté con los dueños que la tierra iba a temblar por la noche. Todos se rieron.

Esa misma noche, tembló. Su epicentro estaba en Culver City, justo donde vivían los dueños de la lavandería.

Unas semanas después, cuando había acumulado suficiente ropa sucia como para llenar media docena de fundas de almohada de cama matrimonial, volví a la lavandería. Luchando por ver por encima del primer lote de los tres que llevaba en mis brazos, palpé en busca de la puerta con mi pie. Mientras la abría suavemente, yo estaba concentrado en intentar localizar el mostrador con los dedos de mi pie. De repente, una voz sonó tan fuerte que me sorprendió no haber lanzado por los aires las tres bolsas de ropa que llevaba.

«¡Es él! ¡Es él!» gritó la mujer que estaba detrás del mostrador con un fuerte acento ruso-judío. «Ésta es mi dirección», dijo mientras ponía en mi mano un trozo de papel atropelladamente garabateado. «¡*Quierro* que me llame antes de que llegue el próximo!»

Desde entonces, cada vez que iba a esa tienda, se me pedía que predijera el próximo temblor. Y yo también quería, pero parecía que no funcionaba de esa manera. No podía forzarlo; las predicciones sólo aparecían cuando pensaba en mis propios asuntos.

Sin darme cuenta, aprendí una profunda verdad: *Si no puedes encontrarlo, estás poniendo demasiado empeño.*

Resurrección

De vez en cuando juntaba a duras penas el dinero suficiente de mi presupuesto de estudiante para asistir a una sesión doble en el cine que estaba a la vuelta de la esquina de mi apartamento. Una tarde llegué justo a tiempo para la segunda película, o «B», *Resurrección*, interpretada por Ellen Burstyn. Por supuesto, era una película «B» sólo en la posición, porque la señora Burstyn iba a ser nominada para los premios de la Academia como mejor actriz por su papel en la película.

Resurrección está basada en la historia de una mujer llamada Edna Mae, quien, después de un accidente de automóvil, muere en la sala de operaciones… sólo para volver a la vida. Algo después, ella descubre que tiene poderes para sanar, algo así como «imposición de manos». Con sólo tocar a la gente y entrando a la vez en un estado de amor, recuperaban la salud. A veces ella podía contraer la enfermedad o dolencia –tras habérsela quitado a la otra persona– y después aliviaba los síntomas de su propio cuerpo. Otras veces, las sanaciones parecían ocurrir como una bendición, sin que ella tuviera que contraer nada.

Estaba tan fascinado por esta película que después de sentarme para ver la primera sesión –cualquiera que fuera– me quedaba a ver *Resurrección* de nuevo. Después llevé a mis amigos a verla. Más tarde llevé a más amigos. No tenía ni idea de por qué me veía tan obligado a ver esta película una y otra vez. Aunque el aspecto de la sanación de la película era interesante, lo que realmente me atraía era la similitud entre la descripción de la experiencia cercana a la muerte de Edna Mae y lo que mi madre había pasado el día que yo nací. Nunca había visto o leído nada sobre este tema pero esta película describía con mucha precisión la experiencia de mi madre. Cada vez que la veía, sentía como si yo tuviera una visión de algo que me era muy familiar. Era como si yo pudiera casi ver algo, casi recordar algo. Algo...

Otras indirectas

Durante mi época de exploración, también descubrí lo que se llama «psicometría», la habilidad o arte de reunir información sobre la gente al tocar o sostener algún objeto que le perteneciera, normalmente una pieza de joyería que hubiera llevado puesta. Después de ver a alguien haciéndolo, lo intenté yo mismo y encontré que me abría a recibir algunas destacables revelaciones precisas sobre las personas, algunas de las cuales no las había conocido nunca. Durante mi breve incursión en este proceso, descubrí dos «secretos» sobre esto: cuanto más insistentemente moviera mis dedos sobre la joya, más concentrado estaría; y cuanto más rápido hablara, más precisa sería la información. La insistente exploración de un objeto con mis dedos parecía calmar mi mente, de manera similar en que, a muchos de nosotros, la mente se nos relaja y serena cuando conducimos. Un discurso rápido parecía no darme tiempo para dudar de mí mismo una segunda vez. En la calma de mi mente llegaban las revelaciones; en la rapidez de mi comentario llegaba el valor de pronunciarlo.

Menciono estos puntos no sólo porque fueran extraños para mí, sino porque aludían a «otras» influencias en mi vida, incluso en aquellos tempranos años.

Aparte de estos peculiares acontecimientos, mi principal actividad en esta época era lo que realmente mis profesores de primaria y secundaria jamás hubieran creído: asistir a clase y estudiar. Bueno, mi versión de «asistir a clase» a menudo consistía en sentarme en la parte de atrás de la sala y levantar mi brazo lo suficiente para decir: «Presente». Aún así, como en los cursos de mi primera escuela, conseguí tener buenas notas... y finalmente graduarme con un título de quiropráctico.

Había acreditado involuntariamente la razón del director de mi escuela infantil. Había encontrado algo que me interesaba e iba a hacer algo con mi vida, después de todo.

Fiebres y visitas

Un día en 1983, no mucho después de licenciarme, me di cuenta de que me sentía un poco indispuesto: enfermo, con dolor de cabeza y febril. No era muy partidario de tomar aspirinas para bajar la fiebre, ya que sabía que la fiebre tiene su propósito y quería permitirle seguir su curso. Por consiguiente, me metí en la cama, abrigado, bebiendo mucho líquido y viendo la tele (televisión sin culpabilidad: el punto más positivo de estar en casa metido en la cama, enfermo). Pero después de unos cuantos días, decidí que era hora de hacer algo más activo para cortar la fiebre. Así que cada noche añadía la colcha y las mantas, sudaba, y cambiaba las sábanas y los pijamas al menos dos veces.

Por la mañana no me levantaba mejor que el día anterior. Finalmente, llamé al médico. Me prescribió Tylenol con codeína. Éstas debían ser las Tylenol con codeína número cuatro –las *más grandes* de todas– porque llevaban tal cantidad de codeína como para dejarme atontado durante un maratón de *I love Lucy*. Pero déjame decirte que, después de tomarme esas pastillas, todo el día fue una nube de pelo rojo y acentos cubanos.

Mi temperatura subió hasta 40,5°, 41°, 41,5°. Finalmente, después de otra noche de cambiar sábanas y pijamas (estaba seguro de que si continuaba haciéndolo, la fiebre se cortaría), abrí los ojos y por un brevísimo momento, vi que tenía «compañía». Ahí, a los pies de mi cama, estaba un grupo de «gente». Parecían ser unos siete, variando de forma y tamaño: algunos altos, otros bajos, y uno casi como un enano. Permanecieron allí el tiempo suficiente para que yo les viera y para *ver* que yo les veía.

Después se fueron.

Antes de que mi mente pudiera procesar lo que acababa de ocurrir, respiré. Esa respiración fue tan parecida a la primera inhalación de un recién nacido que parecía como si fuera mi primera respiración del día: desde el momento en que abrí los ojos hasta que mis «visitantes» se fueron, no había respirado. Cuando comencé a respirar, sentí –y oí– un pequeño ruido en mi pecho. De repente lo comprendí: *Me estaba muriendo*.

Llamé a mi médico y le dije que iba para allá, después llamé a un servicio de taxis y pedí que me enviaran un coche con aire acondicionado porque estábamos en una ola de calor veraniego, y con mi fiebre, tenía mi propia ola de calor.

Me mantenía en pie a duras penas, pero conseguí llegar hasta la puerta y salir a la calle. Llegó el taxi… sin aire acondicionado, por supuesto. Delirante, subí de todas formas.

En su oficina, el médico examinó mis pulmones con rayos x y me dijo que fuera directamente al hospital. «No te pares en ningún sitio», dijo. Parecía que tenía neumonía. Pensando que no iba a ser una breve visita lo que me esperaba, tomé un taxi a mi casa para buscar mi pijama, el cepillo de dientes y demás.

No tenía seguro médico en esa época, así que tuve que esperar un buen rato en el hospital provincial antes de ser admitido. A la mañana siguiente, me llevaron a una habitación en la que permanecí diez días intubado, con oxígeno... y comida digna de una aerolínea doméstica. Cuando por fin me liberé, había bajado de peso hasta los 62,5 kilos (y medía 182 cm). Mi médico me confesó después que pensó que no saldría de allí con vida.

No recuerdo mucho de mi estancia en el hospital, pero sé que perdí mi excelente memoria a corto plazo, probablemente como resultado de mi alta temperatura.

(Hablando de cerebros sobrecalentados, ¿te has dado cuenta de lo similares que son las palabras *transpiración* y *aparición*? Ambas tienen dos ies, dos aes, cinco vocales, cuatro sílabas... y una puede sacarse de las letras de la otra.) Entonces, ¿quiénes *eran* aquellas personas que vi a los pies de mi cama en mi casa? ¿Eran guías? ¿Espíritus? ¿Ángeles guardianes? ¿Eran un grupo interdimensional de observadores? ¿Fueron apariciones causadas por mi fiebre, en otras palabras, una falsa ilusión? O, ¿eran apariciones que realmente existieron pero que sólo mi fiebre me permitió ver, es decir, seres que habitan en un plano de esos 11 (hasta ahora) planos de existencia teóricos (según las tesis actuales de pensamiento cuántico)?

No lo sé. Pero una cosa está clara: si no hubiera visto a aquellos visitantes el día que mi pecho hizo un ruido, podría haber continuado mi régimen de beber zumos y aguantar, y casi seguramente podría estar muerto.

Sin embargo, era algo que no estaba preparado para hacer. Tenía otros planes. Y quizá, sólo quizá, algo o alguien también tenía planes para mí.

Resurrección – Una vez más

Como parte del proceso profesional que había elegido, por fin me convertí en un «médico externo»; es decir, un «médico en prácticas» en el consultorio de un quiropráctico licenciado. Aunque gratificante en muchos sentidos, esta fase de la carrera como nuevo quiropráctico no fue exactamente lo que se podría llamar lucrativa. Como la mayoría de la gente, supuse que todos los médicos sabían cómo administrar un consultorio. Estaba equivocado. En las prácticas a las que yo me adscribí, había un montón de cosas que no me enseñaron. Las relaciones con el paciente estaban al principio de la lista. Nuestro acuerdo era que yo les pagaría el 50 por ciento de lo que cobraba a mis pacientes. Ya que ellos trataban a sus propios pacientes, podríamos decir, magníficamente, no sorprendía entonces que trataran a los míos sólo la mitad también. Y, dada la forma en que trataban a mis pacientes, muchos de ellos no volvían nunca.

Con una ganancia de sólo el 50 por ciento de lo que ingresaba y una base de pacientes impredecible, apenas podía pagar el alquiler de mi consultorio y de mi apartamento. Cuanto más trabajaba como médico externo, más dinero debía. Cuanto más dinero debía, menos podía permitirme abandonar –hasta después de tres años, *tuve* que abandonar– o renunciar a mi carrera completamente.

Así que lo dejé.

Sin embargo, coseché un par de beneficios extras de esa experiencia. Uno de mis pacientes había estado relacionado con la película *Resurrección*, que, como ya mencioné, se convirtió en una de mis favoritas. Otro paciente resultó ser un miembro de la Academia de las Artes y las Ciencias Cinematográficas, y me llevó a los Premios de la Academia de ese año. Así que estuve sentado en el primer piso viendo los acontecimientos. Cuando me di la vuelta, vi que Ellen Burstyn, una nominada que había estado sentada en la platea, había subido y se había sentado justo detrás de mí. *Qué extraño*, pensé. No me había percatado de que ese asiento se hubiera ocupado durante la velada.

Después de un rato, se levantó y se fue. Nunca la volví a ver en persona, ni pensé mucho en ese encuentro cercano, ni en los extraños sucesos que marcaron mi vida: los «seres» a los pies de mi cama, las predicciones de terremotos, la psicometría, los relojes «arreglados» por sí mismos...

Al menos, no pensé mucho sobre ellos hasta 13 años más tarde, cuando comenzaron las sanaciones.

El fantasma de Melrose Place

Como ex médico externo, sin mucho tiempo ni dinero, tomé el primer sitio que se ajustaba a mi presupuesto: el apartamento superior de una sola vivienda convertida en dos en Melrose Place que compartía con dos psicólogos. Melrose Place –los tres conjuntos de edificios– estaba considerada por muchos como una de las calles más interesantes y lujosas de Los Ángeles, pero obviamente, la gente que hacía tales afirmaciones nunca había visto mi consultorio. Hacer que mis pacientes tuvieran que subir arrastrándose al piso de arriba no era el único problema. Como todo el mundo sabe, nadie va a ningún lado en Los Ángeles si no es en coche, y el aparcamiento en Melrose Place era casi inexistente, lo que me llevó a hacer tratos de estacionamientos con algunos de los propietarios de tiendas de antigüedades y de arte que había en la manzana. Y de esa manera mis pacientes de más clase podían alardear de que su quiropráctico tenía un aparcacoches.

Pero todo eso llegó más tarde. Al principio, mi gran problema fue resolver cómo transformar un solo dormitorio en un consultorio quiropráctico que fuera útil. Diseñé una serie de cubículos de tratamiento de extrañas formas, hice tres habitaciones de un dormitorio, convirtiendo la zona de desayuno en un área de recepción y metí como pude un escritorio y una recepcionista en la cocina más pequeña que puedas imaginar. Después busqué contratistas que me hicieran el trabajo.

Como cualquiera que haya tratado con la construcción sabe, el trabajo puede alargarse indefinidamente, sobrepasando el presupuesto y el plazo. Con el tiempo, me quedé sin dinero y no podía pedir al banco que me prestara más.

Cada mañana iba a mi semiacabado consultorio para ver pacientes y hacer un par de cosas más: llamar al banco para intentar hablar con ellos para que me prestaran más dinero, y apretar los tornillos de mi nuevo riel de luz. Un riel de luz con cuatro lámparas por 27 dólares, la idea de hacer una roza para la luz se había ido por la ventana junto con los costos estimados por el contratista y su plazo de finalización.

Por alguna razón, cada mañana, los tornillos del riel de luz se «desatornillaban» y se descolgaban unos 7 milímetros de su posición correcta. Estaba en la esquina de una calle muy transitada; por lo tanto, las vibraciones del tráfico podían haber sido lo que los hacía aflojarse. Siempre lo mismo, cada mañana, yo volvía a apretar los tornillos. Era un ciclo: el banco me apretaba los tornillos a mí y yo apretaba los tornillos de mi riel de luz.

Una noche, después de que mi «equipo» (una mujer que pasaba tanto tiempo limando sus uñas que me sorprendía no encontrar sangre en cada cosa que ella tocaba) cerrara y se fuera a su casa, me quedé para ajustar a un paciente que había llegado tarde. Mi ojo captó un movimiento, y vi a un hombre vagar por el recibidor que había pasando la puerta de la sala de trabajo. Sabía que la puerta principal del apartamento estaba cerrada, así que no había nadie que hubiera podido entrar. Hasta que vi a ese hombre claramente: medía aproximadamente 1,75 m, con cara redonda y un pelo ondulado casi rapado. Llevaba un abrigo gris moteado, y parecía tener unos veinte-y-muchos o treinta-y-pocos años.

Supe sin duda que era un fantasma.

A la mañana siguiente cuando se lo conté a los psicólogos con los que compartía la vivienda, me sorprendió que ellos ya supieran del visitante. No me lo habían mencionado porque necesitaban una tercera persona para compartir el alquiler y tenían miedo de que la perspectiva de un fantasma me asustara.

La verdad era que no me importaba realmente el fantasma, pero parecía que yo a él sí. «Mucho tráfico andante», dijo un médium que pensó que podía hacer que el fantasma se fuera. «A él no le importa una persona por hora de los psicólogos, pero tú traes demasiada gente extraña a su casa.»

Observé a esa persona caminar por mi apartamento (mi consultorio), buscar el sitio donde sentía que el fantasma pasaba la mayoría del tiempo, e informar muy educadamente al fantasma de que estaba muerto. Después de eso, él le dijo: «Ve hacia la luz», o algo así. Duró unos 30 segundos.

Fue un domingo por la noche. A la mañana siguiente, entré y vi que las luces estaban sujetas: estaban bien atornilladas y así se quedaron hasta que las quité cinco años después con motivo de una ampliación del consultorio.

El teléfono sonó. Era mi banco. Me habían concedido el préstamo.

ฌฌฌฌ

Capítulo Cinco

Abrir puertas, encender la luz

Lo que está detrás de nosotros y lo que está delante son diminutas cosas comparadas con lo que está dentro de nosotros.
Ralph Waldo Emerson

La gitana judía de Venice Beach

Habían pasado doce años y para aquel entonces me había apoderado de aproximadamente la mitad del segundo piso del edificio de Melrose Place para mi consultorio. Las cosas estaban prosperando. El consultorio tenía ocho salas de ajuste y se mantenía con la energía vital de los ayudantes, masajistas, reflexólogos, aparcacoches, y con tantos pacientes como podía tratar. Aún así, emocionalmente, apenas podía mantenerme.

Acababa de terminar con una relación de seis años que realmente había esperado que durara para el resto de mis días. De algún modo andaba a tropezones los días siguientes a la ruptura, prácticamente incapaz de poner un pie delante del otro. La única cosa más difícil que despertarme todas las mañanas para ir al consultorio era mantenerme despierto para los pacientes.

Como si no fuese suficiente lo que sucedía en mi vida privada, ocurrió que al mismo tiempo estaba en proceso de contratar a un personal totalmente nuevo. Una mujer extremadamente competente que había estado dirigiendo mi oficina se trasladó a otra parte del estado para estar con su novio. La fecha de ese cambio coincidía con la salida de otros dos de mutuo acuerdo. Pronto estaba empezando de nuevo. Contraté a dos personas para reemplazar a la gerente que se iba: una para tratar cosas en la sombra, tales como la facturación del seguro, los informes médicos, y la correspondencia; la otra para llevar la relación con los pacientes y el flujo del consultorio. Este puesto se llamaba *recepcionista*.

Como en una función de Broadway (o, en este caso, una telenovela), el trabajo tenía que continuar, así que empecé a entrevistar a gente para el puesto de recepcionista. Siempre me había gustado la «personalidad» en un recepcionista, ya que una personalidad *sociable* en la recepción crea un lazo con los pacientes, y una personalidad *fuerte* me mantiene lejos del aburrimiento.

Nunca se me había dado especialmente bien contratar a gente, así que un amigo mío que hacía ese tipo de cosas de manera profesional vino para ayudarme con las entrevistas. Una o dos personas más también nos ayudaron con el proceso de selección. Cuando empezamos a recibir a los solicitantes, una mujer destacó en mi mente, y en la de todos los demás. Lo creas o no, se parecía, sonaba y se comportaba de la misma manera que el personaje de *Fran Drescher*, de la serie de televisión *La Nanny*: alta, morena y atractiva, tenía una actitud inteligente; un acento de Nueva York, estridente y nasal; y una voz que podía destrozar diamantes. Era una ex aspirante a actriz (si tal cosa existe).

Todos dijeron: «No la contrates. No contrates a esa mujer». Pero tenía que hacerlo. Por un lado, algo en sus ojos me recordaba a Bubba. Por otro, no podía creer que tal persona pudiera existir realmente. Intenté una última vez convencerme de no contratarla y escuchar las voces de los expertos que habían venido a ayudarme a seleccionar un personal competente para mi consultorio, pero estaba fascinado por ella. No había manera de razonar el tema con lógica.

Se convirtió en una verdadera relación de amor/odio. Yo la quería. Los pacientes la odiaban.

Un día me dijo que, con todo el estrés al que estaba sometido, me vendría bien un día en la playa. Lo que realmente representaba eso era que *ella* quería ir a la playa y no quería gastar su propio dinero en gasolina, pero qué más daba. Aquel sábado, nos fuimos a Venice Beach. Pasamos parte del tiempo relajándonos en la arena, después se fue. Cuando volvió, dijo: «Hay una mujer leyendo las cartas. Te vendría bien que te las echara».

No tenía nada en contra de que me leyeran las cartas, pero realmente prefería ir a alguien con una recomendación mejor.

«No quiero que me lea las cartas alguien que está en la playa», respondí.

Si fuera tan estupenda, la gente iría a verla, pensé para mí. *No estaría arrastrando una mesa de cartas, un tapete, sillas y otros trastos a la ace-*

ra de una playa abarrotada intentando que la gente se siente para que le hagan una interpretación de las cartas.

Pero mi recepcionista insistió e insistió igual que la «Nanny». Algo en sus ojos me decía que protestar más sería inútil.

Al final confesó que había conocido a esa mujer en una fiesta y que le había dicho que estaríamos en la playa ese día. «Me sentiría muy avergonzada si no fueras a leértelas», sollozó, arrugando la frente. *«Porfa...»*

Rindiéndome, seguí a la «Nanny» por la arena caliente de la playa para ver a esa mujer. Allí estaba sentada detrás de una mesa con sus cartas extendidas como lo suelen hacer las gitanas. Después de ser presentado, dijo: «Bubbelah, tenemos tiradas de 10 dólares y tiradas de 20 dólares».

¡Bubbelah! ¿Realmente existía algo así como una gitana judía?

Había ido a la playa con sólo 20 dólares en mi bolsillo. Pensando en lo hambriento que estaba, dije: «Elegiré la lectura de 10 dólares».

A cambio de mi dinero, recibí una interpretación en vivo muy bonita aunque no realmente memorable. Cuando se acabó, casi como una ocurrencia tardía, la mujer dijo: «Hay un trabajo muy especial que hago. Reconecto los meridianos de tu cuerpo con las líneas de la cuadrícula energética del planeta, las cuales nos conectan con las estrellas y los demás planetas». Me dijo que como sanador, era algo que necesitaba. También me dijo que podía leer acerca de eso en un libro llamado *The Book of Knowledge: The Keys of Enoch*, de J. J. Hurtak. Parecía muy interesante, así que formulé la pregunta: «¿Cuánto?». Ella dijo: «333 dólares». Yo dije: «No, gracias».

Esto es esa clase de cosas sobre las que uno está prevenido por las noticias de la noche. Puedo escuchar el titular ahora: «Gitana judía de Venice Beach tima 333 dólares a un ingenuo quiropráctico...». Mi fotografía con la palabra *«Imbécil»* al pie, luce al otro lado de la pantalla: «... convence al médico de que le pague 150 dólares al mes para encender velas para su protección... Más detalles a las 11:00». Me sentía humillado por haberlo considerado siquiera. Así que, mi recepcionista y yo nos fuimos y nos las ingeniamos para conseguir un almuerzo para dos por 10 dólares.

Estarás pensando que la cosa acabaría ahí, pero la mente trabaja de forma misteriosa. No podía sacar de mi cabeza las palabras de la mujer. Me vi aprovechando los últimos minutos de un descanso para almorzar para ir a la librería Bodhi Tree que está cerca de mi consultorio, para intentar leer rápidamente el capítulo 3.1.7 de *The Book of Knowledge: The Keys of Enoch*. (Éste era el que me recomendaron aquel día en la playa.)

Sin embargo, la lección más grande de aquel día fue que, si existía un libro que no podía leerse rápidamente, era éste. Pero había leído lo suficiente. Esto me iba a obsesionar hasta que me rindiera. Rompí mi cerdito y llamé a la mujer.

El trabajo estaba listo para realizarse dos días después, en dos sesiones. El primer día, le di mi dinero, me tendí sobre su camilla y escuché a mi mente parlotear mientras ella bajaba las luces y ponía música de campanillas de la Nueva Era. *Ésta es la cosa más tonta que he hecho jamás*, pensé para mis adentros. *No puedo creer que yo haya pagado tal cantidad de dinero a una perfecta desconocida para que dibujara líneas en mi cuerpo con las puntas de sus dedos.*

Cuando estaba tendido allí pensando en todos los buenos usos en los que podía haber invertido este dinero, me vino una repentina oleada de percepción, y me escuché pensar: *Bien, ya le has dado el dinero. También puedes cortar el parloteo negativo y estar abierto a recibir lo que sea que haya que recibir.* Así que me quedé tendido allí silenciosamente, listo y abierto. Cuando se terminó, mi mente anunció que no había experimentado nada. *Absolutamente nada.* Sin embargo, yo era el único de la habitación que parecía saberlo. La mujer me hizo sentarme como si la tierra se hubiese movido, diciéndome que me sujetara a ella mientras me paseaba por su sala.

«Conecta con la tierra», me dijo. «Vuelve a tu cuerpo.» Y entonces escuché decir a esa vocecita inquieta dentro de mi cabeza: *Señora, no sé lo que usted creía que iba a pasar, pero yo me lo he perdido.*

Había pagado ambas sesiones así que decidí que debía volver también el domingo para la segunda parte. Sin embargo, esa noche ocurrió la cosa más extraña. Una hora después de que me hubiera ido a dormir, la lámpara que está cerca de mi cama –la que tenía desde hacía diez años– se encendió, y desperté con la sensación muy real de que había personas en mi casa. Así que me levanté valientemente –con un cuchillo de trinchar, una lata de spray de pimienta, y mi Doberman Pinscher– y registré la casa. Pero no encontré a nadie. Volví a la cama con la asombrosa sensación de que no estaba solo, que estaba siendo observado.

❧❀❧

Mi próxima sesión comenzó casi como la primera. Sin embargo, en seguida se hizo evidente que iba a ser algo más. Mis piernas no dejaban

72

de moverse. Tenían el «síndrome de la pierna inquieta» que le da a algunas personas muy de vez en cuando en medio de la noche. Pronto esa sensación se apoderó del resto de mi cuerpo, intercalada con escalofríos casi insoportables. Era todo lo que podía hacer para estar tendido todavía sobre la camilla. A pesar de que quería saltar arriba y abajo y sacar esta sensación de cada célula de mi cuerpo, no me atreví a moverme. ¿Por qué? Porque había pagado a la mujer más dinero del que yo gastaba en comestibles para una semana, y pensaba sacar el máximo provecho a cada centavo invertido en la experiencia: *ése es el porqué*.

La sesión por fin terminó. Era un día de agosto agobiantemente caluroso, y estábamos en un apartamento sin aire acondicionado. Todavía estaba helado, casi congelado, y con mis dientes castañeteando cuando esta mujer corrió a envolverme en una manta, donde me quedé durante unos buenos cinco minutos hasta que mi temperatura corporal regresó a la normalidad.

Ahora estaba diferente. No sé lo que ocurrió, ni podría posiblemente explicarlo, pero yo ya no era la misma persona que cuatro días atrás. Llegué de algún modo a mi automóvil, que parecía saber el camino a casa por sí mismo.

No recuerdo nada del resto de ese día. No podría decir con certeza si el resto del día tuvo lugar siquiera. Todo lo que sé es que a la mañana siguiente me encontraba en el trabajo.

Mi odisea había comenzado.

Algo estaba pasando

Mi memoria regresó en el momento en que entré en la recepción de mi consultorio. Era como si una parte de mi cerebro hubiera sido sacada de mi cráneo el día anterior y se me hubiera devuelto justo en ese momento.

Pero ésa no fue la única cosa extraña. También tuve que atender un aluvión de preguntas inesperadas: «¿Qué le pasó el fin de semana? ¡Está usted tan distinto! *¡Parece* tan diferente!». Indudablemente yo no iba a responder diciendo: «*¡Oh!, pagué 333 dólares a una adivina en la playa para que dibujara líneas sobre mi cuerpo con las puntas de sus dedos; ¿por qué lo pregunta?*».

Es mejor dejar algunas preguntas sin respuesta.

«¡Oh!, nada», respondí con toda tranquilidad, preguntándome a mí mismo exactamente qué había pasado durante el fin de semana.

Mi práctica habitual era tener a mis pacientes tendidos sobre la camilla con los ojos cerrados entre 30 y 60 segundos después de sus ajustes. Esto les daba tiempo para relajarse mientras sus ajustes se «establecían». En ese lunes especial, siete de mis pacientes –algunos de los cuales habían estado conmigo durante más de una década, y uno que me visitaba por primera vez– me preguntaron si había estado caminando alrededor de la camilla mientras estaban allí tendidos. Algunos preguntaron si alguien más había entrado en la habitación, porque parecía como si hubiera habido algunas personas de pie o paseando alrededor de la camilla. Tres dijeron que se sentía como si hubiera personas *corriendo* alrededor de la camilla, y dos me confiaron tímidamente que parecía como si las personas estuvieran *volando* alrededor de la camilla.

Había sido quiropráctico durante 12 años, y nunca nadie había expresado algo así antes. Ahora, siete personas me habían dicho esto en el mismo día. No hizo falta que me cayera un piano en la cabeza. ¡Algo estaba pasando!

Mis pacientes contaban que podían decir dónde estaban mis manos antes de que tocara su cuerpo. Podían sentir mis manos cuando estaban a varios centímetros de ellos. Se convirtió en un juego comprobar con cuanta precisión localizaban mis manos.

Todavía se hizo *más* que un juego cuando la gente empezó a recibir curaciones. Al principio, las curaciones eran menos dramáticas: dolores, malestar, y cosas así. Como los pacientes venían para una sesión quiropráctica, yo les ajustaba, después les decía que cerraran sus ojos y continuaran tendidos allí hasta que les dijera que los abrieran otra vez. Mientras sus ojos estaban cerrados, pasaba mis manos por encima de los pacientes un momento. Cuando se levantaban y se daban cuenta de que su dolor había desaparecido, me preguntaban qué había hecho.

«Nada, y ¡no se lo diga a nadie!». Se hizo mi respuesta habitual. Esta directiva era tan eficaz como la estrategia de Nancy Reagan de «Di no» a las drogas.

Pronto, llegaban pacientes de todas partes para estas «curaciones». No tenía ni idea de lo que iba a pasar con todo esto, ya que nadie había creído conveniente dejarme un libro de instrucciones. Por supuesto, consultaba con regularidad con la mujer de Venice Beach; tenía que hablar con *alguien*, porque también en mi casa estaban pasando cosas extrañas y no podía mencionar estos fenómenos a ningunos de mis amigos «cuerdos».

«Debe haber salido de algo que ya estaba en usted», me dijo. Luego añadió: «Tal vez tiene algo que ver con la experiencia cercana a la muerte de su madre en el momento de su nacimiento. Esto es muy anormal. Nunca había ocurrido nada parecido antes».

Aquel primer día en la playa, había sugerido que empezara a tomar «gotas de esencias florales» y había sugerido las gotas específicas que quería que yo tomara. En realidad, había sugerido seis, pero me dijo que solamente se podían mezclar cinco a la vez.

Así que hice el proceso de determinar qué cinco tomar y cuál dejar. Este procedimiento de decidir podía ser muy gracioso o muy molesto para alguien que me conociera en ese momento porque... bueno... digamos que no era conocido precisamente por ser decidido.

Finalmente pedí mis gotas, y cuando llegaron, las mezclé en mi cocina con tal cuidado que rayaba en la reverencia. Llené tres cuartos de una botellita de 30 mililitros con gotero con agua de manantial. Añadí siete gotas de cada una de las cinco esencias florales por las que me había decidido en cada una de las botellitas. Guardé una botella junto a mi cama, una en mi maletín, una en mi botiquín, y una en el cajón del escritorio de mi oficina. De manera casi sacramental, ponía siete gotas de mi recién hecha mezcolanza bajo mi lengua cuatro veces al día, y por si eso no fuera suficiente, tomaba un baño (agua clara, el jugo de medio limón, y siete gotas de la mezcla) cada tres días. Durante 20 minutos, debía permanecer en la bañera, mojando cuidadosamente todas las partes de mi cabeza y cuerpo que pudieran comenzar a secarse al aire, como ni nariz (que después me di cuenta que debía estar fuera del agua gran parte del tiempo). Las instrucciones de la mujer eran precisas, y las seguí tal vez incluso más precisamente de lo necesario.

¿Por qué menciono esto? Porque parecía que en estas noches rituales, después de que había pasado mi habitual rutina de comprobar que había cerrado con llave, que había puesto la alarma, y finalmente irme a dormir, me despertaría con la sensación de haber tenido gente en mi casa. Me levantaría, con el corazón martilleando, y recorrería la casa, sintiendo que en cualquier momento encontraría a alguien que no estaba ahí cuando me fui a dormir... sólo para descubrir que una puerta que había cerrado ahora estaba abierta y/o una luz que había apagado antes de acostarme estaba ahora encendida.

Puertas que se abren y luces que se encienden, bonita metáfora. Todavía no lo estaba viendo con la suficiente distancia como para reconocerlo como tal. Sólo sabía que algo fuera de lo común estaba ocurriendo en mi casa y quería respuestas. Mi gitana no las tenía, pero no parecía preocupada por lo que estaba sucediendo, así que yo tampoco.

No sospechaba yo que pronto estaríamos a punto de salir del todo de su área de conocimiento.

Ampollas y sangrados

Todavía llegaban algunos pacientes para hacerse tratamientos quiroprácticos habituales, inconscientes de las «otras cosas» que estaban pasando en mi consultorio. Uno de estos pacientes me había sido remitido por su ortopedista, que no había sido capaz de resolver su dolor de espalda. La mujer estaba al final de sus 40 años y había padecido este dolor durante mucho tiempo. Estaba particularmente mal el día que llegó, pero no sólo en su espalda. Me dijo que había tenido una enfermedad degenerativa de huesos en su rodilla derecha desde que tenía nueve años, y que el dolor de su rodilla era casi insoportable.

La ajusté, le dije que cerrara los ojos y no los abriera hasta que yo se lo pidiera. Mientras sus ojos estaban cerrados, fui hacia su rodilla derecha y coloqué mis manos a unos quince centímetros por encima, moviéndolas en pequeños círculos. Había notado que siempre había alguna sensación en mis manos cuando hacía esto con una persona, y esta vez el sentimiento era de calor. Eso era todo lo que noté: calor, aunque tal vez sólo un poco más de lo habitual.

Al terminar, le pedí que abriera sus ojos. Cuando lo hizo, me dijo que se sentía mejor. Debo admitir, que me estaba acostumbrando a esta clase de respuesta. Por extraño que fuera, parecía estar ocurriendo con mucha regularidad. Lo que ocurrió después es lo que me sorprendió realmente. Caminamos hacia la puerta principal, y cuando nos acercamos a la recepción, mi recepcionista casi se cae de la silla.

«¡Mire!», gritó con su típico tono agudo mientras señalaba con el dedo a mi mano. Miré hacia abajo. Mi palma estaba cubierta de ampollas, diminutas y milimétricas ampollas. Setenta y cinco, cien, tal vez más. En tres o cuatro horas, desaparecieron.

Estas ampollas aparecieron en más de una ocasión. Y en cierto modo, les daba la bienvenida, era una manifestación visible de algo que de otra forma no se hubiera visto. Era algo que podía enseñar a la gente y decir: «¿Ves? ¿Ves?».

Entonces ocurrió. Mi palma sangró. No te engaño. En lugar de formar ampollas, sangró. No chorreaba, como en las viejas películas o en el *National Enquirer*, pero era como si hubiera clavado un alfiler en mi palma. Igualmente era sangre.

Mientras mi paciente y yo la mirábamos fijamente en silencio, algunos otros pacientes se acercaron.

«Es una iniciación», uno de ellos dijo.

«¿A qué?» pregunté.

Nadie podía decirlo.

¿Y, otra vez, cómo lo *podían* saber? ¿Por qué yo no lo sabía? ¿Quién lo sabe *realmente*?

Buscar respuestas

Mi búsqueda de explicaciones no sólo continuó, sino que se aceleró. Descubrí los nombres y antecedentes de algunas de las personas renombradas por su experiencia en diversas áreas espirituales y los llamados fenómenos paranormales. Compré sus audiolibros y los escuché en mi coche; me asaltaban preguntas que quería hacerles.

Y de vez en cuando, conseguía hacerlo.

Cuando escuché que el Dr. Brian Weiss, autor de *Muchas vidas, muchos maestros*[9], iba a dar un seminario de un día, enseguida me las arreglé para asistir. El Dr. Weiss es una de las autoridades más importantes del mundo en regresiones a vidas pasadas. Empezó su carrera ejerciendo la psiquiatría convencional y la hipnosis, pero en el curso de tratar a ciertos pacientes, se convenció de la realidad de las vidas pasadas y el efecto que pueden tener sobre la vida actual de uno.

Esperaba que al asistir a su seminario, podría hablar con él durante una pausa para ver si él podía arrojar algo de luz sobre lo que me estaba ocurriendo en mi vida, antes normal.

Bueno, hubo un descanso, pero no como yo lo había previsto.

Aguanté el seminario de un día con aproximadamente otras 600 personas, todas ellas esperando con ganas de hablar con el Dr. Weiss personalmente, con la esperanza de que él no sólo se sintiera atraído por lo que tuvieran que decir, sino que se tomaría el tiempo de hablar con ellas, lo que haría que se sintieran importantes. Aparentemente, pocos se daban cuenta —o se preocupaban— de que 600 personas haciendo preguntas multiplicadas por un minuto por respuesta daba como resultado diez horas, lo que habría sido más largo que el tiempo asignado para el seminario entero.

---

9. *N. de la T.:* Publicado en español por Ediciones B, Barcelona, 2005.

Por supuesto, yo era una de esas personas. Y como el resto, sentía que mi pregunta *tenía* que ser hecha. Así que esperé una oportunidad apropiada para levantar la mano: pausas naturales en el curso de una conferencia, los temas relacionados con mi pregunta, etcétera. La segunda alternativa podría haber surgido en muchos momentos, porque, aunque hubiera tenido que preceder mi pregunta con una historia breve de lo que me había estado ocurriendo, los acontecimientos estaban relacionados con casi cada tema de los que el Dr. Weiss había comentado.

Las preguntas no sólo *no* se estaban formulando, ni siquiera se invitó a que se hicieran. Pronto llegó la pausa de mediodía. El seminario estaba medio terminado, y yo aún no había creado mi oportunidad con éxito.

Después de la pausa, el Dr. Weiss anunció que iba a hacer una regresión a vidas pasadas en el escenario y necesitaba a un voluntario de la audiencia. Quinientas noventa y siete manos se elevaron (las otras tres personas debían estar todavía en el baño). El Dr. Weiss anunció que seleccionaría a cinco personas de la audiencia para que se acercaran y realizar algún tipo de prueba de ojos en cada uno de ellos para determinar quién sería su mejor ejemplo. Los otros cuatro deberían volver a sus asientos.

«Uno, dos, tres, cuatro, cinco...» El Dr. Weiss escogió a sus voluntarios y les hizo subir, colocándose cada uno en los cinco puestos designados. Ninguno de ellos era yo.

Los que no fuimos seleccionados, bajamos las manos y esperamos con ansiedad lo que iba a pasar después… Cuando repentinamente el Dr. Weiss se volvió hacia la audiencia, echándole un vistazo como si hubiera perdido algo. «¡Usted!» Señaló con el dedo a través de la multitud. «¿Usted no tenía su mano levantada?»

Cuando miré para ver a quién estaba señalando con el dedo, me di cuenta de que todos los demás me estaban mirando a *mí*.

«Sí», espeté, avergonzado y no sabiendo dónde meterme. «Pero usted ya escogió a cinco personas.»

«¿Quiere acercarse?»

Por supuesto quería acercarme. ¿Qué clase de pregunta era esa?

«Sí», repliqué.

«Está bien, entonces acérquese», me dijo.

Decir que en ese momento quería que me tragara la tierra daría un significado completamente nuevo a la palabra *eufemismo*. De algún modo parecía mucho más fácil pensar en ser uno más en un grupo de cinco que una sola persona tan descaradamente singularizada.

Pero fui, después de recibir algunos codazos amistosos en las costillas y un par de no tan bien disimuladas miradas asesinas. No podía culparles. Todos querían hacerse una regresión con Brian Weiss.

El Dr. Weiss me escogió y describió la «prueba del ojo» que iba a hacer en cada uno de nosotros. Era básicamente una prueba de susceptibilidad a la hipnosis en la que mirábamos para arriba sin cambiar de posición nuestras cabezas, después cerrábamos los ojos despacio para que él pudiera ver el «revoloteo». De esta forma podía determinar quién sería el más propicio para la regresión hipnótica.

Por si aún no lo has adivinado, el suertudo fui yo. Tal vez él ya lo sabía desde antes.

Me hizo sentar en un taburete, cerrar mis ojos, algunas sugerencias y luego preguntó: «¿Qué es lo que usted ve?».

Me di cuenta de que me estaba mirando a mí mismo hacia abajo, aunque mis ojos estaban cerrados. Vi piel bronceada, pero de un tono diferente al mío, era una complexión aceituna y mediterránea. Repentinamente supe que era un niño que vivía en alguna era distante en alguna parte del desierto. También supe por criterios actuales, que parecía más viejo de lo que en realidad era. De hecho, según lo que dije en voz alta al Dr. Weiss y a la audiencia, era «un joven entre 12 y 17 años».

Describí mi entorno: el patio interior de un edificio muy grande con columnas de piedra. Una columna estaba en medio del patio, elevándose más alta de lo que mis ojos podían ver. Era enorme, metro y medio de diámetro, suficientemente grande para esconderme detrás, que era lo que estaba haciendo. En ese momento, mi boca dijo a la audiencia: «Vuelvo a Egipto», mientras que en mi mente, estaba pensando: *¡Dios! ¡Egipto! Todos dicen que vuelven a Egipto. ¿Estoy haciendo esto?* Continué diciendo: «Estoy viviendo en casa del faraón». *Por supuesto que soy yo. ¡Qué poco imaginativo por mi parte!* «Soy familia cercana del faraón.» *Así que ahora soy de la realeza.* «Aunque no tengo sangre del faraón.» *Y ahora supongo que soy Moisés. No puedo creer que esté diciendo esto.*

Era una historia que se desarrollaba en mi imaginación, sin embargo, cierta o no, no podía parar ahora. Les dije que me estaba escondiendo detrás de la columna, ocultándome detrás para mantenerme lejos de la vista de un guardián. Recuerdo que esto me sonaba como algo extraño porque ésta era, después de todo, *mi* casa. Aunque sabía que mi objetivo era pasar de manera inadvertida hacia unas escaleras que bajaban a una sala donde los magos del tribunal guardaban las herramientas de su profesión.

No se le permitía bajar a nadie, ni siquiera a mí. Los magos creían que eran los únicos que sabían cómo usar estas herramientas. Yo pensaba distinto. Sabía que *yo* era la única persona que tenía la habilidad de usarlas; los magos se estaban engañando, o trataban de engañarnos al resto de nosotros.

También sabía que entre los tesoros de la sala subterránea había cetros dorados de varios largos, algunos de más de 1,80 metros. Estaban coronados con gemas enormes, uno en particular engarzado en oro. Éste tenía una inmensa piedra verde oscuro, una esmeralda o una moldavita, algo que más tarde aprendí.

La siguiente cosa que recuerdo, fue al Dr. Weiss diciendo: «Está bien, trasladémonos al final de esta vida».

Me fui un poco más lejos. Repentinamente supe que había muerto y dejado esa época. La conciencia que tenía en ese momento me dijo que el poder no estaba en absoluto en las varas, estaba en *mí*, y me lo llevé conmigo de vida en vida.

Ése fue el final de mi sesión. Desde ese día hasta hoy, no puedo estar seguro de no haber inventado toda la historia. Mientras estuve en el escenario, claramente sentí la necesidad de tener algo que decir.

Cuando acabó la sesión, muchas personas de la audiencia me dijeron: «Si usted hubiera estado aquí mirando, sabría que no se lo estaba inventando».

El Dr. Weiss me dijo después que mientras estaba en regresión, le di información sobre la que él ya estaba averiguando para su siguiente libro. Era bastante improbable que yo supiera esas cosas antes de subir al escenario, dijo.

Tuve que estar de acuerdo. Y aunque no había nada en el «sentimiento» de esa experiencia que me dijera que era real, nada de lo que yo le había dicho estaba en el trabajo sobre «Egiptología» que yo había escrito en tercer grado.

ഇരുഇരു

Capítulo Seis

A la búsqueda de explicaciones

Reconoce lo que está a tu vista
y lo que está oculto para ti, se volverá evidente.
Biblioteca Nag Hammadi

Suponía que alguien *tenía* que saber lo que todos esos hechos extraños significaban. Realmente *mis* experiencias eran únicas. Alguien, en alguna parte, tenía que tener las respuestas.

Comencé, por supuesto, con la mujer de Venice Beach. Cuando ella se enteró de las ampollas y los sangrados, admitió que no tenía ni idea de lo que iba a pasar ni por qué. Agotó las suposiciones y trivialidades de la Nueva Era y dijo que era el momento de que me pusiera en contacto con *otra* mujer, la persona que «la había enseñado a ella y a otros muchos» a hacer este trabajo. Me dio su nombre y número de teléfono.

Era demasiado tarde para llamar esa noche, así que llamé al día siguiente y le conté toda la historia a esta nueva «profesora»: las luces que se encendían, las puertas que se abrían, la «gente» que yo sentía en mi casa y la que sentían mis pacientes en el consultorio, y las palmas de mis manos con ampollas y sangrando. Era optimista el esperar aprender algo útil de ella. Cuando acabé mi historia, hubo un largo silencio al otro extremo del teléfono. Entonces esta profesora dijo: «No conozco a nadie que haya respondido jamás así. Es *fascinante*». Eso era todo lo que ella me podía ofrecer.

Aparentemente, «fascinante» era en términos de la Nueva Era como: «Estás solo, Kiddo». Pero yo no estaba preparado para recibirlo. El siguiente mes, por recomendación de un amigo, me puse en contacto con un médium de Los Ángeles mundialmente reconocido. Cuando hice una cita para verle, no mencioné qué me había pasado y ni siquiera le dije mi apellido. Quería ver si había captado algo por sí mismo y quizá tenía alguna idea de lo que me iba a suceder a mí.

El día de la cita, sin aliento, perdido, y 30 minutos tarde, entré en su apartamento, me desplomé sobre una silla, e intenté no notar «el enojo». Ya sabes, ése que muestran los neuróticos de la puntualidad; ése que hace que recuerdes cada charla que has recibido sobre ser puntual, mientras simultáneamente te hace cuestionar tu valor como ser humano. Estaba seguro que en esos días, él estaba solicitando al Congreso traer de vuelta el uso de la palabra *impuntual* en nuestro sistema de educación pública. Esta interpretación era la acertada, estaba seguro.

El médium esparció sus cartas de una manera muy comercial, con cuidado de no mostrar ni una pizca de calidez o compasión. Miró las cartas, me miró directamente a los ojos con lo que era una expresión ligeramente intrigante, con el ceño fruncido. «¿Qué es eso que haces?» preguntó de manera práctica.

Ahora, no sé tú, pero a 100 dólares la hora, pensé: *Tú eres el médium. Dímelo tú.* Refrené verbalizar mis pensamientos. «Soy quiropráctico», respondí con voz realista, siendo cuidadoso de no revelar nada que pudiera distorsionar mi lectura.

«Oh, no», dijo, «es mucho más que eso. Algo que pasa a través de tus manos, y la gente recibe curaciones. Saldrás en televisión», continuó, «y la gente vendrá a verte desde todas partes del país».

Eso era lo *último* que yo esperaba oír de ese hombre, especialmente después de la forma en que había comenzado la sesión. Bueno, casi lo último que esperaba oír, porque la siguiente cosa que me dijo es que estaría escribiendo libros. «Déjame decirte algo», repliqué con una sonrisa de conocimiento. «Si hay una cosa de la que estoy seguro, es que no *voy* a escribir ningún libro.»

Lo dije en serio. Los libros y yo nunca nos habíamos llevado bien. En aquel momento de mi vida, había leído probablemente dos libros, uno de los cuales aún estaba intentando comprender. Mi pasatiempo favorito tenía mucho que ver con mirar la televisión. Yo era, para ser contundente, un adicto a la tele.

Por extraño que parezca, después de mi visita al médium, me encontré a mí mismo leyendo. Y leyendo. Mi adicción a la televisión se había visto paralizada bruscamente, reemplazada por, me atreveré a decir, los libros. Nada era suficiente: filosofía oriental, vida después de la muerte, información canalizada, incluso experiencias con ovnis. Leía todo, de todos, en todas partes.

Poco a poco, esta nueva energía se fue apoderando de mi vida. Una noche cuando estaba acostado para dormir, mis piernas se pusieron a vibrar.

Parecía que mis manos estaban «encendidas». Los huesos de mi esqueleto también vibraban y mis oídos zumbaban. Después empecé a escuchar tonos, y en algunos momentos, oía algo que sonaba como voces a coro.

«Ya está. Estoy perdiendo la cordura.» Ahora estaba seguro. Todo el mundo sabe que cuando te vuelves loco, escuchas voces. Las mías estaban cantando. A coro. No podía ser un simple canturreo, una voz lánguida, o un pequeño grupo coral. No, yo tenía el Coro del Templo Mormón.

¿Y qué pasaba con mis pacientes? Ellos veían colores: exquisitos azules, verdes, púrpuras, dorados y blancos. Matices de una belleza más allá de lo que fuera familiar. Aunque eran capaces de reconocer esos colores, me decían que nunca antes habían visto una manifestación de ese tipo. Me dijeron algunos pacientes que trabajaban en la industria del cine que no sólo esos colores no existen como los conocemos aquí en la Tierra, sino que tampoco se podían conseguir utilizando ningún recurso o tecnología, era imposible reproducirlos. Al escuchar esto, recordé la experiencia de vida después de la muerte de mi madre cuando hablaba de las «indescriptibles formas y matices» que no existían en el mundo que ella conocía, y cómo la visión de ellos la había llenado de preguntas.

Síntomas manifiestos

Aunque no comprendía la nueva fuente de energía que estaba utilizando, las curaciones seguían produciéndose. Aunque me preguntaba sobre el origen, pocas veces cuestionaba los resultados. Si lo hubiera hecho, probablemente habría gente a la que nunca hubiera intentado conectar con la sanación.

Había hecho planes de atravesar el país en avión a finales de año (1993) y pasar mis vacaciones con Zeida. La noche antes de irme, estaba invitado a una cena. No me apetecía ir, especialmente porque me ponía bastante neurótico antes de un viaje (¿qué meto en la maleta?, ¿qué dejo?, ¿qué me voy a olvidar?). Aún así, decidí ir a la fiesta.

Cuando llegué, el anfitrión mencionó que uno de sus invitados tenía el SIDA bastante avanzado. Lo tuve claro desde el momento en que le vi: su piel tenía la palidez grisácea que aparece a menudo en los últimos estadios de la enfermedad, y llevaba un carrito con un gotero con morfina intravenosa para el dolor y utilizaba el pedestal para no perder el equilibrio. También sufría una complicación llamada cytomegalovirus, o CMV, que afectaba a su ojo derecho, haciendo su visión de ese lado completamente borrosa.

Este hombre había superado el punto de pensar que su dolor jamás podría irse, pero realmente esperaba al menos recuperar su visión. El anfitrión me pidió que trabajara con él, y dije: «Por supuesto, estaré encantado». Le llevé a otra habitación y trabajé con él unos cinco minutos, después de los cuales él dijo que su dolor casi había desaparecido.

Ambos pensamos que era un progreso bastante bueno, y salí de la habitación. Más o menos un minuto después, él salió y anunció que podía ver claramente con sus dos ojos. Fue un momento muy emocionante.

Igualmente vibrante, pero de una forma distinta, fue cuando me levanté a la mañana siguiente y descubrí que *mi* ojo –el izquierdo– estaba hinchado ¡tres veces su tamaño! Por alguna razón, cuando temporalmente «adquiría» los síntomas de alguien, aparecía en el lado opuesto de mi cuerpo, no sé por qué. Mi ojo estuvo hinchado unas 36 horas.

Ya tenía bastante con las ampollas y sangrados, pero esto ya era demasiado. Comencé a preguntarme: *¿Estoy absorbiendo las enfermedades de los demás cuando hago este trabajo energético? ¿Me voy a quedar con esas enfermedades? ¿Establecerán algún tipo de respuesta en cadena conmigo después de todo?* Esos pensamientos me hacían sentir un poco incómodo.

Entonces me golpeó el entendimiento: No *necesitaba* manifestar físicamente los problemas o síntomas de otras personas para que las curaciones tuvieran lugar, ni necesitaba estas señales para que me sirvieran de evidencia de que algo real y poderoso estaba pasando.

Después de esa revelación, nunca más tuve otra manifestación física.

Pero alguien la tuvo.

ฌฆฌฆ

Capítulo Siete

El regalo de la piedra

Cualquier tecnología suficientemente avanzada
no se puede distinguir de la magia.
The Lost Worlds of 2001 – **Arthur C. Clarke**

En nuestra cultura, enero es el principio del año, época de reflexiones sobre el pasado y soluciones para el futuro. Al recordar el año 1993, vi la retahíla de sanaciones que me llenaron de temor y de asombro. Mirando hacia el futuro, vi... *¿Qué?* ¿Hasta dónde llegará esto? ¿Adónde me estaba llevando? No tenía ninguna pista, en ese momento, todavía no había conocido a Gary (del capítulo 1), o experimentado el salto potencial que su curación iba a representar.

Por supuesto, estaba tocando todo este tema de la sanación de oído, sin libro de instrucciones, sin dibujos paso-a-paso, y poco en cuanto a consejos de reconocidos maestros en temas «metafísicos». Todo lo que podía hacer era continuar con lo que estaba haciendo y esperar que lo que fuera que me estaba trayendo esta energía también hiciera su parte.

Como suele ocurrir, no reconocí el siguiente paso del proceso cuando sucedió por primera vez. Poco después de que regresara a mi consultorio después de las vacaciones, uno de mis pacientes me regaló una cajita blanca. Recuerdo que sentí que había algo raro en que me dieran un regalo de Navidad después de las fiestas. Aunque era esa clase de caja que podía contener una pequeña joya, sabía lo que iba a haber dentro. Desde que comenzaron las curaciones, los pacientes me traían obsequios. Todos pensaban que necesitaba algo.

«Algo» se dividía generalmente en una de estas tres categorías: (1) libros o cintas, recibí muchos de éstos; (2) estatuas, me han regalado más versiones de Buda, Moisés, Jesús, La Virgen María, Krishna, y los arcángeles de las que puedas imaginar; y (3) cristales. Los cristales venían en dos tamaños: el de tamaño Volkswagen –el tipo de cosa que tienes para poner en la esquina de una habitación, suponiendo que la habitación sea lo suficientemente grande– y de tamaño de bolsillo. Las personas que regalan cristales de bolsillo se toman muy seriamente el término *de bolsillo*. ¡Esperan ver ese cristal *en tu bolsillo*! Sólo hay una manera de poder evitar llevarlo allí, y es que puedas averiguar el chakra apropiado sobre el cual colgarlo, y conseguir el hilo o cordón de color correcto del que hacerlo oscilar.

No iba a ir tan lejos, así que simplemente puse los cristales en mi bolsillo. Muy pronto estuvieron abultados. Cada vez que me inclinaba para hacer un ajuste, por lo menos un cristal caía al suelo. Cuando me agachaba para guardarlo, los cristales de cuarzo rosa –los únicos que eran brillantes y redondeados– se preparaban para saltar de mi bolsillo y correr por el pasillo como canicas esparcidas. Estoy seguro de que cuando algunos de mis pacientes observaban esto, estaban seguros de que había perdido el suyo. Así que cuando abrí la cajita de regalo, esperaba encontrar algo azul o rosa o reluciente... Pero para mi sorpresa, descubrí una piedra extraña de color verde oscuro y de forma irregular que parecía casi fuera de lugar al estar tan finamente colocada en una cama de algodón. Recuerdo que pensé que ésta no era una pieza particularmente atractiva. No centelleaba ni reflejaba la luz; apenas estaba moldeada. No brillaba con ningún color hermoso, más bien era una «cosa» oscura, sin importancia, bruñida, moteada, negruzco-verdosa. En el mejor de los casos, se podría decir que era similar tanto en color como en textura a un aguacate excesivamente maduro. En otras palabras, no se ajustaba a mi concepto de un cristal.

«¿Qué es?», pregunté.

«Moldavita», me dijo.

Hmmm... Moldavita. Moho[10]. *¡Qué nombre tan encantador! Supongo que ciertos mohos pueden tener colores similares a éste,* pensé. *Tengo que recordar esto para los regalos de las fiestas del año que viene. Tal vez consiga algunas piedras llamadas hongos, también, para que no todos tengan el mismo regalo.*

Conocedor de que a menudo se atribuyen ciertas influencias específicas a los cristales, pregunté por la trascendencia de la moldavita.

«¡Mire el color!», dijo mi paciente, como si pudiera haberse librado de mi notificación o mi comentario silencioso. Haciendo caso omiso de mi pregunta y de la expresión sobre mi cara absolutamente nada embelesada, arrebató la piedra de mis dedos con entusiasmo y la llevó a la ventana

---

10. *N. de la T.:* Moho en inglés es *mold*.

para hacer que la luz pasara a través de ella. No estaba preparado para lo que estaba a punto ver. Con la luz del sol entrándole por detrás, esta piedra que antes parecía opaca se volvió una clara y diáfana esmeralda, adorablemente provocativa por el brillo de su translucidez.

De nuevo, volví a plantear mi pregunta anterior: «¿Para qué es?»

«Bueno», respondió mi paciente, «es muy complicado de explicar. Simplemente ponla en tu bolsillo, y la próxima vez que vayas a Bodhi Tree, busca información sobre ella».

Puse la piedra verde en mi bolsillo sin darle mayor importancia y continué con mi día.

No tenía ninguna idea de que mi mundo, el cual estaba un poco tambaleante sobre su eje, estaba a punto de ponerse patas arriba.

☇☈

Ese día, más tarde, Fred llegó a mi consultorio. Fred era un paciente que me había estado visitando durante alrededor de un año y medio. En esta visita, le ajusté, le dije que cerrara los ojos y no los abriera hasta que yo se lo dijera. Subí mis manos y las pasé sobre su cuerpo, como de costumbre, pero cuando llegué a su cabeza, se movió a sacudidas hacia atrás. Sus ojos se dieron la vuelta, su boca se abrió, y su lengua empezó a moverse como si estuviera claramente formando vocales. El aire se estaba escapando perceptiblemente a través de su boca.

Esto fue, cuanto menos, desconcertante. La energía todavía estaba fluyendo a través de mis manos, y pensé: *Bueno, sé que está intentando hablar.*

Cambié de lugar mis manos despacio en un intento de localizar un área donde la sensación se hiciera un poco más fuerte. Suavemente, me moví en una dirección, después en la otra. Buscando. Pero tampoco salía ninguna palabra de Fred, sólo esa pantomima de labios y lengua. Era frustrante. Podría decir que estaba tratando de hablar, y quería saber realmente lo que tenía que decir. Acerqué mi oreja más y más a su boca, como si eso pudiera ayudar. No lo hizo.

Esta situación me asustó. Mientras tanto, sabía que las habitaciones circundantes se estaban llenando con pacientes que no estaban acostumbrados a esperar. Estaba seguro de que todos estaban extrañados: *¿Qué está haciendo el doctor?* Tuve que dejar de trabajar con Fred.

Quité mis manos, pero no sabía qué hacer con Fred, porque su lengua todavía estaba en movimiento, y él continuaba emitiendo sonidos que albergaban la promesa de hablar. Le toqué suavemente en el pecho y dije: «Fred, creo que estamos listos». Sus ojos se abrieron. Me miró, y yo le miré. No dijo nada y yo no dije nada. Finalmente se levantó, como si hubiera sido una visita normal, y se fue.

Decidí olvidarme de todo el asunto y dejarlo pasar. Como dije, Fred había sido un paciente mío durante alrededor de un año y medio, y hasta ese día, las cosas habían sido relativamente normales.

En menos de una semana, Fred volvió a visitarme. Después del ajuste, puse mis manos sobre su cabeza y ¡bum!, rodó hacia atrás, con sus labios separados, su lengua empezó a moverse, y, otra vez, el aire comenzó a escaparse audiblemente.

Aunque debo admitir que esperaba que algo ocurriera, la intensidad me hizo caminar hacia atrás. Me quedé mudo.

Es como si yo hubiera co-creado el encuentro de ese día, porque antes, cuando había visto a Fred en el recibidor, había pasado al resto de los pacientes antes que a él, para que pudiéramos tener tiempo sin interrupciones. Tan pronto como los movimientos que había visto la vez pasada empezaron a aparecer en Fred en este día especial, dejé que mis manos comenzaran a sentir una buena y fuerte conexión con su energía, un lugar en el que pudiera hacer todo lo posible para amplificar este comportamiento.

Finalmente, Fred empezó a hablar.

Normalmente, cuando la mayoría de nosotros hablamos, simplemente, abrimos nuestras bocas y sale una voz, sin grandes sorpresas. Pero escuchar una voz salir de la nada es un poco… inquietante. El silbido descompuesto de aire que había escuchado la vez pasada empezó a evolucionar en palabras. La voz que las traía comenzó como un grito, un fuerte chillido: «Estamos aquí para decirte...». La voz se hizo más grave «… que continúes haciendo lo que estás haciendo…». La voz se volvió espasmódica y entrecortada. «Lo que estás haciendo… es traer luz e información al planeta.»

Mientras Fred hablaba, su voz cambió, bajando gradualmente la escala de un grito a un estruendo grave y retumbante, incluso el fraseo parecía curiosamente mecánico, casi como si la fuente de esta comunicación tuviera que aprender a utilizar la caja de voz de Fred. Sin embargo, todo lo que dijo era claro y convincente.

En ese momento, todas las salas de ajuste se habían llenado otra vez con pacientes. Era un número importante de personas. Y mis salas de ajuste no tenían ninguna puerta, no había nada que hiciera tapar esa voz extraña en todo el consultorio.

Todavía no quería dejar que Fred se fuera. Me pregunté si tenía la suficiente personalidad para decir: «Perdóneme, Sr. Voz del Universo, que ha viajado desde tan lejos para comunicarse conmigo, pero ahora mismo no es conveniente. ¿Podría volver en un mejor momento? A las siete y media estaría bien».

Me di cuenta de que no podía ir tan lejos, pero empecé a presionar un poco. «¿Cómo puedo hablar con usted otra vez?», pregunté a la voz de Fred.

«Puedes encontrarme en tu corazón», dijo.

Ésa no es una respuesta; ¡ésa es una tarjeta de Hallmark! Quería esta voz otra vez. «Bien», dije, «¿podría contactar con usted a través de otra persona?».

Su respuesta fue vaga.

«¿Podría contactarlo a través de esta persona otra vez?», pregunté. Otra respuesta evasiva. No le iba a permitir eludir esto fácilmente. Así que insistí e insistí e insistí. Finalmente, la voz dijo: «De acuerdo. Puede hablarme a través de esta persona otra vez».

Toqué a Fred ligeramente sobre su pecho, donde lo había hecho antes, y dije: «Fred, pienso que estamos listos por ahora». Abrió sus ojos, salió disparado de la camilla contra la pared, donde se quedó obstruyendo el teléfono. Más tarde me dijo que estaba seguro de que yo iba a llamar a un hospital psiquiátrico y hacer que se lo llevaran. Aunque no podía recordar la mayor parte de lo que había salido de su boca, había sido consciente de lo que había ocurrido, al menos al principio. Confesó que ya había hecho esto antes. Se lo había contado sólo a dos personas y no quería que nadie más lo supiera.

Había notado que la voz empezaba a hablar a través de él durante nuestra sesión anterior, pero pensaba que lo había controlado y que yo no me había enterado de nada. Esta vez había perdido el control casi inmediatamente, y la voz había salido. A Fred no le preocupaba en absoluto esta falta del control. Sentía que no era responsable de lo que salía de su propia boca, explicando que lo que le molestaba era que tampoco podía comprender coherentemente lo que estaba diciendo. Describió el proceso así: él escuchaba una palabra, y luego una segunda palabra, y luego una tercera palabra, pero antes de llegar a la cuarta palabra, había olvidado la primera. También le molestaba no poder poner las ideas juntas en su propia cabeza.

Le aseguré que había oído hablar antes de cosas como canalizar y/o hablar en lenguas, y pensé, bien, es interesante conocer a alguien que hace esto. Apunté esto como una cosa de «Fred».

Pero uno o dos días después, ocurrió otra vez, ¡*con tres pacientes diferentes!* Uno tras otro, sacudían sus cabezas hacia atrás, ponían los ojos en blanco, separaban sus labios, movían sus lenguas, y el aire se escapaba de sus bocas perceptiblemente. No me iba a sentar y esperar a un estudio doble-ciego aleatorio. *Sabía que en su próxima visita, iban a hablar.* Quería respuestas, y las quería ya.

El ojo dorado

En este momento, volví al vidente que me había hablado de mis manos. Después de todo, *era* de confianza. Había hecho interpretaciones para realezas en el Medio Oriente, en la Casa Blanca de Reagan, y más de un puñado de celebridades habían pedido su consejo. Le llamé y le expliqué todo lo que estaba ocurriendo.

Escuchó cuidadosamente y después dijo: «Bien, no sé qué es».

Esto no inspiraba confianza.

«Vaya a ver a una mujer francesa en Beverly Hills», me dijo. «Ella estudia estas cosas. Probablemente pueda ayudarle, si alguien puede. Se llama Claude.» (No me preguntes por qué no era Claudine o Claudette; no lo sé.)

Así que me fui a ver a Claude. Me imaginé llegando allí, poniendo mis manos cerca de ella, y dejándola sentir lo que estaba ocurriendo. Entonces, en mi guión imaginado, ella explicaría qué estaba pasando, yo conseguiría un poco de claridad, y podría continuar con mi vida.

Parecía como si yo fuera el único que tenía esta expectativa. Claude me hizo pasar, me sentó en su sofá, y puso un cristal en cada una de mis manos. Entonces abrió un gran póster que tenía dibujada una estrella. Cada sección de la estrella tenía un color diferente. Como si eso no fuera suficiente, había pegado unos ojitos raros por todo el cartel, evidentemente para llamar la atención.

Me dijo que mirara la estrella y los colores y que luego cerrara mis ojos. Empezó a llevarme a través de una visualización de colores básicos. Esto era algo para lo que definitivamente no tenía humor. Estaba pasando algo *real* en mi vida; si hubiera querido imaginar mis propias explicaciones, podía haberme quedado en casa. Pero allí estaba yo.

Sujetando los cristales, cerré mis ojos. Claude dijo: «Ahora, piense en el color azul. Todo es azul».

No sé tú, pero yo cuando cierro los ojos, el único color que veo es el gris oscuro. Pero lo intenté.

«Azul», dijo. «Todo es azul.»

Lo estoy intentando.

«Visualice el rojo ahora.»

Rojo, pensé.

«Verde.»

Verde.

«Amarillo.»

Amarillo.

«Naranja.»

Naranja.

«Ahora, piense en el oro. Todo es oro», dijo Claude. «Cielo dorado. Tierra dorada. Montaña dorada. Catarata dorada.»

Bueno, está bien, todo el mundo es dorado.

«Quédate de pie bajo la catarata dorada», continuó. «Siente el agua dorada cayendo sobre ti.»

Esta mujer está llegando al límite realmente, pensé.

«Ahora visualice este ojo dorado, un ojo dorado gigante en el cielo. Le vas a hacer preguntas a este ojo.»

Eso era todo lo que necesitaba escuchar. Abrí mis ojos y la miré. «¿Y *cómo* va a responderme? Es un *ojo*.»

«Cierre sus ojos y yo le diré qué preguntas le debe hacer.»

«Muy bien», dije, y cerré mis ojos.

«Pregunte al ojo cuántas hebras de ADN tiene usted.»

Nervioso y frustrado, abrí mis ojos otra vez y la miré. «Sé cuántas hebras de ADN tengo; soy *médico*.» Pasé a explicarle el ARN y el ADN,

91

describiendo las hebras simples, las hebras dobles, y la formación de doble hélice.

Escuchó pacientemente. Entonces, como si nada de lo que hubiera dicho tuviera siquiera una pizca de relación, insistió. «Pregunte al ojo.»

Así que me senté allí y cerré mis ojos por tercera vez, tratando de pensar en cómo iba a salir de esta tontería. ¿Cómo iba a hacer a ese ojo (que yo no podía ver) una pregunta que no podía responder de todos modos porque era un ojo, no una boca –cuya respuesta, ya sabía yo, era «Dos»– y conseguir salir del piso de esa mujer sin parecer muy descortés? De repente, abrí los ojos y la miré, claro como el día, cuando me escuché a mí mismo decir: «Yo tengo tres. Hay doce hebras de ADN. Doce».

Nadie me había dicho que ésta era una pregunta con dos partes, así que no tengo ni idea de por qué respondí así. Especialmente porque lo que había dicho iba contra todo lo que yo sabía conscientemente sobre ese tema.

«¡Ah!», dijo Claude. «Usted es Pleyadiano.»

«¿Ah?», pregunté. «¿Qué es un Pleyadiano?»

Explicó que las Pléyades es un sistema de siete estrellas, claramente visible desde la Tierra. (Tan pronto como llegué a casa, lo busqué, y tenía razón.)

Claude comenzó a explicar que en un momento, la Tierra era considerada un «área de descanso» de luz e información para viajeros de todo el universo. Podían parar aquí para relajarse, rejuvenecer, y acceder a la información, cuando la Tierra era considerada una biblioteca viva. Las personas que gobernaban el planeta en aquella época eran Pleyadianos. En algún momento, allí se levantó una pelea, y un cisma ideológico y político se formó entre dos facciones de Pleyadianos. Cada grupo quería tomar el control, no sólo sobre el otro grupo, sino sobre el planeta entero. Pero debido a que los miembros de cada facción eran de igual fortaleza e inteligencia, todo lo que podían prever era un futuro de lucha constante por conseguir un puesto de superioridad. Esto no era aceptable para ninguno, así que mantuvieron una especie de tregua hasta que los científicos de un grupo encontraron una manera de desconectar de los miembros del otro grupo 10 de las 12 hebras originales del ADN. Se dice que somos los descendientes de esos Pleyadianos modificados. *¿Quién lo sabía?*

Aun así, aquellos de nosotros que supuestamente tenemos una tercera hebra –que estamos más cerca, en teoría, de nuestros progenitores– tenemos que volver a traer luz e información a este planeta, que es exactamente lo que Fred me había dicho, o más bien, me había canalizado.

Ahora, no te estoy diciendo que yo sea un Pleyadiano, ni que los Pleyadianos existan realmente. Todo lo que estoy sugiriendo en este momento es que sigas esta historia.

Entregándome por completo

Fui a la librería Bodhi Tree, y mientras estaba ahí, decidí hacer un poco de investigación sobre esa piedrecita verde que tenía en el bolsillo. Por lo que pude descubrir, la moldavita no es un cristal de la Tierra; es un meteorito que cayó sobre la Tierra en Europa del Este hace aproximadamente 15 millones de años. Se supone que tiene la habilidad de abrir la comunicación (dependiendo del origen de tu información) con ángeles, entidades, y seres de otras dimensiones. ¿Es esto cierto? ¿Realmente tiene esta piedra la capacidad de la comunicación interdimensional? No lo sé. Lo que sé es que puse la piedra en mi bolsillo, y comenzó la canalización.

Me enfrentaba a una elección. Las cosas se estaban volviendo más extrañas en mi vida a cada minuto, incluso antes de que Fred sacara la voz por primera vez. ¿Dónde me llevaría esto? En última instancia, tuve que tomar una decisión sobre si continuar o no en este nuevo y desconocido sendero. ¿Qué estaba haciendo? ¿Era bueno? ¿Era malo? ¿Estaba escuchando las voces «correctas»? ¿Cómo podía estar seguro de las intenciones de lo que fuera que estuviera detrás de todo esto?

Mi respuesta inicial fue preguntar a todos los que yo creía que podían saberlo, como sanadores, médiums, videntes, etcétera. Eran bastante unánimes. Estas personas sentían que, al menos y hasta que yo pudiera determinar el origen de estas voces, debía alejarme de ellas.

Había caído, pues, en un gran dilema. ¿Cómo fue? ¿Le has preguntado a la voz? ¿No te dejará con el antiguo dilema de «Si es una voz honesta, te dirá la verdad, y si es una voz deshonesta, no lo hará»? De cualquier modo, tendrás la misma respuesta. ¿Le disparo con una bala de plata? ¿Me pongo un collar de ajo? ¿Compro una cruz? Lo que me parece difícil de creer es que esta voz (o estas voces) se tomen el tiempo y la molestia de abrirse paso por el universo simplemente para orquestar esta broma imponente y cósmica.

Me di cuenta de que mis emociones referentes a este proceso estaban pasando por una gama más estrecha: desde el miedo hasta el pánico. Se fue aclarando que todo este consejo bien intencionado que había estado recibiendo tenía un hilo unificador: el miedo. Y me di cuenta de que había una elección aún más grande que tenía que hacer: si quería basar la decisión (potencialmente) más grande de mi vida en el miedo. *No* quería. La respuesta fue repentinamente evidente e irrefutable. Había decidido que me iba a entregar a aquello que estuviera pasando a través de mí.

Capítulo Ocho

Revelaciones: presente y futuro

¡Allá vamos!
Jackie Gleason

De vuelta en el consultorio, los tres pacientes que, como Fred, habían hablado estando en trance, acudieron a sus siguientes citas. Tal y como predije, *¡zas!*, a uno tras otro se les volteó la cabeza, se les pusieron los ojos en blanco, sus lenguas se movieron, el aire empezó a salir audiblemente de sus bocas… y ¿qué dijeron?

«Venimos para decirte que continúes haciendo lo que estás haciendo. Lo que estás haciendo es traer luz e información al planeta.» Exactamente lo mismo que había dicho Fred. Pero estos pacientes no conocían a Fred. En realidad, no se conocían entre sí.

Dos de los pacientes dijeron una frase más. *«Lo que estás haciendo es reconectar las hebras.»*

El tercer paciente dijo algo ligeramente distinto: *«Lo que estás haciendo es reconectar las cuerdas».*

Cuando Fred vino de nuevo, me dijo que había estado haciendo escritura automática y que, de su propio puño y letra, había escrito una última línea que decía (en referencia a mí): *«Lo que está haciendo es reconectar las cuerdas».* Dos días más tarde, otros pacientes comenzaron a pronunciar las mismas frases. Poco después los entrevisté detenidamente y descubrí que, exceptuando a Fred, a ninguno de ellos le había pasado nada parecido anteriormente.

Pero por la razón que fuera, aquellas voces los habían escogido como vehículos e, independientemente de qué otras frases salieran de sus bocas, todos repetían aquellas seis frases:

1. *Venimos para decirte que continúes haciendo lo que estás haciendo.*
2. *Lo que estás haciendo es traer luz e información al planeta.*

95

3. *Lo que estás haciendo es reconectar las hebras.*
4. *Lo que estás haciendo es reconectar las cuerdas.*
5. *Debes saber que eres un maestro.*
6. *Hemos venido por tu reputación.*

Y pensé: «*de acuerdo, lo que estás haciendo es traer luz e información al planeta*»... así que me quedé esperando a recibir esa información.

Pero parecía que no acababa de llegar.

«*Muy bien*», pensé, «*¿qué tipo de información?, ¿cómo cultivar fruta gigantesca?, ¿cómo establecer un sistema interplanetario de defensa?, ¿cómo construir platillos volantes?* Seguía sin tener ni idea de lo que estaba pasando.

Transición

Seguí esperando a que las promesas de las frases se hicieran realidad pero, en abril de 1994, algo comenzó a cambiar. Al principio, parecía que a las voces les costaba materializarse. Disminuía la facilidad con la que las personas se transformaban en canales y las propias comunicaciones se hicieron menos frecuentes. De hecho, disminuyeron drástica y repentinamente.

Y más tarde se acabó. Exceptuando a Fred, no hubo más comunicaciones ni más voces.

Anteriormente, de vez en cuando me había preguntado si todo aquello había sido una broma. Si mi recepcionista no habría estado seleccionando pacientes al azar y diciéndoles: «Mira, éste es tu papel. No dejes que el doctor vea el guión».

Ahora que las voces se habían marchado, supe que no había sido una broma. Nada podía haber sido más real. Tenía una sensación de vacío. Después de todo, aquellos extraños fenómenos se habían convertido en el centro de mi vida. ¿Cómo era posible que hubieran terminado?

Cuando las comunicaciones se acabaron, más de cincuenta personas me habían dicho las frases independientemente. Recuerda que, aparte de Fred, ninguna de esas personas había sido un canal con anterioridad y que a algunas de ellas la experiencia les había hecho sentir tan incómodas que nunca volvieron a mi consultorio. Este hecho y las descripciones increíblemente coincidentes de varias entidades, me hicieron ver claro que durante las sesiones de sanación *en la sala había alguien además del paciente y yo* y que otra persona o «ser» hablaba a través del cuerpo de la persona que estaba acostada sobre la camilla. No sé si los «canalizadores» eran como aparatos de radio que captaban señales de todo el universo o si todos recibían la misma señal de una sola fuente, pero supongo que eso da igual. El mensaje había llegado alto y claro.

Esto podría explicar por qué las comunicaciones se detuvieron. *Yo ya había comprendido.* No había manera de que alguien, ni siquiera yo, pudiera negar que allí había algo real y profundo. Aunque yo ansiaba un afianzamiento por parte de las entidades canalizadas, la fuente había decidido que ya tenía todo lo que necesitaba. Era el momento de dejar de buscar nada más y darme la oportunidad a mí mismo de ver qué me habían dado.

Cuando uno vive una experiencia semejante, *sabe* que se está conectando con algo de otro mundo. Enseguida abandoné la teoría de la broma y me dispuse a esperar. Pero cuando esa misteriosa «información» que supuestamente debía recibir seguía sin llegar, el vacío se hizo más profundo. ¿Qué había hecho para que las voces me abandonaran?

Sin embargo, todavía notaba las sensaciones en las manos y continué trabajando con pacientes tal y como había estado haciendo hasta ahora. Las curaciones continuaron. De hecho, fue en esa época cuando Gary vino a verme y tuvimos lo que considero la primera «gran» sanación. Así que, a pasar de mi desesperación por no recibir lo que pensaba que era la información prometida, continué trabajando con pacientes y moviendo las manos sobre ellos de la misma manera en que lo había estado haciendo. De cuando en cuando sus músculos faciales –especialmente los que rodeaban sus bocas– se empezaban a mover, pero la verdad es que nunca hablaron.

Aún así, cuando salían de sus sesiones, esos pacientes me decían que habían visto «cosas». Con frecuencia se referían a ciertas formas, a ciertos colores… y a cierta gente. Llámalos ángeles, guías, entidades, espíritus, lo que quieras. Pero, fueran lo que fueran, basándome en las descripciones que me daban los pacientes, parecían personas reales.

Percepciones y validaciones

Aproximadamente a la vez que tuve la «percepción» de que se me había dado un gran don y decidí aceptarlo, recibí la llamada de un productor de un programa de televisión llamado *El otro lado*, en el que se contaban historias sobre todo tipo de fenómenos paranormales. Habían oído hablar de mí y querían que apareciera en el programa. Acepté y llevé a Gary conmigo para que contara su caso.

Después de que a mediados de 1995 el programa se transmitiera, comenzaron a acudir a mi consultorio personas de todo el país. Una mujer llamada Michele vino desde Seaside, Oregón. Mientras estaba acostada sobre la camilla, pasé mis manos sobre ella y observé sus respuestas musculares involuntarias según fluía la energía. Es todo lo que vi. Pero cuando acabé, abrió los ojos y dijo: «He visto a una mujer. Creo que es un ángel de la guarda. Y me dijo que me pondría mejor, que me curaría».

El caso de Michele

A Michele le habían diagnosticado un síndrome de fatiga crónica y fibromialgia. Sus síntomas eran tan graves que muchos de los médicos que la habían examinado pensaban que también tenía otras complicaciones. Le recetaron una serie de analgésicos y otros medicamentos. Su vida era un ciclo constante de dolor y agotamiento. Cosas tan sencillas como fregar los platos, hacer la cena o simplemente levantarse de la cama cada mañana, se convirtieron en tareas enormes a veces imposibles de llevar a cabo. Su marido llegó a darle duchas calientes hasta cuatro veces por noche, simplemente para que dejara de sentir dolores. No podía comer y adelgazó hasta quedarse en 39 kilos y medio.

Una noche, mientras en su casa todos dormían, se tragó unos cuantos puñados de analgésicos, combinados al azar. Cuando los medicamentos le hicieron efecto, se puso a rezar: «Por favor, Dios mío, ayúdame. No puedo vivir así, pero no quiero abandonar a mis hijos». Sentía simplemente que no podía vivir más en esa situación, pero no sabía a quién acudir en busca de ayuda.

Debió de dormirse en el suelo, porque lo siguiente que recuerda es que la despertó el sol de la mañana entrando por la ventana del cuarto de baño. Sintiéndose enferma y agotada, se arrastró hasta el sofá. Allí recostada, puso la televisión; transmitían un programa de entrevistas. Me estaban entrevistando a mí junto a un grupo de médicos. Se discutía acerca de mis pacientes y de cómo se habían curado tantos de enfermedades poco comunes. Vio cómo explicaba que las sanaciones parecían provenir de un «Poder superior» que yo de algún modo había recibido. Michele llamó a la emisora para pedir mi número.

Su primera sesión comenzó con la habitación en silencio, las luces tenues y un suave ambiente. Coloqué un dedo suavemente sobre su corazón e inmediatamente cayó en un sueño ligero. Entonces puse las manos sobre su cabeza. El calor entró en su cuerpo y lo rodeó. El nivel de energía en la habitación se hizo muy intenso mientras sus ojos iban de lado a lado y sus dedos se movían como los de una marioneta. Simultáneamente, su rodilla derecha se movía continua e involuntariamente.

En un momento dado, la dejé sola unos instantes. Cuando volví, Michele dijo que tenía la sensación cierta de que había entrado alguien más en la habitación. Había oído la suave voz de una mujer y había tratado de decirle a Michele su nombre. Le resultó difícil hacerlo claramente, ya que la comunicación llegó en forma de lo que sólo podía describirse como «casi» una voz. Al principio, Michele pensó que la mujer era un poco desagradable, pero después quedó claro que simplemente se sentía frustrada porque Michele no podía entenderla bien.

La mujer le dijo a Michele que era su ángel de la guarda y que se llamaba algo así como Parsley o Parcel. Al final, entendió el nombre: Parsillia. Entonces, el ángel dijo algo muy extraño. Le dijo a Michele: «*Te curarás. Y vas a ir a la televisión a contarlo*». Según yo veía las cosas por aquel entonces, un ángel no diría algo así. Pero daba lo mismo, mi labor no era hacer comentarios editoriales. Los médicos habían hecho por Michele todo lo que podían, pero el espíritu de Parsillia le había dicho que su vida iba a comenzar de nuevo.

Tras aquella sesión, Michele volvió a tener apetito.

La segunda sesión, al día siguiente, fue igual de espectacular. El ángel de la guarda volvió. De nuevo, diferentes partes del cuerpo de Michele aumentaron su temperatura, después se relajaron y se quedaron calientes. Estaba tan caliente que incluso sus piernas adquirieron un tono rosa brillante. De nuevo, Parsillia le dijo varias veces a Michele que se iba a curar. De hecho, Michele tenía tanta energía tras la segunda sesión, que decidió irse de compras con su madre. Mientras estaban juntas fuera, su madre tuvo que decirle a Michele que aflojara el ritmo. Fue una agradable sorpresa para las dos.

Durante la tercera y cuarta sesión de Michele, el ángel le dijo que estaba curada y que gradualmente notaría más cambios. Michele vio flores con colores que no había visto nunca y sintió la alegría a su alrededor. Al instante comprendió que todo tenía un propósito. También le dijo que pasara más tiempo con sus hijos.

La vida de Michele volvió a la normalidad. Aumentó de peso, comenzó a hacer ejercicio a diario y se puso a trabajar a tiempo completo en su propio negocio.

Un poco de conocimiento

Antes de que Michele viniera a mi consultorio, varios pacientes habían afirmado ver ángeles o seres de apariencia humana. Aún así, nunca había oído un relato tan detallado y minucioso como el suyo. *«Bueno»*, pensé, *«¿qué esperabas? Mira qué es lo que estás haciendo; estás destinado a atraer gente que cree ver ángeles»*.

Un mes o dos después de la curación de Michele, un hombre de Beverly Hills visitó mi consultorio. No estaba enfermo; simplemente había oído lo que sucedía en mi consultorio y quería experimentarlo.

Después de su sesión, abrió los ojos y dijo: «He visto a esa mujer y me dijo que te comunicara que estaba aquí, que sabrías quién era. Parecía que era un poco desagradable, pero podría asegurar que simplemente se sentía frustrada porque no podía decir su nombre claramente. Era algo así como Parsley. Entonces me dijo: «Si te curas, ¿irás a la televisión a contarlo?»».

Me quedé anonadado. ¿Quién era esa tal Parsley, el Ángel de las Relaciones Públicas? No; era la *confirmación*.

Nunca volví a ver al hombre. Él no conocía a ninguno de mis pacientes y aún así estaba al tanto del ángel de nombre raro.

Las cosas no estaban más que calentándose.

Una mujer voló desde Nueva Jersey con su hija de once años que sufría escoliosis, una curvatura de la columna. Después de la sesión, la niña abrió los ojos y pareció bastante sorprendida. Tal y como solía hacerlo, le pregunté: «¿Qué ha pasado? ¿Qué has notado?».

«Bueno», dijo, «he visto un lorito pequeño de muchos colores y me ha dicho que se llamaba George. Después dejó de ser un loro; ni siquiera era una forma de vida».

Dijo *forma de vida*. Fueron sus palabras. Una niña de once años.

«Entonces», añadió la chiquilla, «simplemente se hizo mi amigo».

No mucho después. Un hombre —esta vez un adulto— vino para una sesión.

Cuando acabó, dijo: «Vi una estatua, una estatua de mármol al aire libre, rodeada por una antigua laguna griega o romana, hace siglos. Y cuando miré hacia mi mano derecha, vi un lorito pequeño de muchos colores. Me dijo que se llamaba George. Y entonces dejó de ser un loro y simplemente se hizo mi amigo».

Excepto por la omisión de «forma de vida», era textualmente el mismo relato que el de la niña.

෪෧

Me sentía aún más vulnerable cuando decidí explicar a mi prima, cuya opinión apreciaba, lo que me estaba pasando.

Respiré profundamente y me preparé para escuchar frases como «me salieron ampollas en las palmas de las manos», «en otra ocasión me sangraron» y «mis pacientes pierden la conciencia y hablan con voces que no son las suyas» que salían de mi boca con una embarazosa cadencia autoconsciente.

«Si se tratara de una persona que no fueras tú», dijo después de que yo terminara, «no la hubiera creído. Pero sé que no te inventarías algo así. Te conozco desde que naciste. Tienes los pies en la tierra». Oyendo lo que decía mi prima, que solía cuidarme cuando yo era niño, me di cuenta súbitamente de que no tenía ni idea acerca de la impresión que yo causaba a la gente o de que la percepción de los demás sobre mí era diferente a la mía propia. No sospechaba de ningún modo que tantas personas me dirían que me creían al contar lo que pasaba *«porque* se trata de ti», *«porque* tienes los pies en la tierra», *«porque* eres tan auténtico», *«porque* eres tan escéptico».

Pies en la tierra. Auténtico. Escéptico. Yo sabía que era un poco escéptico, aunque sólo fuera porque realmente no les creía cuando me decían que tenía los pies en la tierra. Quiero decir que yo creía tener los pies en la tierra (por lo menos a veces), pero está claro que no pensaba que los demás tuvieran esa imagen de mí.

A pesar de este apoyo, pasó un tiempo antes de que les contara a mis padres lo que estaba pasándome. Nunca olvidaré lo que me contestó mi padre: «¡Nunca dejes ese consultorio!». Era como si los ángeles, al igual que el fantasma que se aparecía en el edificio de Melrose Place, estuvieran aferrados de alguna manera con esa dirección específica.

Por suerte, también había curaciones mientras estaba fuera, e incluían las experiencias relativas a los ángeles y los colores, por lo que sabía que, en caso de que esas entidades estuvieran verdaderamente relacionadas con Melrose Place, al menos podían estudiar mis planes y organizar su propio transporte hasta mi destino.

No es que viajara demasiado. No con la cantidad de personas que venían a verme.

La valentía de dar un paso al frente

Las curaciones eran cada vez más espectaculares. Y aunque los resultados eran gratificantes, en sí mismos no eran lo suficiente para mí. Todavía quería saber *por qué* sucedían las curaciones. ¿Cuál era el significado del fenómeno? ¿De dónde provenía? Mi búsqueda no tenía fin.

Decidí asistir a un seminario de tres días que impartía el Dr. Deepak Chopra (que es una de las más importantes figuras en la síntesis de la medicina y la espiritualidad hoy en día, incluyendo la fusión entre la física cuántica y la sabiduría ancestral). La mayoría de los asistentes eran médicos y otros profesionales. Pensando en el éxito que había tenido con Brian Weiss, creí que podría aprovechar para hacerle al doctor Chopra una pregunta sencilla que arrojara alguna luz sobre lo que estaba ocurriendo conmigo y mis curaciones. Vi que había micrófonos repartidos por la sala, aparentemente para que la audiencia pudiera intervenir.

A lo largo del seminario, ninguno de los responsables hizo mención a los micrófonos o a la posible interacción con la audiencia. El tiempo pasaba. Al final, justo antes de que el congreso se interrumpiera para la comida del segundo día, no pude contenerme más. Levanté la mano y le pregunté al Dr. Chopra si aceptaría que se le hicieran preguntas en algún momento.

El Dr. Chopra me sorprendió al cuestionarme a su vez: «¿*Tiene* una pregunta?»

«Sí, la tengo», respondí.

«Entonces, acérquese al micrófono y hágala.»

Según recorría lo que me pareció un interminable camino hacia el micrófono más cercano, tomé conciencia del ruido cada vez mayor que producían mis pisadas en contraste con el silencio repentino de la sala, entretejido con pensamientos inquisitivos del tipo:

«¿Quién es ése?»

«¿Por qué le han dejado precisamente a él *hacer una pregunta?»*

«Yo quería preguntar algo.*»*

«Podríamos estar comiendo ahora mismo.»

Y el proverbial...

«Será mejor que valga la pena.»

Según me estaba acercando al micrófono, el Dr. Chopra me apremió: *«Así que, ¿cuál es su pregunta?».*

No lo sabía. No la había pensado todavía. Lo que es peor, de repente caí en la cuenta de que no habría podido hacer la pregunta aunque la hubiera pensado, puesto que el Dr. Chopra no estaba al tanto de cómo había sido mi vida desde agosto de 1993. Así que, de forma tan resumida como pude, traté de explicar rápidamente lo que había pasado, incluyendo las voces, las pérdidas de sangre y las ampollas. Esperaba que al acabar la introducción, la pregunta apareciera por sí sola.

Al final de mi sinopsis, dije: «Por favor, no crea que no sé cómo suena esto, porque lo sé. Pero me pregunto si tiene alguna explicación o consejo».

No era exactamente una pregunta. Observé al Dr. Chopra mientras se inclinaba hacia delante desde su lugar en el escenario.

A continuación, preguntó: «¿Cómo se apellida?».

Asustado, di medio paso hacia atrás. «¡Pearl!», solté.

Asintió con la cabeza. «He oído hablar de usted». Echó un vistazo a la sala. «Y quiero que todo el mundo sepa que lo que este hombre acaba de decir es cierto.» Delante de todo el público de la sala me invitó a acudir al Centro Chopra para el Bienestar en La Jolla (cerca de San Diego) para investigar un poco.

Después me aconsejó: «Siga siendo como un niño». Unas palabras que significaron mucho para mí.

Nunca lo olvidaré.

Los comienzos de la investigación

Tal y como me habían dicho que podía esperar, cada vez más productores de televisión me pedían que apareciera en sus programas. Fox TV quería entrevistarme durante una importante reunión en la zona de San Francisco, junto a otros personajes, como el Dr. Andrew Weil, el médico de barba blanca autor del éxito de ventas ¿Sabemos comer?[11], que aboga sin ambigüedad por la unión de la medicina «tradicional» y la «alternativa».

Antes de dejar Los Ángeles para acudir al seminario, y cuando menos lo esperaba, recibí un mensaje electrónico de mis padres. Me decían algo sorprendente: hacía algunos años, mi padre y el padre del Dr. Weil habían figurado uno detrás del otro en la misma candidatura al ayuntamiento de mi ciudad y habían formado parte de varias corporaciones. De hecho, él y

---

11. N. de la T.: Publicado en español por Ediciones Urano, Barcelona, 2001.

mis padres habían sido amigos. Por alguna razón, esta información nunca había salido a la luz hasta ahora.

Después mi madre me dijo algo muy conmovedor acerca de Dan, el padre del Dr. Weil. A comienzos de los años 80 a mi padre le hicieron un cuádruple *bypass*. Durante su convalecencia, Dan Weil, un hombre afectuoso y compasivo, envió una carta, no a mi padre, sino a mi madre. La carta señalaba que en una situación semejante, la mayoría de la gente envía mensajes a quien está en el hospital, pero se olvida de que a menudo es la persona que se queda en casa la que necesita más apoyo. La carta estaba llena de bondad y de ánimos y mis padres nunca la olvidaron. Como Dan Weil había fallecido, mis padres pensaron que al hijo podría gustarle saber cómo su padre los había enternecido. Escribieron una carta para el Dr. Weil y me pidieron que se la entregara.

Andrew Weil estaba en el vestíbulo del hotel a la vez que yo estaba inscribiéndome en el seminario. Me presenté y le di la carta. Me preguntó si sería posible tener la carta que escribió su padre para enseñársela a su madre. Intercambiamos un par de comentarios y creí que aquélla sería la última vez que lo vería.

Esa noche me llamó la mujer que había organizado las entrevistas en la Fox y que también sería la presentadora. Había sufrido un accidente la semana anterior y se había roto varias costillas, así que tenía que andar con bastón y las costillas no le permitían más que respirar muy superficialmente. Apenas podía hablar, lo que no eran las mejores circunstancias para hacer entrevistas. Me preguntó si podría tener una sesión con ella aquella noche. Le contesté que lo haría encantado. Sin embargo, resultó ser más que una sesión. Resultó ser una pieza más del rompecabezas sincronizado.

A la mañana siguiente me presenté para la entrevista y vi que habían citado al Dr. Weill para el siguiente turno. La entrevistadora, él y yo nos cruzamos. Según entraba el Dr. Weil, la entrevistadora estaba agradeciéndome su sesión y explicando que ya no necesitaba usar el bastón, explicando que ahora era capaz de respirar profundamente, lo suficiente como para presentar las entrevistas.

El Dr. Weil me preguntó qué era lo que había hecho. Después de explicar lo poco que podía, me ofreció ir a la Universidad de Arizona y pronunciar una charla a los asistentes a su Programa de Medicina Integrada (PMI). La invitación era un honor y acepté encantado. Ello me condujo hasta el Dr. Gary E. R. Schwartz, responsable del Departamento de Sistemas de Energía Humana. Él y su mujer, la doctora Linda G. S. Russek, son los autores de *The Living Energy Universe*, que plantea la idea de que todo, en cualquier nivel de existencia, está vivo, recuerda y evoluciona. Este libro intenta resolver no sólo algunos de los mayores enigmas de la ciencia tradicional, sino también misterios como la homeopatía, la vida después de la muerte y las habilidades psíquicas.

El Dr. Schwartz me ofreció volver a la universidad para investigar sobre las curaciones. Acepté.

Encrucijadas

Las cosas iban cada vez más rápido. Era tentador seguir dejándome llevar, pero ¿de verdad podía hacerlo? Había más consideraciones que hacer. Había dedicado una importante parte de mi vida a conseguir un buen consultorio y todo este enredo de la «energía de sanación» y «espíritus canalizados» no le había hecho ningún bien. Por una parte, como he mencionado antes, la experiencia había impresionado tanto a algunos de los pacientes que habían participado como instrumentos en las canalizaciones, que sencillamente nunca volvieron. Pero eso no era lo peor. Imagínate que vas a tu quiropráctico y oyes voces extrañas en la habitación de al lado. Te haría preguntarte si...

En varias ocasiones me dije a mí mismo: «Debes de estar loco. Tienes que pagar la hipoteca, el coche; y un consultorio con muchos pacientes que debes mantener para poder llegar a fin de mes. Cíñete a la quiropráctica».

Pero no era eso lo que las entidades pretendían al decir: «*Venimos para decirte que continúes haciendo lo que estás haciendo*» y yo lo sabía. Así que seguí adelante con esta nueva «ocupación». Incluso cuando no hubo curaciones o disminuyeron, continué trabajando con la energía. Seguí haciendo lo que estaba haciendo.

⋐⋑

¿Por qué yo? No podía evitar preguntármelo. Me han dicho que es una cuestión de ego, pero cuando tu vida se vuelve del revés y los principios básicos de la realidad que has aceptado desde tu nacimiento ya no sirven, se convierte en una pregunta difícil de contestar.

Pensé sobre las frases una vez más. *Lo que estás haciendo es traer luz e información al planeta*. Estaba claro que eso significaba que había algo más que *simplemente* «curar» a la gente, al menos en el sentido habitual de la palabra *curar*. Y *«Debes saber que eres un maestro»* también tenía unas connotaciones bastante fuertes. El problema era que yo no me consideraba un buen candidato a profeta. Me gustaba beber, me gustaba comer, me gustaba divertirme, me gustaba salir toda la noche. Sí, es cierto que mi fascinación –obsesión en algunos casos– por esos pasatiempos se redujo mucho desde el día de Venice Beach y todavía más desde el día en que estando asomado a la ventana de mi consultorio vi a Gary subiendo las escaleras penosamente. Con seguridad había otras personas mucho más «apropiadas», así que *aquello* no tenía ningún sentido.

Parte de la explicación podría estar en que soy un bocazas: estoy dispuesto a ponerme en evidencia y hablar sobre estas cosas. También podría ser porque parece que puedo rellenar un hueco. Tengo buen aspecto y la capacidad de parecer bastante lúcido en hospitales y universidades a los que me invitan con frecuencia para dar charlas a médicos, educadores e investigadores sobre un asunto que está, cuando menos, «ahí fuera». Tampoco tengo inconveniente en hablar con los que se precian de ser espiritualistas metafísicos. También parece que cuando dos grupos se sitúan en lados opuestos del espectro y se pasan el tiempo gritando o ignorándose entre sí, yo tengo la habilidad para tomarles de la mano y presentarles como personas que podrían tener algo interesante que ofrecer para intercambiárselo.

O, en última instancia, puede ser que me escogieran mucho antes de que yo pudiera pensar acerca de ello. Puede que me seleccionaran la noche en que yo nací y mi madre renació, la noche en la que la espléndida *Luz* le dijo a mi madre que tenía una tarea que hacer: educarme. Puede que justo en ese momento me asignaran mi futura tarea. Y muy posiblemente, lo que ocurre ahora es que estoy *reconectándome*.

Sanador, enséñate a ti mismo

La curación de Gary y la aparición en televisión que la siguió fueron momentos decisivos en mi vida. De repente, había dos tipos de gente a mi alrededor: los que querían que los curara y los que querían que les enseñara cómo *hacer* curaciones. Con el tiempo, organizaciones docentes de varios tipos comenzaron a hacer la misma petición.

«Eso *no puede* enseñarse», contestaba. ¿Cómo podría? Nadie me lo ha enseñado a *mí*. Simplemente… sucedió.

«Claro que puede», era la inevitable respuesta del tipo «ponte en marcha y gánatelo a pulso». «Mucha gente enseña cómo curar. Hay libros y cintas sobre ello en todas las tiendas». Entonces recitaban una lista de autores y títulos, muchos de los cuales conocerás. Pero leyendo los libros y escuchando las cintas vi que, fundamentalmente, las instrucciones se reducían a algo como: «Que su cliente se acueste (o se siente). Quédese a un determinado lado de la persona (tu libro te dirá encantado qué lado es el mejor), coloque su mano derecha aquí y su mano izquierda allá, mueva entonces su mano derecha hasta donde está su mano izquierda y mueva su mano izquierda a otro lugar del cuerpo, más allá...». [No te preocupes. El libro no solamente especificará dónde colocar las manos en cada momento, sino que también te indicará hacia dónde mirar y hacia dónde andar. Por si fuera poco, incluso te dirá qué debes pensar mientras haces todo esto.]

Me di cuenta de que eso no es sanar. Es bailar el tango. Y el mundo no necesita otra clase de baile.

Tampoco parecía ofrecerse mucha ayuda en los miles de seminarios acerca del tema, grandes o pequeños, baratos, caros o extraordinariamente caros. Hablemos sobre algunos de esos seminarios. Para ser sanador, no hace falta gastar 40.000 dólares en un curso de cuatro años estudiando a otros sanadores e hipnotizadores a lo largo de la historia. Parafraseando al Dr. Reginald Gold, quiropráctico y filósofo contemporáneo, eso no lo convierte a uno en *sanador*, lo convierte en *historiador*. En otras palabras, la mayoría de las escuelas de sanación no enseñan a sanar en absoluto; enseñan la historia de ciertos sanadores. Se aprende lo que este sanador pensaba, lo que aquel sanador pensaba y, si se tiene verdadera mala suerte, se aprende también lo que *uno mismo* debe pensar.

Me acercaba con esperanzas a cada nueva experiencia educativa estructurada –ya fuera un libro, una cinta o un seminario–, para descubrir que me servían el mismo tazón recalentado de cereales espirituales. El que a mí me habían dado llevaba tanto tiempo a temperatura ambiente que se le estaba formando una costra en la superficie. Todavía más; durante los seminarios, la mitad de la audiencia estaba extasiada, como si perlas de conocimiento recién descubierto estuvieran cayendo sobre ellos. La otra mitad se sentaba allí sonriendo y moviendo la cabeza en señal de asentimiento. No los pequeños movimientos de cabeza que podrían hacer si estuvieran solos en una habitación leyendo un libro o escuchando la radio; se trataba de grandes, llamativos, descomunales asentimientos con la cabeza para demostrar a los demás que el instructor estaba diciendo algo que sabían de antemano y que, de algún modo, el hecho de estar de acuerdo los validaba para todos los demás en la sala. (Recuerda, la búsqueda de crecimiento espiritual no siempre excluye el complejo de superioridad.)

Reforzado por las pruebas cada vez mayores que me proporcionaban esas experiencias, estaba aún más seguro de lo que había afirmado: *No se puede enseñar a sanar*. Y ¿sabes qué? Todavía lo pienso.

Así que, ¿por qué escribo este libro? Porque enfrascado en descubrir si era del todo posible enseñar a sanar (¿y cómo?), no me di cuenta de que en mi consultorio estaba ocurriendo un fenómeno cada vez más frecuente. Más y más personas de las que habían acudido a curarse llamaban, normalmente tras su primera sesión conmigo, para decir que al volver a casa sus televisiones, equipos de música, luces, neveras –aparatos electrodomésticos de todo tipo– se encendían y apagaban solos. Reiteradamente.

Casi nunca dejaban de funcionar del todo, aunque podría dudarse si así era, ya que los electrodomésticos podían apagarse o dejar de funcionar durante períodos que iban desde unos minutos hasta varios días. Normalmente, cuanto mayor era el aparato, más tiempo estaba sin funcionar. Era como si los electrodomésticos estuvieran vivos. La mayoría de la gente sentía que era como si alguien se estuviera comunicando con ellos de alguna manera. Creo que eso es lo exacto. Creo que es como si alguien estuviera diciendo: «Hola. *Estoy* aquí de verdad. De verdad *existimos*».

Esas mismas personas decían después que sentían que algo les pasaba en las manos, sensaciones raras: calientes y eléctricas o frías y como si les soplara el viento en ellas. Después explicaban que al colocar las manos cerca de alguien con molestias o achaques, a menudo esos síntomas disminuían o desaparecían por completo: la soriasis se esfumaba, el asma se iba, males crónicos se curaban. Era frecuente que ocurriera de la noche a la mañana o de inmediato. Continuamente había llamadas y relatos. Gracias a ello me di cuenta de que, aunque en realidad la sanación no puede «enseñarse», la capacidad de sanar puede, en cierto modo, «transmitirse» a otros. Por tanto, reconocer y perfeccionar esta habilidad es lo que puede enseñarse (y es lo que estoy tratando de hacer al escribir este libro).

Por fin, llamé a una de las organizaciones que habían estado tratando de convencerme y acepté dar una clase. Les dije que convocaran a la gente y lo intentaríamos.

Llegó la tarde de la clase. En algún momento a lo largo del trayecto, conduciendo durante lo peor de la hora punta de Los Ángeles, decidí que no iba a usar ninguna nota. Cuando entré en la sala, todo el mundo estaba ya sentado. Veinticinco personas. No esperaba tanta asistencia. Me coloqué al frente de la clase, aparté el taburete y el atril y, tras quitarme los zapatos, me senté con las piernas cruzadas sobre la mesa plegable que por algún motivo estaba colocada en la parte delantera de la sala y que tuvo la gentileza de no venirse abajo. «Sé que todos ustedes han venido esta tarde para escuchar lo que tengo que decir», dije, «y yo mismo estoy impaciente por descubrir qué es».

Comencé con el relato de lo que me había pasado en agosto de 1993, respondí preguntas y «activé» las manos de cada asistente. Les enseñé cómo jugar con (o, si lo prefieres, trabajar con) esas nuevas frecuencias energéticas y, después de decirles que me llamaran si pasaba algo interesante, solté a un grupo de nuevos «sanadores» en un planeta confiado.

Después de esto, el teléfono no dejó de sonar. De nuevo, ¿*quién lo sabía*?

¿Quién es el estudiante ahora?

Así que aquí me tienes. Ha sido un viaje largo y raro y emocionante y que a veces asustaba un poco, pero creo que estoy donde se supone que debía estar. Si lo piensas, es irónico: el pésimo estudiante, el que no se estaba quieto, el niño que se saltaba las clases cada vez que podía y que se enfrentaba a los profesores a la menor ocasión, se había convertido en profesor.

El resto de este libro es parte del proceso. A lo largo de años organizando seminarios, he descubierto que con unas instrucciones mínimas las personas pueden conectarse con esta energía y usarla como ella quiere que se use.

En cierto sentido, aprender a usar esas energías *es* como dominar el tango. Uno puede conseguirlo estudiando los dibujos de un libro si no hay más remedio, pero se aprende antes y con mejores resultados si en lugar de eso se ve un vídeo. Aún más; un vídeo no es tan eficaz como acudir a un estudio de baile y aprender con un profesor titulado.

Eso mismo se puede aplicar aquí. Lo que queda de este libro te proporcionará mucha información mediante palabras. Sin embargo, hay algo *distinto a* las palabras que te enseñará más, llámalo como quieras: codificación, vibración o cualquier otra cosa. Y sí, después de leer esto puedes empezar con el cambio y la adaptación para ser portador de esa energía porque, en mayor o menor medida, la capacidad para poseer y utilizar esas nuevas frecuencias se transmite a los que entran en contacto con ellas a través de la palabra escrita, lo mismo que a través de otros medios de comunicación. No, no es lo mismo que en persona, aunque es un comienzo potente.

ഝഝഝഝ

Parte II

La Sanación Reconectiva y lo que significa

*Las líneas rectas del tiempo son realmente hilos
de una telaraña que se extiende hasta el infinito.*
Living This Moment,
Sutras For Instant Enlightenment

Capítulo Nueve

Dime más

Hay una necesidad de reconciliación entre la religión y la ciencia,
igual que es necesario reconciliar la intuición y la razón,
la experiencia y el conocimiento.

Dr. Jonas Salk

Tal y como he descrito, después de mi segunda sesión con la mujer en Venice Beach y los acontecimientos que siguieron, me dediqué a aprender sobre lo que me estaba pasando. El hecho de que empezara a leer libros voluntariamente dice mucho, pero no acaba ahí. Aparte de los «expertos», «sensitivos», y «videntes» a quienes visité –y aquellos que me visitaron a mí– pregunté a todos y cada uno de los que pensé que podrían ofrecer la más leve pista de lo que me estaba pasando: jefes de la iglesia, rabinos, kabalistas, gurús, o como quieras llamarlos.

En su mayor parte, lo que percibía era que nadie «sabía» realmente. Por lo menos, nadie en *este* mundo sabía. O, podían saber partes y piezas, pero no el total. O, podían haber confundido mis experiencias con algo sobre lo que habían leído o aprendido, pero que en realidad no servían aquí. La situación más común con la que tropecé era que, en lugar de *mirar* realmente este fenómeno, querían explicarlo desde los parámetros cómodos de su fe específica o sistema de creencias. Querían, de algún modo, forzarlo o meterlo en una caja demasiado pequeña, demasiado rígida, demasiado limitada para resistir.

Tenía que saber más y quería que ese conocimiento llegara de alguien que viera el concepto general. Quería conversación directa con estos *ángeles*, estos *seres*. Lo intenté como pude, pero esto parecía que no pasaba, y créeme, era bastante frustrante. Había observado y escuchado a mis pacientes lo suficiente como para saber que los ángeles eran reales.

Veían ángeles, los *escuchaban*, olían su aroma, todos *menos yo*. Decir que me sentía excluido es un eufemismo evidente. Así que, tan a menudo como podía, trataba de conseguir comunicarme con estos seres, aunque fuera indirectamente, a través de Fred.

Quiero que sepas que no me creo las cosas simplemente porque sean halagadoras o suenen bonitas. No me interesa en absoluto el término *Nueva Era*. Tengo serias dudas sobre muchas de las personas que afirman tener dones sobrenaturales «especiales» y «únicos», especialmente cuando, a todos los efectos, parece que muchos de ellos simplemente se presentan así para estar ante la multitud, recibir aclamación pública, o compensar ciertos sentimientos de inferioridad. No veo las auras y no soy vidente. Así que, por lo que respecta a los «canalizadores», seamos realistas: no tienes que ser Linda Blair para gemir, agitarte y hablar con una voz que suena como un disco pasado de moda reproducido a diferentes velocidades.

Por otra parte, cuando más de 50 personas que nunca se habían conocido pronuncian las mismas palabras exactas y, sin pedirlo, informan de que han sido testigos de las mismas entidades desconocidas... bueno, en ese momento parece poco razonable no aceptar el hecho de que algo auténtico está ocurriendo.

¿Pero qué *está* ocurriendo exactamente? En primer lugar, ¿de dónde viene la energía de sanación? ¿Quién la está enviando? ¿Cómo está sucediendo lo que está sucediendo?

Las entidades estaban dispuestas a hablar sobre la mayoría de las cosas, aunque las canalizaciones eran solamente una fuente de información. Finalmente, descubriría otra fuente de información, que moraba en lo más profundo. (A veces la valentía está en lo más profundo de ti mismo, confiando en que la saques... pero ésa es otra historia.)

Lo que finalmente he llamado La Reconexión (nombre sacado de la tercera y cuarta frase canalizadas) *no* es imaginaria. Aparte de confiar en las seis frases canalizadas y los seres espirituales de otras dimensiones para la confirmación y las pruebas, la realidad de su existencia se ha demostrado claramente tanto en la práctica como en los laboratorios de ciencia. La Reconexión es el proceso aglutinador de reconectar al universo que permite que la Sanación Reconectiva tenga lugar. Estas sanaciones y frecuencias evolutivas son de un nuevo ancho de banda y son traídas a través de un espectro de *luz e información* que nunca antes ha estado presente sobre la Tierra. A través de La Reconexión es como podemos interactuar con estos nuevos niveles de luz e información, y es a través de estos nuevos niveles de luz e información que somos capaces de reconectar.

Ahora ya estás listo para adquirir una idea de qué es este proceso, de dónde viene y cómo funciona. Bienvenido a algo *nuevo*. Esto es *diferente*. Esto es real y, de alguna manera, está penetrando en *ti*.

Afortunadamente, no es necesario contar cuentos chinos sobre el origen o la naturaleza de esta energía. La Sanación Reconectiva está firmemente respaldada por las últimas teorías de la física nuclear y cuántica, donde todo lo que los seres humanos hemos mantenido siempre como verdad se da la vuelta, el tiempo fluye hacia atrás, la gravedad se intensifica con la distancia, y materia y energía se debilitan en vibrantes bucles de cuerdas.

 దందంద

Capítulo Diez

Cuerdas y hebras

Desde el punto de vista multisensorial, las percepciones, las intuiciones, las corazonadas, y las inspiraciones son mensajes del alma, o de inteligencias avanzadas que asisten al alma en su viaje evolutivo.
El lugar del alma[12] – **Gary Zukav**

Lo que hay más allá

Los seres humanos somos seres inquisitivos. Queremos saber siempre el «cómo» y el «porqué», incluso cuando las respuestas no nos hacen ningún bien. Y a menudo no lo hacen. A menudo «cómo» y «por qué» pueden ser dos preguntas sin importancia. Aunque desde el comienzo, ahí estaba yo, preguntando justamente eso: «¿Cómo?», «¿por qué?», «¿cómo funciona?», «¿por qué está aquí?», «¿qué está ocurriendo?».

Realmente nunca recibí una respuesta que me dejara satisfecho.

Sé que no todo el mundo es tan insistente en conseguir respuestas. Algunas personas simplemente no hacen muchas preguntas. Leen acerca de algo, y se lo creen. Sus amigos les hablan sobre otra cosa, y creen en eso. La alta credulidad combinada con lo que yo llamo «El factor de Lemming» hace funcionar en masa a la gente y saltan de un acantilado de Nueva Era a otro, buscando las respuestas, ahogándose en un mar de indecisiones.

Fue sólo después de que me diera cuenta de que no iba a recibir más respuestas –de fuentes externas, en cualquier caso– cuando llegué a la conclusión de que tal vez no era *importante* conocerlas. Quizá incluso fuera contraproducente. Pero había pistas, encantadoras indirectas que voy a compartir contigo.

---

12. *N. de la T.:* Publicado en español por América Ibérica, Madrid, 1994.

117

«Lo que estás haciendo es reconectar las hebras.»

«Lo que estás haciendo es reconectar las cuerdas.»

Como ya dije, éstas fueron la tercera y cuarta declaraciones canalizadas por unos cuantos pacientes míos. Por mi propia experiencia, sabía a qué se referían las «hebras». Cuando usamos esta energía de sanación, estamos haciendo más que arreglar un problema especial; estamos literalmente reconectando las hebras, hebras de ácido desoxirribonucleico: ADN. El ADN es una molécula compleja que consta de dos hebras conectadas en una forma de espiral de doble hélice, como una escalera de mano enroscada. La ciencia enseña que cada ser humano tiene estas dos hebras en cada molécula de ADN de su cuerpo, y esta configuración es la base de nuestro código o impronta genética. De tales partes diminutas de materia se forma la estructura de nuestros cuerpos, nuestros cerebros, incluso gran parte de nuestra personalidad.

Lo que la ciencia no enseña –por lo menos no aún– es que en cierto momento, ¡podríamos haber tenido *12 hebras* de ADN codificando tanta información! (Sí, enciérrame, lo dije aunque juré que no lo haría.) «Reconectar hebras» implica que más que continuar el desarrollo de forma un tanto lineal, la raza humana se beneficiará al rescatar en el tiempo y traer al presente ciertos aspectos de cuando éramos gente más completa.

Esto es parte de lo que está ocurriendo ahora con la Reconexión: nos estamos reconectando con quienes fuimos.

⊱⊰

«Lo que estás haciendo es reconectar las hebras.»

«Lo que estás haciendo es reconectar las cuerdas.»

Al principio, pensé que las dos frases querían decir casi lo mismo, ya que algunas personas usaban el término *hebras* y otras usaban *cuerdas*, eso es todo. Semántica. Entonces me enteré de un concepto de física cuántica, y me di cuenta de que estaba completamente equivocado sobre lo que las entidades llamaban «cuerdas».

Esa frase no era sobre el ADN en absoluto. Se refería a lo que ocurre simultáneamente (en paralelo) en diferentes planos de existencia: se trataba de física subnuclear. Se trataba de describir la estructura fundamental del propio universo. Se refería a la *teoría de la cuerda*.

118

Básicamente, «La teoría de la cuerda» es una manera de mirar los componentes básicos de la materia y la energía de tal forma que podría perfectamente aclarar un dilema que ha estado atormentando a los científicos durante décadas: ¡el argumento de que las dos ramas principales de la física no pueden ser ambas verdaderas!

Ésta no es la física que nos hizo sufrir a todos en la escuela. Ésta es la física que da apoyo y percepción en la vida, en la espiritualidad y en los planos paralelos de la existencia. Echa un vistazo. Después de todo, la física es lo que define el universo físico en el que vivimos. La física trata de los objetos dentro de ese universo, las fuerzas que los mantienen juntos, y los secretos que los hacen hacer tictac.

La física trata también de los extremos. En un extremo de la escala, los principios extraños de la «mecánica cuántica» describen y pronostican el comportamiento de lo sumamente pequeño: los átomos y las partes que los conforman. En el otro extremo, las dos teorías de la relatividad de Einstein se las arreglan con la inmensidad del propio universo, la velocidad de la luz y la deformación del espacio-tiempo por cuerpos grandes como estrellas, galaxias, y agujeros negros.

Aparte de su belleza abstracta, ambas teorías han demostrado ser herramientas muy poderosas. La mecánica cuántica llevó al desarrollo del chip de ordenador. La relatividad dio a los cosmólogos las herramientas para explicar toda clase de actividad extraña (ahí fuera) en la inmensidad del universo.

El problema es, dijeron, que si la física cuántica es cierta, entonces la relatividad tiene que ser falsa, y viceversa. Cuando tratas de aplicar las reglas que gobiernan un campo a las reglas que gobiernan al otro, dejan de funcionar. La mecánica cuántica indica que en el nivel subatómico donde la materia y la energía dejan de ser entidades separadas, el universo es tan caótico e imprevisible que se conoce como «espuma cuántica». Por otro lado, la relatividad solamente trabaja en un universo perfectamente en calma y muy predecible.

Durante décadas, los físicos han estado buscando alguna manera de unificar estas dos potentes teorías en una única Teoría de Todo. Ahora parece que podrían haberlo encontrado, con la teoría de la cuerda.

Según este concepto, las «cosas» más diminutas del universo no son las partículas subatómicas de las que todos hemos oído hablar –protones, neutrones, y electrones– ni tampoco las partículas más misteriosas que los físicos nucleares manejan habitualmente: quarks, leptones, neutrinos (que, si me lo permites, suenan a cereales de desayuno) y demás. Parece que las partículas más fundamentales del universo no son realmente partículas. Se describen más bien como bucles de «cuerda» que vibran a frecuencias específicas. Estas frecuencias vibratorias determinan la «identidad» de la cuerda, y por lo tanto de qué clase de partículas estará formada: un quark que es parte de un átomo que es parte de una molécula de materia, o una partícula que en última instancia se hará un fotón de energía electromagnética. Todo depende de la frecuencia de la vibración.

Cuando se ve en ese nivel, la «espuma cuántica» deja de parecer tan irremediablemente caótica.

Bien, eso podría satisfacer a los físicos, ¿pero qué pasa con el resto de nosotros? ¿Qué significa para nosotros la teoría de la cuerda? Probablemente ya hayas caído en la cuenta: la teoría de la cuerda propone que la forma y el contenido del universo entero están determinados por las frecuencias vibratorias del núcleo de cada átomo, cada partícula. Este concepto corrobora la proposición de que, en última instancia, no hay ninguna diferencia entre la materia y la energía. Todo es uno, y todo es un tipo de música. ¿Suena familiar? Este concepto ha sido comprendido por los místicos y otros individuos espirituales durante siglos.

Pero hay más. En el diminuto nivel de la teoría de la cuerda, un campo tan pequeño que sólo puede ser descrito a través de matemática sumamente compleja, el universo no es la construcción de cuatro dimensiones que nosotros los humanos estamos acostumbrados a percibir y habitar. Los seres humanos funcionan en un mundo de altura, fondo, anchura, y tiempo. Eso es todo lo que conocemos. Pero no es todo lo que hay, ni mucho menos. Hasta ahora, físicos que trabajan con la teoría de la cuerda están postulando que las cuerdas existen en algún lugar de 7 a 11 dimensiones diferentes simultáneamente. Finalmente encontrarán 12, algunos ya dicen que hay más. En el otro extremo de la escala cósmica, los científicos ya tienen pruebas de que algunas partículas no sólo desobedecen el «límite de velocidad cósmico» de Einstein –la velocidad de la luz– sino que lo exceden enormemente.

Así que, ¿qué significan estas cosas para nosotros a escala humana? En primer lugar, muestra cuánto tienen que aprender los científicos todavía. Por otro, ahora sabemos que hay otras dimensiones ahí fuera. Combina eso con la inestable e imprevisible naturaleza de este universo de acuerdo con la mecánica cuántica, y no sólo tendrás apoyo científico para el concepto de las múltiples dimensiones, sino también *universos* múltiples (en este caso, universos *paralelos*, que es la interpretación de lo conocido como Muchos Mundos). Quizá existe un número infinito de tales universos, todos tocando al nuestro a nivel de las cuerdas.

Llevado a su conclusión lógica, lo que esto nos dice es que el lugar en el que estás ahora mismo, mientras lees este libro, existe en un número infinito de variaciones, sucediendo todas al mismo tiempo. En uno de estos universos, estás sentado a solas. En otro, la habitación está totalmente vacía. En otro más, está sucediendo una fiesta. En otras palabras, todas las cosas no son sólo *posibles*, son también *probables* en algún universo alternativo.

Hasta ahora, la mayoría de nosotros solamente ha sido consciente del universo que habitamos. A través de las nuevas frecuencias reconectivas, ahora podemos interactuar con otros niveles o dimensiones... conscientemente. Éste es nuestro cambio como seres humanos con *cinco sentidos* a lo que Gary Zukav llama seres humanos *multisensoriales*, o lo que yo denomino como seres humanos *trans-sensoriales, trascendentes sensoriales* o *«transcendensoriales»*. Con esto, podemos ir más allá, o trascender, nuestros cinco sentidos básicos.

Cuando me fueron canalizadas las seis frases, ¿quién estaba enviando estos mensajes? Obviamente no fueron creadas por la persona que estaba hablando y evidentemente nadie más era visible en la habitación. Así que era quizá alguien de uno de esos planos de existencia que ocurren simultáneamente; alguien que comprendía cómo cruzar de un plano a otro y presentarse a sí mismo en una habitación en nuestro mundo.

Prestar atención

Los problemas significativos que tenemos no se pueden resolver en el mismo nivel de pensamiento en el que los creamos.
Albert Einstein

Solía pensar que las personas se dividían en uno de estos tres grupos: aquellos que no confían en nada más allá de sus cinco sentidos básicos, aquellos que están abiertos a la posibilidad de que podría haber algo más allá de esos sentidos, y aquellos que definitivamente creen que hay algo más. Sin embargo yo me veo a mí mismo en un cuarto grupo más pequeño: aquellos que *saben* que hay algo más.

¿Qué quiere decir que las diferentes personas que entran en mi consultorio vean una y otra vez las mismas entidades, las cuales no están descritas en ningún libro o fábula? Ven a los mismos ángeles, los mismos seres, los mismos guías, los mismos... como quieras llamarlos. ¿Qué significa que personas –desconocidos entre sí– huelan las mismas fragancias, vean los mismos colores y formas, y sientan las mismas sensaciones? No hay manera de que estas manifestaciones puedan repetirse con tal exactitud a menos que existan en realidad en algún lugar, y las diferentes personas estén percibiéndolas, *trascendiendo sus cinco sentidos básicos.*

En otras palabras, parece claro que estos individuos están en contacto con al menos un universo alternativo, diferente del nuestro pero unido a él en la espuma cuántica. Dos universos, tres universos, más universos relacionados entre sí y a todos los demás universos posibles... por las cuerdas vibratorias que están en el núcleo de todo.

Trans-sensoriales o *transcendensoriales*

Trans significa «al otro lado de, en el otro lado, más allá». También significa «a través de» y «cambio». *Trascender* significa «pasar más allá» (un límite humano); «existir sobre e independiente de (la experiencia material o el universo); y «sobreponer o sobrepasar, superar». Y *sensorial* significa «de o relativo a los sentidos».

Trans-sensorial, trascendente sensorial, o lo que muchos apodan *transcendensorial,* es el proceso o habilidad de ir más allá de nuestros cinco sentidos básicos. Aunque nuestra interpretación y descripción de estas experiencias a menudo dependen de palabras familiares que representan nuestros sentidos básicos, la experiencia en sí no es lo mismo. Como sanador, tus pacientes (o clientes) pueden decirte: «Escuché una voz, aunque *exactamente* no era una voz... Exactamente no lo escuché». O, como mi paciente Gary dijo: «Sentí como si unas manos invisibles estuvieran girando mi pie, aunque no las sentía como manos en absoluto».

«Los vi, pero no los vi en realidad con mis ojos» es un comentario común, igual que «fue la fragancia más asombrosa. Es gracioso, ya que no tengo el sentido del olfato así que no sé cómo lo estaba oliendo». Relatamos nuestras experiencias con nuestros sentidos limitados aquí sobre la Tierra, porque es todo lo que conocemos... hasta ahora. De repente, cuando nosotros, como sanadores, trabajamos con alguien, no sólo sentimos el viento en nuestras manos cuando la habitación está tranquila –o burbujas o destellos o un tira y afloja magnético– traemos a otros a un lugar en el que ellos, también, están interactuando con otra dimensión. No sólo somos nosotros los que hacemos la transición, sino que ayudamos a otros en *su* transición a seres humanos trans-sensoriales, o transcenden-soriales. Los estamos llevando *al otro lado de* o *más allá* de sus sentidos básicos. Los estamos guiando *a través de* y dentro del *cambio.* Pero más aún, les estamos ayudando para que se desarrollen *más allá* de su *límite humano,* para existir *por encima de e independientemente de la experiencia material.*

«Lo que estás haciendo es reconectar las cuerdas.» Cuerdas. ¡Qué pequeña palabra graciosa para algo que está modificando tan dramáticamente nuestra perspectiva sobre la realidad!

ಬಬಬ

Capítulo Once

Las grandes preguntas

Somos parte de una enorme orquesta cósmica en la que cada instrumento viviente es esencial para la complementariedad y la armonía del conjunto.

Amigos o parientes[13] – **J. Allen Boone**

¿Qué quiere decir «estar en sintonía» con una frecuencia o vibración? Para empezar, ¿qué se quiere decir al hablar de «frecuencias» y «vibraciones»? Estos términos aparecen continuamente en los textos espirituales, especialmente en los que escriben autores contemporáneos de la Nueva Era. Pero es muy raro encontrarlos definidos con claridad. ¿Hay que aceptar sin más que significan algo determinado? Aquellos que están muy influidos por el lado izquierdo del cerebro podrían sentirse inclinados a aceptar ciertas definiciones sin pruebas; pero quizá eso es inaceptable. Los que usan el lado derecho de su cerebro disfrutan de la libertad y la flexibilidad del concepto. Cuando uno trasciende sus cinco sentidos básicos, aprende a comunicarse mediante conceptos y acepta el hecho de que algunos de ellos no pueden definirse con nuestras palabras. *Nuestra dimensión limita nuestro lenguaje.*

Queremos que esas palabras o, para ser más preciso, las cosas a las que se refieren esas palabras, signifiquen algo específico. Sea cual sea su significado intuitivo, muchos piensan que deben tener un significado claramente definido para que a alguien le resulten útiles. Desean ser capaces de compartir sus experiencias en este lugar que conocemos como «mundo real» mediante *palabras*. Por eso quieren que los significados de esas palabras sean igual de «reales».

Comencemos por lo que dicen los diccionarios. *Sintonizar* es «ajustarse a; entrar en armonía con; establecer una relación armónica o recepti-

---

13. *N. de la T.:* Publicado en español por Luciérnaga, Barcelona, 1991.

va». *Vibrar* es «moverse de lado a lado». En el campo científico, *energía* es «la capacidad de un sistema físico para producir trabajo»; y *frecuencia* «el número de veces que algo (independientemente de qué sea lo que se esté midiendo) sucede en un período de tiempo dado».

Y ahora veamos qué significan esas palabras para mí.

Energía y espíritu

En primer lugar, permíteme puntualizar que en realidad a la palabra *energía* no le doy la menor importancia en lo que respecta al trabajo de sanación. Para empezar, me resulta un término muy frío y mecánico. Otra razón es que generalmente se piensa que la energía se debilita con la distancia. Las frecuencias de este continuo de reconexión *no* se hacen más débiles con la distancia. Y es así porque las sanaciones y transformaciones ocurren por medio de un intercambio de información –«luz e información», para ser exacto–. Aunque estas sanaciones se pueden transmitir en forma de energía, el componente energético de la información constituye solamente uno de los medios de transporte. Una analogía sencilla es *susurrar*. Al susurrar se utiliza mucha menos energía que al gritar, pero en condiciones adecuadas se proporciona la misma información o más. En cualquier caso, *no* estamos hablando sobre el uso de la energía *per se*, sino sobre la *transferencia* de información. En otras palabras, la transmisión de la información no depende de la cantidad de energía que la transporta. Por eso, la Sanación Reconectiva se sale del ámbito de cualquier forma de sanación energética.

La Sanación Reconectiva está mucho mejor ubicada dentro del campo de la sanación a través del espíritu o la espiritualidad. Pero a la expresión *sanación espiritual* tampoco le doy la menor importancia, porque, aunque en su sentido más estricto está estrechamente relacionada con lo que hacemos, hoy en día no supone más que un platillo de colecta que se va pasando de mano en mano y gente a la que se golpea en la frente y cae hacia atrás siguiendo el reglamento. Por tanto, esta expresión tampoco vale. Por lo que sé hasta ahora, la mejor manera de definir lo que está ocurriendo es «intercambio de comunicación/información espiritual».

El doctor Beverly Rubik dijo una vez que creía que la expresión más acertada sería «información sagrada» (pero no me gusta el peso de cargar con esa cruz).

126

Así que, por el momento, y en aras de la comunicación y de la sencillez de este texto, usemos la palabra *energía*.

Frecuencias

¿Qué decir de «vibración»? Usamos la palabra continuamente y aún así muchos de nosotros en realidad no estamos seguros de qué significa. Por supuesto, siempre nos queda recurrir a la definición simplista del diccionario: una vibración no es más que un movimiento que se repite. Una cuerda de guitarra vibra si se pulsa; el número de veces que la cuerda de la guitarra se mueve de un lado a otro por segundo es la «frecuencia» de vibración. Para nosotros, eso se traduce en un determinado sonido. Si cambia la frecuencia, cambia el sonido.

Pero los efectos de la vibración alcanzan mucho más de lo que nuestros sentidos son capaces de distinguir por sí mismos. Por ejemplo, la fuerza que hace que un imán se pegue a la nevera es la misma que te permite ver el *contenido* de la nevera al abrir su puerta de noche: el electromagnetismo. La única diferencia entre el magnetismo y la luz visible es la *frecuencia* del movimiento de las ondas de energía. ¿Qué son los colores? La interpretación que hace nuestro cerebro de diferentes frecuencias de luz visible. ¿Qué son el calor y el frío? De nuevo, interpretaciones de nuestro cerebro sobre diferentes frecuencias de movimiento molecular. Y así se puede seguir descendiendo, hasta el nivel de la más pequeña partícula subatómica. De hecho, tal y como he explicado, la física no hace más que confirmar la creencia de que, en última instancia, todo en el universo se compone de vibraciones a diferentes frecuencias. Si se cambia la frecuencia de una vibración, se cambia la naturaleza de la partícula definida por esa vibración. Se puede decir que cuando un electrón vibra, tiembla el universo entero.

Vibración y frecuencia están relacionadas con otros dos términos, *resonancia* y *sincronización*. Gregg Braden los define en su libro *Walking Between the Worlds*. La *resonancia*, según él, es...

un intercambio de energía entre dos o más sistemas de energía. El intercambio se produce en dos sentidos, de manera que cada sistema se convierte en un punto de referencia para el otro. Un ejemplo común de resonancia es el constituido por dos instrumentos de cuerda colocados en lugares opuestos de una habitación. Al pulsar la cuerda más grave de uno de los instrumentos, vibrará la misma cuerda del otro instrumento. Nadie ha tocado la cuerda; está respondiendo a las ondas energéticas que viajan a través de la habitación y hacen que la segunda cuerda entre en resonancia.

Sobre *sincronización*, dice que es…

una alineación de fuerzas o campos de energía que permite una transferencia máxima de información o comunicación. Por ejemplo, considérense dos elementos que vibran y están adyacentes el uno al otro. Uno vibra más rápido y el otro más despacio. La tendencia que tiene el elemento de menor vibración a adaptarse y ajustarse con el que vibra a mayor velocidad se puede considerar una sincronización. Cuando los elementos logran ajustarse, se dice que ha habido sincronización, o que la vibración más rápida se ha sincronizado con la vibración más lenta.

¿En qué se traduce esto para nosotros? Significa que «sintonizar o sincronizarse con una frecuencia más alta» es «entrar en armonía con un movimiento periódico que tiene un mayor número de repeticiones por segundo».

Piensa sobre ello en cuanto a los *efectos* de esta sintonía. Imagina que eres ciego de nacimiento para los colores, incapaz de distinguir el azul, el rojo y el amarillo. Entonces, algo le ocurre a tus ojos y se activan las células que perciben los colores. ¿Puedes imaginarlo? De repente, aparece un campo de percepción completamente nuevo.

En la Sanación Reconectiva sucede algo parecido. Según sintonizamos (entramos en armonía) con las nuevas frecuencias de energía, empezamos a sentir cambios dentro de nuestro cuerpo. Las vibraciones se instalan en nuestro interior y se convierten en parte de nosotros. Un aspecto importante del aprendizaje para poder trabajar con las sanaciones es ser capaz de reconocer esas sensaciones, del mismo modo que ser capaz de ver colores no tiene precio para un pintor. Pero date cuenta de que, sin embargo, ese *no* es un requisito indispensable. Aunque tener esta capacidad nos proporciona una retroalimentación muy útil para poner a punto nuestras aptitudes, *hay* pintores ciegos y músicos sordos. En cada caso, los sistemas de retroalimentación se desarrollarán a su manera a partir de la paz y la calma. La sincronización, la alineación de fuerzas y campos, la comunicación de luz e información, aparecerán y muy probablemente se abrirán camino por sí mismas hasta que las percibas.

¿Cómo se producirá esta sintonización en *tu* caso? ¿Qué puedes hacer para que tu cuerpo —mejor aún, tu auténtico *ser*– sea consciente de las nuevas vibraciones y pueda actuar como su canal?

¿Sabes qué? Esos cambios ya están sucediendo. Los cambios se están dando en ti ahora mismo. En muchos casos se trata de un suceso *a priori*:

la sintonización se codifica y despliega en uno mismo al leer este libro. Muy probablemente otros ya estarán descubriéndolo o a punto de descubrirlo.

Mi experiencia dice que hay tres «estilos» de conseguir esta sintonización, este cambio para acoger las nuevas frecuencias. (1) Puedes notar cambios en ti mismo casi desde el principio –sensaciones nuevas de calor, algo extraño en la cabeza o en las manos– cuando por primera vez oyes algo acerca de la materia sobre la que estoy escribiendo o lo ves en una tienda. (2) En otros casos, el proceso comienza cuando sostienes el libro en tus manos o lo abres y empiezas a leer. Puedes sentir que empieza a pasar algo según avanzas en la lectura. Una vez entrado en materia, tus sensaciones se hacen cada vez más claras. (3) Puedes no sentir nada hasta un poco después: tres días, tres meses o quizá más.

Por último, hay un cuarto «estilo»: el *manifestante*. Se trata de una persona a la que le salen pequeñas ampollas o sangra inexplicablemente, tal y como me pasó a mí en un momento dado de mi propio desarrollo. Cuando ocurre eso, parece ser que sólo dura uno o dos días y no significa más que el cuerpo está cambiando para acoger esas nuevas y mayores frecuencias.

Descubrir la especificidad

En marzo de 1994 recibí una extraña invitación para asistir a una reunión abierta. Según la invitación, parecía que el Arcángel San Miguel había seleccionado aquel momento para volver a la Tierra y un grupo había decidido reunirse y ayudar a que Su energía se hiciera «terrenal».

No sé qué hubieras pensado tú, pero yo a duras penas podía creer que si el Arcángel San Miguel quería visitar la Tierra, el éxito de su aventura dependiera de que treinta o más personas estuvieran diciendo «ohm».

Acudí a la cita a pesar de mis reservas. En esa época buscaba respuestas por todas partes y todavía me encontraba en un punto en el que sentía que, habiendo tantos «sanadores» por ahí, *alguno* tenía que saber *algo* que yo no sabía sobre este tema. De hecho, ya había llegado al punto de creer que *todos* sabían *todo* lo que yo no sabía.

Aparecí por el apartamento en el que se estaba produciendo el evento y me abrí camino a través del grupo. La gente se había reunido alrededor de dos camillas de masaje, en cada una de las cuales había una persona acostada. Algunos participantes tenían las manos apoyadas sobre la persona en la camilla, otros mantenían las manos en el aire por encima de la persona, al «estilo sanador».

Donde fueres..., pensé, y me uní a ellos.

Había ido allí en busca de respuestas y obtuve algunas. La primera llegó mientras permanecía de pie esperando a que los que estaban acostados en las camillas empezaran a moverse involuntariamente y a canalizar frases, tal y como habían estado haciendo mis pacientes. En lugar de eso, los de las camillas estaban simplemente acostados como si estuvieran meditando o echándose la siesta, cosa que no puedo descartar que en realidad estuviera pasando.

Estaba decepcionado. Había acudido con la esperanza de que las personas de la habitación pudieran ver lo que se había convertido en un suceso diario en mi consultorio; de que pudieran darme alguna explicación.

En cambio, vi menos movimiento que en la cola de devoluciones de unos grandes almacenes el día después de Navidad.

Algo desconcertado por el bajo nivel de respuesta física exhibido por los que estaban en las camillas, pregunté si alguien tenía inconveniente en que mostrara lo que ocurría cuando yo era el único que ponía las manos cerca de una persona. Aceptaron y acercaron algunas sillas hasta una de las camillas de masaje para poder observar y quizá ofrecer alguna explicación. Uno de ellos se ofreció voluntario para acostarse en la camilla. Cuando los demás se sentaron, comencé.

Los resultados fueron inmediatos. Los músculos alrededor de la boca del voluntario se empezaron a mover nerviosamente, los dedos hacían movimientos bilaterales, asimétricos e involuntarios, los ojos iban de lado a lado a toda velocidad y empezó a hablar. La respuesta no había comenzado tan rápidamente como solía suceder cuando me encontraba en mi ambiente, pero a los pocos minutos se había desatado casi en toda su magnitud. Por las exclamaciones ahogadas de la habitación podría decirse que ninguno de los presentes había visto nunca algo tan espectacular.

Entonces, repentina e inusualmente, la actividad se fue debilitando. La voz cesó y el movimiento se redujo considerablemente. Eso nunca había pasado antes. Al final, levanté la cabeza y me giré hacia los demás para explicar que aquello era muy raro. Y fue entonces cuando vi que el grupo había decidido «ayudar». Estaban allí sentados, con las palmas de las manos dirigidas a escondidas hacia la persona en la camilla. No todos, sólo algunos. Mientras observaba lo que ocurría, me di cuenta de que los pocos que habían decidido romper el acuerdo y «participar» habían impulsado a los demás a hacer lo mismo. Advertí lo que pasaba según se iba uniendo más gente. Con cada nueva incorporación, la respuesta del voluntario se hacía más débil.

Tanto la idea de ayudar como el concepto de energía de grupo son admirables, pero en este caso hay que ser consciente y objetivo. No hubo ningún resultado sensacional mientras el grupo actuaba como un todo. Después de una demostración uno por uno para la sala, los resultados hablaron por sí mismos inequívocamente; pero a continuación, cuando el grupo se volvió a introducir en la ecuación, los resultados se redujeron otra vez casi hasta la nada. Evidentemente, valía la pena analizar cuál era la dinámica subyacente.

Durante el debate, los asistentes justificaron por qué se habían incorporado: creyeron que «la energía del grupo intensificaría el efecto». A pesar de ser algo lógico, no había sucedido así. Pero, ¿por qué no? ¿Por qué *más* energía no supuso *más* ayuda?

Tuve clara la respuesta: *Por alguna razón, la energía de grupo –particularmente la de un grupo que todavía no posee las nuevas frecuencias– altera o amortigua las frecuencias específicas que realmente dan lugar a la sanación.* Las energías que estamos ayudando a «entrar» no son las energías que todos los demás han estado usando. Estas nuevas energías funcionan a unas frecuencias de vibración concretas y la mezcla con otras frecuencias no les ayuda. Mientras que añadir monedas a una hucha (o una alcancía) aumenta la cantidad de dinero, añadir agua a una sopa perfectamente preparada o a una taza de café las diluye y probablemente eso no sea lo que se busca.

Fue una lección importante a varios niveles. Aunque como grupo quizá se haya perdido la posibilidad de compartir y aprender algo nuevo, vimos que esas frecuencias tienen una especificidad, algo que las diferencia de las otras a las que hemos tenido acceso en este planeta hasta ahora. Posteriormente, al trabajar con muchos de aquellos sanadores, descubrimos que, una vez embarcados en estas nuevas energías, las vivencias de grupo adquieren una dimensión completamente nueva... o, mejor dicho, unas *dimensiones*.

El gran cambio

¿Cómo es posible que de repente haya «nuevas» frecuencias en el planeta? O, por decirlo con más propiedad, ¿cómo puede ser que haya frecuencias nuevas en el planeta si las frecuencias en sí mismas forman parte de este universo en permanente evolución?

Tal y como yo lo veo, la aparición repentina en la Tierra de esas frecuencias parece que tiene que ver con la forma en la que el tiempo está cambiando. Si has prestado alguna atención, probablemente te hayas dado cuenta de que parece que el tiempo está avanzando más rápido. No en el sentido en el que nuestros abuelos dirían: «Según te haces viejo, parece que los veranos llegan más rápido». Se trata de algo diferente. El tiempo no solamente avanza más deprisa, sino que hacemos más cosas en lo que en apariencia es el mismo lapso de tiempo.

Puede parecer una contradicción; si el tiempo estuviera avanzando más deprisa, lo esperable sería que tuviéramos *menos* tiempo para hacer las cosas, ¿verdad? Y aún así, lo contrario es cierto. Es como si cada unidad de tiempo se retardara, de modo que durante ella podemos hacer más cosas; y aún así, globalmente parece que el tiempo avanza más rápido. Esto recuerda la naturaleza contradictoria de la física cuántica y la relatividad. Las dos cosas no pueden ser ciertas a la vez, y sin embargo, a cierto nivel, lo son.

Tiempo, energía, masa... todo ello está interconectado. Es lo que significa relatividad. Si algo se mueve más rápido, disminuye su masa y su marco temporal se hace más lento. Por tanto, si el tiempo está acelerando, las frecuencias que subyacen en todas las dimensiones de nuestro universo también deben de estar cambiando.

Si buscas evidencias, basta con que te fijes en todos los cambios que se dieron durante las dos últimas décadas del siglo xx. Hace quince años, podrías no haber tenido interés en leer este libro. Hace siete años yo no lo habría *escrito*. Fíjate en la gente que conoces bien desde hace tiempo. ¿Te has dado cuenta de que si les empiezas a hablar de asuntos espirituales y conceptos como «cambios», no sólo están más receptivos y abiertos de lo que podías prever, sino que muchos de ellos reconocen que han estado pensando sobre estas cosas durante bastante tiempo en la quietud de su mente? Metafísicos en secreto. Y sólo unos años atrás, algunos de ellos te habrían mirado de una manera más que extraña sencillamente por plantear semejantes temas.

Fíjate también en el actual cuerpo médico. Hace veinte años yo no habría podido entrar por la puerta de un hospital, ni siquiera como legítimo médico quiropráctico. Hoy en día me *invitan* a dar charlas y a enseñar en hospitales y universidades, no como quiropráctico, sino como *sanador*.

Este cambio es palpable incluso en la industria del entretenimiento. A pesar de sus defectos, Hollywood es un excelente barómetro de nuestra cultura. Su éxito depende de su capacidad para determinar dónde reside el interés del público y qué es lo que quiere ver en pantalla –y eso es lo que nos dan–. A lo largo de los últimos diez o veinte años, se ha hecho un énfasis claro sobre temas espirituales: películas acerca de ángeles, vida después de la muerte, cambios en los paradigmas, dimensiones paralelas, habilidades psíquicas... y, sí, *sanadores*. La cosa no se queda ahí: no se puede poner la televisión sin que haya más de lo mismo.

Los efectos de estos cambios también se aprecian claramente a otros niveles. Seguramente te has dado cuenta de que muchas personas, conscientemente o no, están optando por dejar el planeta en esta época a través de enfermedades relacionadas con el SIDA, el cáncer y otras enfermedades terminales. Otros, como tú mismo, han elegido quedarse y ayudar durante la transición a las nuevas vibraciones más altas.

A esta transición se la llama de diferentes modos. Gregg Braden usa dos expresiones: «el Cambio» y «el Cambio de Era». Los mayas, los incas, los hopis, Nostradamus, Edgar Cayce y la Cábala (judía y cristiana) predijeron la transición. Braden define este cambio en *Walking Between the Worlds* como...

> una época en la historia de la Tierra y a la vez una vivencia de la conciencia humana. El Cambio, caracterizado por la convergencia entre la disminución del magnetismo planetario y el aumento de la frecuencia planetaria en un momento dado, constituye una oportunidad excepcional para remodelar colectivamente la expresión de la conciencia humana. El Cambio es el término que se aplica al proceso según el cual la Tierra se acelera a través del transcurso de cambios evolutivos, con la especie humana voluntariamente conectada a los campos electromagnéticos terrestres, persiguiendo adaptarse a través de un proceso de cambio celular.

Ahora bien, no estoy diciendo que todas estas predicciones debieran tomarse necesariamente como seguras. Igual que yo no creo en todo lo que oigo, te sugiero que tú también mantengas un saludable y objetivo grado de escepticismo. Mucho de lo que se escribe puede retorcerse e interpretarse para que se ajuste a los intereses del intérprete.

Sin embargo, cuando parece que tantas fuentes fiables dicen lo mismo y predicen un mismo momento para que ocurra el Cambio, puede que la mejor respuesta no sea esconder la cabeza en la tierra como un avestruz. Semejantes predicciones no surgen de la nada. Tanta confirmación sirve de prueba para el muy verosímil concepto de una Inteligencia Universal con la que algunas personas –las que se permiten ser suficientemente abiertas– pueden conectarse fácilmente.

Edgar Cayce, Nostradamus y otros nos pusieron esta información delante. El Cambio ha llegado ahora. Casi podría decirse que hay que hacer un esfuerzo para *no* verlo.

Me alegro de no haber leído ni oído nada acerca de este Cambio antes de percibirlo por mí mismo. Si hubiera sido así, puede que nunca hubiera tenido la certeza de que no estaba simplemente imaginándome cosas como una reacción anticipada. Identificarlo por mí mismo –del mismo modo que tú lo has hecho o estás ahora por hacerlo– y ya más tarde encontrarlo en los escritos de sabios, me sirvió de verificación. Constató la autenticidad de lo que ahora estamos descubriendo, de lo que ahora estamos reconociendo y fue la confirmación que necesitaba para poder aceptar que se trataba de algo real y seguir adelante.

നുനു

Capítulo Doce

Para dar, tienes que recibir

[Y] Moisés dijo al pueblo de Israel: «Y no solamente con vosotros hago yo este pacto... sino con los que están aquí presentes hoy con nosotros delante del Señor, nuestro Dios, y con los que no están aquí hoy con nosotros».
Antiguo Testamento

Resulta que tengo que mirar dentro de mí mismo para encontrar la mayoría de las respuestas. Desde que empecé a conectarme con las energías de sanación me preocuparon dos cosas: una, que no era capaz de predecir cuál sería la respuesta de cada persona y, por tanto, no podía prometer nada a nadie; y dos, que tenía altibajos impredecibles en cuanto a las energías, de manera que podían estar al máximo o al mínimo durante días o incluso semanas, lo que me hacía sentir bastante perdido y confundido acerca de hacia dónde iba.

La gente me decía: «Vaya, hoy estás *deprimido*, así que no va a haber sanaciones».

Y yo explicaba: «No, estoy deprimido porque hoy *no* hay sanaciones».

La gente parecía no comprenderlo. Estoy seguro de que iba en contra de algún aforismo de la Nueva Era o algo así... y me alegro de no saber cuál. En cualquier caso, lo cierto era que me sentía muy bien cuando había sanaciones, pero cuando llegaba un período *sin* ellas me sentía desamparado y me preguntaba si en algún momento volverían de nuevo. Nadie podía darme ninguna respuesta, ninguna respuesta *real*. Así que volvía a pensar en las seis frases canalizadas. Sabía que las respuestas se encontraban allí, en alguna parte.

Cuando sucedía eso, a menudo encontraba consuelo en la primera frase: *Venimos para decirte que continúes haciendo lo que estás haciendo.* Entonces continuaba. Sabía que era lo correcto, pero no resultaba tan sencillo como parecía. *Una* cosa era cuando funcionaba, pero como iba en

135

contra de cualquier concepto de realidad que yo hubiera tenido, y *otra* cosa era cuando no funcionaba. Nadie puede cuestionar el sentido del camino que recorres mejor que tú mismo. Me deprimía un poco más, pero seguía adelante.

Al final, las sanaciones volvían a recobrar fuerza.

Aún así, esas fluctuaciones de las energías que llegaban me fastidiaban de verdad. Como todos somos seres complicados y hasta cierto punto tenemos, al menos aparentemente, características y rasgos contradictorios, ya debería estar claro a estas alturas que por naturaleza yo no era dado a sentarme de brazos cruzados y observar cómo las cosas seguían su propio curso. Era –y en muchos aspectos todavía lo soy– una persona que asume la iniciativa. En otras palabras, no era el clásico tipo que dice *qué será, será*[14].

Así que imagina mi sorpresa al darme cuenta de que para acelerar las sanaciones tenía que quitarme de en medio y dejar de controlarlas. Tenía que dar un paso atrás y dejar que un Poder más elevado se hiciera cargo.

¿Quién está diciendo eso?, pensé. *No puedo ser yo.*

Pero estaba claro. No sólo es que la energía supiera hacia dónde ir y qué hacer sin darme la menor pista; es que cuanto menos me inmiscuía, más potente era la respuesta.

Recibe, no envíes.

¿Quién ha dicho eso?, pregunté, buscando en los recovecos de mi mente como si de verdad allí pudiera encontrar algo. *No soy la clase de persona a la que se le puede dar ese tipo de consejo.* Mi ego todavía estaba recuperándose de *«Quítate de en medio y deja que un Poder más elevado se haga cargo».* Nada de aquello tenía sentido. *¿Cómo voy a hacer que alguien reciba una sanación si no se la «envío»?*, me preguntaba.

Recibe, no envíes.

Ya te he oído la primera vez, así que contéstame ya, repliqué.

Silencio.

(A veces el silencio puede molestarme de verdad).

Pero según podía comprobar, *recibe, no envíes* era toda la regla. A esas alturas acepté realmente lo que ya había estado sosteniendo desde el primer momento, aunque sin entenderlo del todo: *yo no soy el que sana; Dios es el que sana* y por algún motivo, sea yo catalizador o recipiente,

---

14. *N. de la T.:* En español en el original.

amplificador o refuerzo –elige la palabra–, en la habitación sólo soy un invitado.

Recibe, no envíes.

¿Cómo sé que es verdad? Es sencillo: hice la prueba. Si trataba de forzar las cosas, si trataba de asumir el control de la energía y obligarle a hacer esto o aquello, dejaba de funcionar. Pero si daba un paso atrás, me quitaba de en medio y dejaba que la energía se encargara de todo, las sanaciones volvían.

Pero tampoco fui el único en hacer la prueba. La investigación bajo la dirección del Dr. Gary Schwartz en la Universidad de Arizona ya había comenzado. Estábamos haciendo experimentos para tratar de comprender mejor la naturaleza y las posibilidades de esta tarea. Uno de los experimentos consistía en medir el nivel de radiaciones gamma en una habitación cerrada en la que trabajábamos con energía reconectiva. Algunos de los investigadores y otros participantes habían asistido a un seminario mío el fin de semana. Cuando les dije: «Recuerden, no están *enviando*, están *recibiendo*», no entendieron qué quería decir.

«¿Cómo conseguir una sanación si no se envía?», preguntaron.

Contesté científicamente: «No lo sé».

Lo normal es que al aumentar el número de personas y la actividad en un espacio cerrado determinado, también aumente el nivel de radiación gamma. Los investigadores trataban de ver si se podía detectar alguna diferencia entre el nivel de radiación gamma dentro de la habitación cuando poníamos en juego las frecuencias reconectivas y el nivel basal.

Los investigadores me llamaron más tarde, después de analizar los datos. «Bueno, no vas a creértelo», dijeron. «Los detectores de radiación gamma han registrado una *disminución* de los niveles gamma» en presencia del proceso reconectivo.

Interpretaron que eso significaba –y se trata de una hipótesis provisional– que cuando alguien está usando la energía reconectiva, hay algo que realmente se *absorbe*. Ese alguien está *recibiendo* energía, no enviándola.

La verdadera naturaleza de la sanación

La mayoría de la gente, cuando piensa en «sanar», se centra en la idea de alguien que sufre una dolencia o lesión y «se pone mejor». Pero, ¿qué significa «ponerse mejor»? ¿Mejor que qué? ¿Mejor de lo que estaba en algún momento de su pasado? ¿Mejor de lo que está otra persona?

«Ponerse mejor» es una definición muy pobre respecto a sanar. Pensar así nos priva de nuestro derecho básico a estar en comunión directa con Dios/Amor/Universo; y por tanto de ser seres autosuficientes, autosanadores.

Curar, tal y como se suele pensar, puede consistir perfectamente en aliviar síntomas, enfermedades, achaques y otras molestias que impiden el funcionamiento total. Pero *sanar* es también devolverle a la persona su integridad espiritual. En esencia, *sanar* consiste en la liberación o eliminación de un bloqueo o interferencia que nos ha mantenido apartados de la perfección del universo. Además, *sanar* tiene que ver con nuestra evolución e incluye también la reestructuración evolutiva del ADN y nuestra reconexión con el universo a un nivel nuevo.

¿Por qué «RE-conexión»?

Todos los que existimos tenemos limitaciones. Como demuestra la historia, la humanidad en conjunto lleva mucho tiempo desconectada de las líneas de energía que nos permiten estar en armonía con nuestro propio cuerpo; con los campos de energía de los que están a nuestro alrededor; con las líneas Ley de nuestro planeta; y, partiendo de eso, con la cuadrícula energética del universo entero.

¿Cómo sucedió esta separación? Quizá el relato de la conspiración de las Pléyades sea cierto. Quizá no. No puedo asegurarlo, pero sí *puedo* asegurar que nuestra suerte puede no haber sido siempre la misma. Todas las culturas de la historia –desde las civilizaciones prebíblicas hasta los antiguos griegos (a los que veneramos como fundadores de la civilización occidental)– narran relatos sobre un antiguo mundo más perfecto. Sin guerras, sin dolencias, sin enfermedades. Shangri-La. Atlantis.

Entonces sobrevino algún tipo de Caída, una ruptura con las fuerzas que nos unen en el amor y la felicidad. Una *separación*. Algunos localizan ese evento en el Jardín del Edén. Otras culturas lo atribuyen a una época anterior a ésa.

El relato, con variaciones poco importantes, es universal, está encerrado en el inconsciente colectivo de la raza humana, marcado en nuestros genes.

En mayor o menor medida, el fenómeno de la Reconexión nos hace retroceder dentro de nuestros recuerdos intrínsecos hasta esa edad de oro y nos liga a la sensación original de conexión profunda con la vida. Aún así, no se trata simplemente de volver atrás; también se trata de avanzar hacia algo nuevo. De esta integridad proviene la sanación. Verdadera sanación. Sanación evolutiva.

A pesar de lo dicho acerca de «volver», lo cierto es que la sanación de la que estamos hablando no la teníamos con nosotros desde un principio. En otra época, nuestra especie tenía una conexión más completa e «íntegra»; por lo tanto, no hacían falta frecuencias específicas para reconectarnos. Lo que sí hemos tenido desde un principio es la capacidad para elevar nuestro consciente colectivo hasta el nivel en el que podemos aceptar y alojar frecuencias de este tipo. Por fin hemos alcanzado ese nivel y el universo ha decidido que es hora de presentarlas.

Todos tenemos la capacidad de ser portadores de esta nueva frecuencia de sanación. No es un don que tienen unos pocos hombres o mujeres elegidos –gurús o «santos» (según el acuerdo general)–. Es un don de nuestro tiempo; ya tenemos la capacidad mental y la sabiduría necesarias para orientarnos. Como raza, estamos accediendo a un nivel de frecuencias en el que las falsedades no podrán sincronizar sus vibraciones y, simplemente por ser demasiado densas, irán desapareciendo; repararemos las separaciones; nos desharemos de las supersticiones. Estamos embarcando en el apasionante proceso de atravesar nuestros miedos, reconociendo cuántos de ellos se disfrazan de ceremonias de amor y belleza.

Aunque por alguna razón el universo eligió «sembrar» en mí esta energía para comenzar el proceso de intensificación de las frecuencias, parece que todos los días cada vez más personas encuentran su lugar dentro de este fenómeno. Con ello estamos elevando nuestro nivel conjunto de conciencia. Según evolucionamos y dejamos atrás nuestras supersticiones y nuestras creencias anacrónicas, nos preparamos a nosotros mismos para asumir el siguiente nivel de poder y responsabilidad.

Masa crítica

Llegará un momento –en un futuro no muy lejano– en el que ya no necesitarás hacer un viaje *ex profeso* para verme a mí, o a alguien más, para «sintonizarte» con esta nueva banda de frecuencias. Pronto estarás sentado en un teatro o en un avión o en un autobús y simplemente captarás la nueva resonancia de la persona sentada a tu lado. Incluso se transmitirá genéticamente a generaciones futuras.

Durante los seminarios que imparto he visto que este fenómeno está empezando a ocurrir; con frecuencia los participantes son sintonizados espontáneamente a niveles de destreza progresivamente más altos. Conforme yo voy desarrollando esta capacidad, también se transmite a un nivel más elevado a los participantes en el seminario siguiente. Y dado que aparentemente todos estamos unidos al mismo nudo central de comunicaciones, aquellos que hayan estado en seminarios pasados descubrirán que también dan esos saltos automáticamente.

Este fenómeno concuerda con los estudios del científico inglés Rupert Sheldrake, principal defensor del concepto «masa crítica». En un experimento clásico, se separaron ratones en dos grupos. Durante media docena de generaciones, a uno de los grupos se le hizo recorrer regularmente un laberinto complicado. Al otro grupo se lo mantuvo enjaulado y sólo se lo sometió a la prueba ocasionalmente. Los resultados de este experimento fueron significativos: en el grupo sometido a la prueba del laberinto, cada nueva generación siempre partía del nivel de destreza que habían logrado sus predecesores. Y lo que es más llamativo: cuando a los ratones que no se habían sometido a la prueba se los colocaba en el laberinto, también partían del nivel de destreza de los ratones acostumbrados a la prueba. A este fenómeno se le conoce también como la «teoría del gurú» o, más comúnmente, la «teoría del centésimo mono».

De un modo u otro, la Reconexión nos prepara para realizar la transición hacia el cambio que se está produciendo ahora mismo. Seguimos nuestro camino evolutivo hacia la inevitable reestructuración del ADN, sin tener que esperar al proceso lento y arbitrario de la mutación a través de las generaciones y de la selección natural.

En este momento estamos dando los primeros pasos hacia la Reconexión. Somos la vanguardia que transporta la nueva ola de sanación al frente de lo que se confirmará como el siguiente paso de la evolución humana.

ฏฆฏฆ

Capítulo Trece

Quitarse de en medio

Cuanto mayor sea el énfasis en la perfección, más se alejará.
Mastering the Problems of Living – **Haridas Chaudhur**

El papel del sanador

Por comodidad, a veces hago referencia a mí mismo como «sanador», pero la verdad es que no lo soy. *Yo no curo a nadie.* Tú tampoco. Si eres un sanador, o deseas serlo, tu tarea consiste simplemente en escuchar y así, abrirte para recibir la energía que te permite que seas el catalizador para la sanación de tu paciente. La sanación es una decisión acordada entre el paciente y el universo.

(También, por comodidad, y por hábito, voy a usar la palabra *paciente* cuando hablo de la persona que te visita para una sesión de sanación, o puedo referirme a ese individuo como *la persona que está en tu camilla* [representando, con frecuencia, a algún tipo de camilla de masaje, aunque puedes trabajar con las personas sobre un sofá o cama o cualquier otro lugar que sea conveniente]. Cuando uso el término *paciente*, no te estoy otorgando el grado de doctor –y no te ayudaría en nada si lo hiciera– simplemente es la palabra que fluye más fácil para mí. Si te gusta pensar en estas personas como *clientes*, o si tienes otra palabra que prefieras, por favor siéntete libre para reemplazar mi término mentalmente. Y si tienes una mejor, ¡házmelo saber!)

Cuando digo «escucha» me refiero a un estado de receptividad del ser. Al escuchar un sonido, tus tímpanos están recibiendo las vibraciones de la frecuencia específica: ondas de sonido. Cuando escuchas «con atención», lo que estás haciendo es intentar optimizar tu receptividad. Puedes incluso poner tu mano en forma de pantalla sobre tu oreja para aumentar el área receptiva. Cuando «escuchas» como sanador, atraes esa fuente receptiva a tus manos o a cualquier parte de tu cuerpo para que actúen como punto focal de las energías. Es en este estado receptivo donde el milagro de la comunicación alcanza un nivel completamente nuevo.

Como «sanadores», nos convertimos en un eslabón de la cadena de la reconexión. La energía de sanación viene de la Fuente, fluye por dentro de nosotros, y a través de nosotros, emanando de nosotros y hacia nosotros. Esta energía es como la luz que pasa a través de un prisma. Somos el prisma. Unimos al paciente y al universo para generar un campo mutuo de *amor* –en el sentido más amplio de la palabra– y un estado de unidad. El universo reconoce las necesidades de los pacientes que proporcionan las circunstancias para permitir la respuesta apropiada a esas necesidades.

¿Cómo ocurre exactamente eso? Nadie lo sabe realmente. Si me presionas, teorizaré que las frecuencias vibracionales de un paciente interactúan con y responden a las vibraciones que vienen del universo a través de nuestra participación. Cuando las vibraciones cambian, también lo hacen las partículas y las estructuras «más altas» definidas por las vibraciones. ¿La vibración más baja se ha sincronizado con la más alta? Puede que sí. Muy probablemente, cuando estas frecuencias (las del paciente, las tuyas y las del universo) interactúan, las ondas pueden combinarse en puntos específicos, dando lugar a una frecuencia totalmente diferente. En otras palabras, tres frecuencias pueden sincronizarse para formar una nueva que no estaba presente en el grupo original –algo que se crea a partir del encuentro– casi como si ordenaran su propio acontecimiento enzimático o catalizador.

Ésta me parece una explicación razonable. En física cuántica, si cambias el comportamiento de una partícula, otra partícula en un lugar diferente reaccionará *al instante*, sin importar lo lejos que esté. ¿Cómo es posible esto? ¿Es porque la partícula está en dos lugares (o tal vez dimensiones) diferentes? ¿O es porque las dos partículas comparten dos formas de comunicación instantánea? Lo cierto es que no sé si es verdad. No sé lo que es verdadero. Tampoco lo sabe nadie, a pesar de lo que digan.

Tampoco sé por qué se nos honra tanto como para formar parte de la ecuación total. Tengo cierta dificultad en creer que Dios nos necesita o requiere para realizar sanaciones. Puede que yo no tenga imaginación pero no puedo describir a Dios, en Su Sabiduría Infinita, sentado sobre una nube, diciendo: «¡Caramba!, realmente me gustaría sanar a... ¿Dónde está el tal Dr. Pearl cuando lo necesito?».

Así que, ¿por qué estamos involucrados? Otra vez, no lo sé con seguridad, aunque siento que nuestro papel también tiene que ver con algo que *nosotros* necesitamos conseguir del universo. En otras palabras, es más para *nosotros* que para la otra persona. Podríamos ser una parte de las ecuaciones de sanación de otros individuos, aunque también debemos recordar que ellos a su vez son parte de nuestra ecuación. Para que una sanación ocurra, todos tienen un papel en la experiencia.

Wo y la maleta

Lee Carroll, autor de los libros de Kryon y coautor de *Los niños índigo*, es un magistral narrador. Si no has leído ningunos de sus libros todavía, te sugiero que lo hagas. Con su permiso, voy a hacer referencia a algunos fragmentos seleccionados de una historia del libro de Kryon VIII: *Cruzar el umbral*[15]. El título de la historia es «La parábola de Wo y la maleta». La interpretación de la historia es la mía.

En la parábola, el personaje principal, Wo, no es específicamente un hombre o una mujer. Para facilitar la comunicación, el pronombre usado es *él*, aunque Wo, como dice Lee, es realmente una mujer (en inglés «woman»). Wo representa a muchos de nosotros que sentimos que estamos listos para entrar en este nuevo Cambio. Y, aunque se considera a sí mismo un trabajador de la Luz, Wo realmente es un envasador.

Como suelo decir en mis seminarios, el propósito de asistir a ellos *no* es conseguir un montón de «cosas» nuevas para llevárselas a casa y añadirlas a las bolsas de «cosas» viejas que ya has «almacenado» en la parte trasera de tus armarios. Sabes de lo que estoy hablando –las bolsas que no permiten que tus vestidos y abrigos cuelguen completamente, y que hacen que todo lo que sea más largo que una camiseta se quede arrugado por la parte de abajo– o las bolsas que no has mirado durante años y que crees que revisarás y organizarás *algún día*.

Para convertirse en sanador es necesario desprenderse de aquellas «cosas» que pueden o *no* haberte servido en cierto momento, pero que definitivamente ya no te sirven, excepto para mantenerte en un estado de apego. El apego es igual a la necesidad, que es igual al miedo. ¿Qué importa una nueva arruga en un traje viejo?

En la parábola, encontramos a Wo cuando está a punto de conocer al Ángel del Equipaje, que está ahí para revisar lo que Wo ha seleccionado para llevarse en su viaje hacia la nueva energía. En la primera maleta de

15. *N. de la T.*: Publicado en español por Ediciones Obelisco, Barcelona, 2003.

Wo, el Ángel del Equipaje encuentra ropa. Mucha ropa. Hay ropa para todo tipo de clima, pero no está organizada de ninguna manera y nada combina. Wo parece haber metido ropa para estar preparado ante cualquier cosa que pudiera suceder.

En otras palabras, no ha reconocido que ya posee dentro de sí mismo todo lo que está buscando en las cosas exteriores. Ha amasado una mezcolanza de todo tipo de artículos. Estos artículos están formados de cada herramienta de curación imaginable, rituales y teorías que puede tomar con sus manos. Cada artículo que ha empaquetado le refuerza en la idea de que él, por sí mismo, no es suficiente. Con cada artículo que ha empaquetado, Wo asumía más poder del que una vez había tenido y había dejado escapar, disfrazándolo conceptualmente —e inconscientemente— en esos artículos.

El equipaje es una analogía perfecta, ya que se presenta de tantas formas, combinen entre sí o no, lisos o estampados, Louis Vuitton o American Tourister, de una forma u otra y en diferentes cantidades, como las que cada uno de nosotros poseemos. De alguna manera, el equipaje también nos posee. Como se señala en la parábola: «Honrar la incertidumbre es la metáfora… Benditos sean los seres humanos que comprenden que la incertidumbre se irá resolviendo mientras avanzan por el camino, que los preparativos que antes hicieron, ahora no son necesarios. (…) Los cambios serán reconocidos y solucionados a medida que se presenten».

No puedo empezar a honrar todos los significados que hay detrás de esta parábola, pero permíteme ahondar en lo que puede representar para aquellos de nosotros que estamos intentando recorrer un sendero como sanadores.

No necesitamos seguir lanzando sal a las cuatro esquinas, espolvorear salvia, o llamar a las entidades para que nos protejan. No necesitamos sacudir la energía negativa de nuestras manos en tazones de agua salada —ya que realmente no hay ninguna energía negativa—, ni rociarnos con botellas de alcohol o llevar amuletos. Necesitamos no utilizar nuestras mentes conscientes para intentar determinar qué está «mal» en una persona con el propósito de saber cómo «tratarla». Simplemente debemos permitirnos ser, estar con la persona y «comprender que la incertidumbre se irá resolviendo…».

Nuestra lección es aprender a *ser*. La libertad de ser te liberará de la opresión de *hacer*. Aquí radica la semilla de la *sabiduría* que tiene la capacidad de llevarnos más allá de los conocimientos de este mundo.

Ahora, echemos una ojeada a la siguiente maleta de la parábola y veamos cuánto de lo que hemos estado hablando está enfocado aquí.

Ésta es la Maleta de los Libros, libros espirituales. Estos libros representan el aprendizaje y el conocimiento espiritual, aunque claramente no imparten *sabiduría*. Éstos son los libros de referencia de Wo. Su «carga». Nuestra «carga». Los libros que hemos comprado y leído (bueno, al menos hemos leído las «buenas partes»). Los libros que no hemos mirado aún (pero lo haremos, *algún día*). Las notas que hemos tomado y guardado en una de las bolsas de «cosas» en el armario después de otros seminarios.

El Ángel del Equipaje explica a Wo que no necesitará los libros que guardó en la maleta. Wo, por supuesto, no lo entiende, y a la pregunta del ángel, Wo muestra al que considera el más espiritual de sus libros. El ángel le dice que está caducado. Wo no puede comprender por qué. «¿Traerías un cuaderno científico de hace 150 años?», pregunta el ángel, «¿o un libro de texto que tuviera más de 2.000 años y que tratara de ciencia?».

«¡Claro que no!», exclama el pobre Wo. «Porque constantemente hacemos nuevos descubrimientos sobre el funcionamiento de las cosas.»

«Exacto», dice el ángel. «Espiritualmente, la Tierra está cambiando mucho. Lo que no podías hacer ayer, *puedes* hacerlo hoy. Lo que ayer era el paradigma espiritual no lo será mañana. Lo que te dijeron como chamán sobre la energía espiritual y que funcionó ayer, no va a funcionar mañana, porque la energía está cambiando y se está refinando. Tú estás en el cambio, y debes fluir con la corriente de la nueva energía.»

Entonces Wo desafía al ángel con la frase *el mismo ayer, hoy, y siempre*. «¿Acaso no es una frase sobre la permanencia de Dios? ¿Cómo puede estar anticuada?»

«Efectivamente, se refiere a Dios», contesta el ángel. «Pero te describe los atributos de Dios, no de la relación de los seres humanos con Dios. Todos tus libros son juegos de instrucciones escritos por seres humanos sobre cómo comunicarse, acercarse y avanzar en la vida con respecto a Dios. Dios es siempre el mismo... El ser humano es el que está cambiando, y los libros tratan de la relación humana con Dios. Por lo tanto, el libro está anticuado.»

Observa que esto no quiere decir que el libro *nunca* fuera válido. Un montón de cosas todavía son válidas dentro de los antiguos (y de alguna manera más limitados) parámetros. Es simplemente que, con el Cambio, existimos ahora dentro de un conjunto de parámetros mucho mayor.

Por un momento, déjame ilustrarlo con un ejemplo concreto. En el siglo XIX, los astrónomos se frustraron porque no había manera de calcular la órbita de Mercurio ya que no se ajustaba a las predicciones matemáticas. Estas predicciones, que salían de las leyes del movimiento y la gravitación establecidas siglos atrás por Sir Isaac Newton, habían funcionado con una precisión increíble en la órbita de cualquier otro planeta (o cualquier objeto móvil, si fuera el caso) así que, ¿por qué no con Mercurio?

La respuesta, cuando la hubo, fue que las leyes y ecuaciones de Newton eran sólo una descripción *parcial* del movimiento y la gravedad. Funcionaban bien para la mayoría de los propósitos, pero cuando los objetos se movían muy cerca de un objeto grande como el Sol, algo cambiaba. Esto llevó a Albert Einstein a explicar lo que era ese cambio: la Relatividad. La gravedad, aunque se considera una de las cuatro fuerzas básicas del universo, no es una «fuerza» como el electromagnetismo; es una deformación del espacio-tiempo causada por la presencia de un cuerpo. Cuanto más grande sea el cuerpo, más grande será la deformación *relativa* («más fuerte» será la gravedad). Sucede que Mercurio se encuentra en una región donde la curva del espacio-tiempo es suficientemente notable para que la órbita del pequeño planeta no corresponda a las predicciones que funcionan en cuerpos más distantes.

¿Quiere decir eso que la física newtoniana está anticuada? En absoluto; las trayectorias de las naves espaciales todavía se calculan usando su «antigua» matemática, porque es comparativamente simple y trabaja muy bien *dentro de los parámetros correctos*. Pero situémonos en un paradigma más grande, y la matemática newtoniana será tan útil como intentar usar un mapa de Boise (capital de Idaho) para guiarte por Los Ángeles.

De forma semejante, en el ámbito de la sanación, muchas de las técnicas que han pasado la prueba del tiempo funcionan tan bien ahora como lo hicieron siempre, sólo que ahora *tenemos* más, y ahora *somos* más, así que las viejas técnicas ya no son suficientes. Tan buenas como siempre habían sido, dentro de nuestros nuevos y ampliados parámetros, ya no son apropiadas, como las linternas no serían apropiadas para usarse como faros en un automóvil, aunque, para un caballo y una calesa, funcionaban perfectamente. El problema de estas técnicas es que están sujetas a la necesidad de rituales de protección relacionados con ambos participantes (quitarse las joyas, el cuero, contar con la fe del que las recibe…) que ya no están presentes en las nuevas frecuencias.

Recuerda, también, por qué muchos de nosotros que hemos estado practicando técnicas de sanación nos interesamos en ellas al principio.

No era para ser un seguidor fanático de la propia técnica, *era para convertirse en sanador*. La técnica era simplemente uno de nuestros primeros pasos en este proceso.

Por un momento, imagínate a ti mismo a los pies de una enorme escalera. Una de tus metas –la de hacerte sanador– te espera en la cima. Tu primer paso es aprender la técnica. Te introduces en la técnica, la dominas, tal vez te hagas profesor. *Ahora posees este primer paso.* Está bien adorarlo, pero ten cuidado de no *enamorarte* de él. Porque si lo haces, te sentarás, agarrarás una manta y una almohada, te instalarás y harás de este paso el centro del resto de tu vida. ¿Pero qué pasa con el recuerdo de tu viaje hacia la cima de la escalera? Se para. Ahora es el momento de consagrar tus primeros pasos... Y continuar hacia arriba.

Hablemos de una última «maleta» de la parábola: La Maleta de Vitaminas.

«¿Qué hay en esta maleta que hace ese ruido cuando la levanto?», pregunta el ángel. «Querido Ángel del Equipaje», dice Wo, «éstas son mis vitaminas y mis hierbas. Las necesito para tener salud y equilibrio... Sabes que soy sensible a ciertas sustancias y alimentos. Así que, necesito estas hierbas y vitaminas para estar en forma y mantenerme fuerte para el viaje.»

Wo tiene miedo de que el ángel no le permita llevar consigo los suplementos. El ángel dice: «No, Wo, no voy a tirarlos. Pero tú sí lo harás, al final». Explica que Wo está en transición, tanto físicamente como de otras formas. «A medida que avances por el camino y te percates de tu potencial», explica el ángel, «comprenderás despacio que tu ADN está cambiando. Tu sistema inmunológico está siendo modificado y reforzado... Habrá mensajes y juegos de instrucciones que se transmitirán a tus células y sabrás con toda certeza que estos suplementos, aunque valiosos para ti ahora, irán desapareciendo a medida que recobres tu bienestar... En lugar de volverte más vulnerable con la iluminación, tu organismo se reforzará y nada podrá penetrar en la luz de la que serás portador. Lentamente podrás ir dejando cualquier ilusoria dependencia de la química con la que viajas».

¿Cuántas cosas acarreamos con nosotros que suenan, embarran y huelen? (No te rías. Abre algunas de tus maletas y bolsos y echa una ojeada.) Date cuenta de que nuestros cuerpos tienen la capacidad de fabricar tejido celular especializado a partir de un chocolate de cualquier marca. Por supuesto, no estoy diciendo que haya que elevar el chocolate al estatus de un nuevo grupo alimenticio, ya que soy completamente consciente de los pesticidas, los tratamientos químicos y todas las otras cosas que llevan nuestros alimentos.

Por eso mismo, si alguien lleva una chaqueta blanca y luces intermitentes en el trasero, podría ser confundido con una farmacia móvil. Date cuenta de que la mayoría de lo que estás tomando (y no me refiero a la medicación prescrita o recomendada por un médico para un problema de salud grave) *no es necesario*.

Cada vez que levantamos una botella o frasco innecesario, nos estamos reafirmando en nuestra propia debilidad. Estamos disfrazando el poder de nuestra propia esencia con la necesidad de algo externo. Más aún, podemos mantenernos atrapados en el propio ciclo en el que nos damos cuenta de que estamos listos para escapar: ése que nos refuerza la ilusión de que no somos *suficiente*. Simbólicamente, te conviertes en una persona-bolsa cuya existencia depende de lo que seas capaz de acarrear en forma material.

Es hora de saber que somos la Luz y de permitir que la sabiduría que creó al cuerpo corra por él.

Ergo, ego

No se nos da un ego para que lo matemos de hambre. Se nos da un ego para aprender a mantenerlo en equilibrio, dominarlo. En muchos casos, el ego representa la identidad: le proporciona una particularidad, una forma que es esencial para funcionar en este plano. Comprendemos con dificultad el concepto de que somos parte de un todo. Si fuéramos la verdadera encarnación de ese concepto, no necesitaríamos experimentar lecciones. El ego nos da la identidad para experimentar las lecciones desde un punto de vista muy específico, el nuestro. Es como ver la situación a través de una ventana muy específica. El marco de la ventana es nuestro ego. Nos proporciona el formato para mirar a través de ella (desde una perspectiva muy precisa) ese aspecto de ese problema. Es muy parecido a cuando miras al horizonte, pero sabes que hay una visión del universo entero. El ego se convierte en un periscopio desde el que vemos aspectos muy específicos de ese universo.

Pongamos por caso a un atleta de salto de altura. El atleta necesita pasar por encima de la barra. La barra está ahí con el propósito de que el atleta pueda saltarla. La barra se convierte en el obstáculo, y saltar por encima de ella, la recompensa.

Se nos da un ego. La recompensa llega cuando somos capaces de dejarlo ir... Y ver la imagen completa.

Recordar nuestro papel adecuado en la ecuación de la sanación no siempre es fácil. Los pacientes que vean resultados espectaculares estarán felices de contarle a alguien que escuchará que *tú* les has curado. Es tentador creer esto. *No lo hagas*. Si queremos engañarnos a nosotros mismos tomando la dirección equivocada, todo lo que tenemos que hacer es empezar a creer que tenemos algún mérito respecto a las sanaciones que nuestros pacientes reciben. Después de creernos «nuestra» primera gran sanación, una de las peores cosas que puede ocurrir es que nuestro próximo paciente tenga una sanación incluso más espectacular; y el siguiente, otra; y otra poco después de ésa.

Muy pronto nuestro sentido de quiénes somos se basará en un sistema externo de valores. En cuanto llegue la primera persona de esta cadena que no reciba una sanación, nos sentiremos devastados, porque aceptar el crédito de las sanaciones automáticamente requiere que aceptemos la responsabilidad de que una no se produzca. Déjame ofrecerte una analogía que será comprendida mejor por aquellos que han sobrevivido a los años 60: el «subidón» de las drogas no compensa el «bajón».

El ego también se percibe en nuestra habilidad para apreciar algo por lo que es, para reconocer que nuestro acto de agradecimiento *es* nuestro papel en eso. Cuando reconocemos que estamos interactuando con algo que ya conocemos en su totalidad y perfección, entonces dejaremos de querer *rizar el rizo*. Los intentos para alterar su perfección, para «añadirle» algo, para «mejorarlo», alejará su aparición mucho más, de nosotros y de su perfección. Esto es representativo para nuestro sentido de autoafirmación basado en lo externo u *orientado a los objetos*, en lugar de estar basado en lo interior, u *orientado al sujeto*. Todos conocemos a alguien así. Para sentirse importantes, esas personas deben involucrarse en cambiar algo, no por el valor intrínseco de ese cambio en sí, sino por la evidencia externa, con la esperanza de que sea reconocido por otros, de su efecto sobre algo para parecer el «mejor». Ésta es una forma del ego que yo llamo *Complejo de Superioridad Espiritual*.

El Complejo de Superioridad Espiritual se muestra en muchas situaciones, ya sea la persona que te dice que la moldavita es una piedra demasiado avanzada para ti y que deberías empezar con algo más simple, la persona que intenta echarte la culpa cósmica por tener la gripe, o la persona que no puede abandonar la perfección.

Un ejemplo maravillosamente claro de esto último es el grupo mencionado al principio de este libro, el que intentó anclar las energías del Arcángel Miguel. Este grupo tuvo la oportunidad de presenciar algo que nunca habían visto antes, y la necesidad de sentirse «parte» de ello, combinado con su incapacidad para reconocer que, al observarlo, *eran* parte de ello, los «apartó» *de* ello. En otras palabras, su incapacidad de apreciar la perfección e interacción de sus papeles como *testigos*, hizo que se unieran *por razones de ego*, que es lo que finalmente provocó que la manifestación de esta experiencia tuviera lugar al margen de ellos. Esto es lo mismo que el Reiki «descafeinado». Hay tanta gente que intenta ponerle su «sello» personal, interponer sus propios «giros», sus adiciones, sus alteraciones, sus «mejoras», que es una verdadera lucha encontrarlo en su forma pura y original.

El ego también se alimenta de formas aparentemente altruistas. ¿Qué pasa con la persona cuya sanación no *dura*? Esto es raro, pero ocurre. Pueden volver a visitarte después de tres semanas o un mes y pedirte que les des otra sesión. Esta vez sólo durará dos semanas, o puede que seis meses. Y después volverán. Por un lado, nuestro ego se puede sentir herido si no reciben aparentemente lo que otros pacientes recibieron: una sanación duradera. Por otra parte, nuestro ego se puede alimentar por la satisfacción que recibimos del sentimiento de ser buenas personas *porque* nos sentimos mal por ellos. Y además, nuestro ego se puede sentir inflado de nuevo por intentarlo *una vez más*.

Si puedo divagar sobre el ego por un momento, me gustaría sugerir que tu papel en esta imagen es quitar las interferencias, o los bloqueos en el sendero de esa persona. Lo has hecho. Dos veces. Y estás a punto de hacerlo una tercera vez. Una vez que hayas retirado esos bloqueos, es *responsabilidad de esa persona* continuar hacia delante.

A veces estamos tan ocupados para acreditar las sanaciones que no nos damos cuenta del sentido inflado de responsabilidad que recae sobre nosotros.

Tú y yo no somos los sanadores. Sólo somos una parte de la ecuación. La ecuación está formada por tres partes: el paciente, nosotros y Dios. Cuando nuestro Dios interior conoce al Dios interior del paciente, ocurren las cosas más asombrosas. Esta ecuación a veces se conoce como «El poder de uno» o «El poder de tres». ¿Por qué estamos involucrados en esta ecuación? ¿Es por la otra persona? Puede que no. Como dije antes, probablemente estamos involucrados en esta ecuación por nosotros. (Para los que sufren ataques de histeria al usar la palabra Dios, *que lo superen.* Eso también es ego. *Dios, Amor, Universo, Fuente, Creador, Luz,* todas éstas son palabras que representan una misma cosa y se utilizan indistintamente en todo este libro. Escoge el término que más te guste.)

Para darte una perspectiva más amplia del proceso, y el papel que juega el ego en él, puedes querer adaptar esta poderosa propuesta en tu próxima sesión: *Sé uno con la persona y cúrate a ti mismo.*

¿Quién tiene la sanación?

Hablando de esto, ¿qué pasa cuando un paciente deja de recibir la curación que él o ella esperaba?

Hubo un tiempo en el que me culpaba por lo que inicialmente percibía como *fallos.* Al final tuve que aceptar que yo no soy responsable de la falta de sanación clara ni de la que tiene un éxito espectacular. Así que, ¿qué significa que una sesión de sanación no tenga los resultados previstos?

El problema no está en la sanación, sino en la *expectativa.* Solía decir que no todos tienen una sanación. Ya no creo en eso. Ahora creo que todos *reciben* una sanación, aunque no necesariamente la que esperaban tener.

Al reconocer que la «sanación» significa reconectar con la perfección del universo, nos damos cuenta de que el universo sabe lo que tenemos que recibir y lo que vamos a ganar como consecuencia de ello. La cuestión es que lo que *necesitamos* podría no siempre corresponder con lo que esperamos o pensamos que *queremos.*

Así como los sanadores deben aceptar su papel como conductores, los pacientes deben aceptar su papel como receptores. La labor del paciente consiste simplemente en estar disponible para estas energías de sanación y aceptar lo que pase. Y algo *pasará.* Puede ser una sorpresa.

Supongamos que te llega un paciente con una úlcera. Le das una sesión de curación, o dos o tres, pero la úlcera permanece ahí. El paciente se siente frustrado, y sientes como si tú hubieras fallado aunque sabes que no es así porque, como se suele decir, sólo eres humano. Pero unos meses después, otra vez tienes noticias del paciente. «Estoy bien», te dice. «La úlcera mejoró. Tal vez porque después de verle, dejé de preocuparme tanto por todo, y dejé de beber y fumar, y estoy mucho mejor con mi esposa e hijos…» A veces atribuirán la curación a cualquier otra cosa menos al rato que pasaron contigo. Pero al final, realmente no importa.

Estas personas están muy aferradas al resultado, y esto es una atadura, por lo menos, que interfiere. Una atadura es una constricción, y una constricción corta el flujo de lo que te gustaría que pasara.

Dirigir la sanación

Apoyados por el modelo médico y social de enfocar la curación basándose en el síntoma, muchos sanadores tienen la necesidad de determinar que lo que *ellos* sienten es el problema de la persona antes o durante la sesión de sanación. Éste es el primer paso para olvidar que no somos los que dirigimos la sanación. Si se combina esto con la popularidad actual del concepto de *médico intuitivo*, nos encontraremos abriendo una caja completamente nueva de Purina Ego Chow.

El diagnóstico es una parte fundamental del mundo alopático, y una herramienta muy valiosa cuando se usa adecuadamente. También es un campo complejo, para la mayoría de los médicos (y otros profesionales del cuidado de la salud), que requiere mucho estudio. Sigue siendo una conjetura, pero una conjetura *educada*. El Dr. Reginald Gold explicó una vez que, para comprender realmente el significado de la *diagnosis*, uno puede elegir descomponerlo etimológicamente: *di*, del latín, que significa «Dos»; y *agnos* (como en *agnóstico*), del griego, que significa «no saber». Y ahí lo tienes: dos personas que no saben –tú y tu médico– así que no te preocupes. Al Dr. Gold también le gusta señalar que no es poco común para los médicos decir cosas como: «Si usted no tiene una evaluación diagnóstica, no seré responsable de lo que ocurra».

Y añade: «Me he preguntado a menudo, ¿eso quiere decir que *serán* responsables si usted *tiene* una evaluación diagnóstica y todavía conserva el problema?». De algún modo lo dudo.

Como médico, puedo decirte que a la gente a menudo le gusta burlarse de su «pericia» para diagnosticar, utilizándola como trampolín para mantener un aire de autoimportancia basada en un marco de referencia externo. Aquellos que no pueden reconocer este tipo de artificialidad pueden estar cegados por la exageración, y caer presa de desear tal estado de autoimportancia que intentarán recrearlo de una forma pseudoespiritual. Esta imitación de una de las caras menos admirables del modelo médico nos conduce a un deseo basado en la referencia del objeto para el diagnóstico, y a menudo nos lleva a adoptar la etiqueta de *médico intuitivo*. La intuición médica, cuando se utiliza para ayudar a médicos u otros profesionales de la salud cuya profesión requiere del diagnóstico, es de mucha importancia para esa profesión. Fingir intuición médica para impresionar hace un flaco favor a los médicos intuitivos competentes, y nos distancia de nuestros pacientes y del proceso de sanación.

Cuando se trabaja con la Sanación Reconectiva, sin embargo, no sólo es innecesaria, sino que incluso puede obstaculizar. Soy de la creencia de que a menudo, cuanto menos sé sobre el paciente, mejor, porque es menos probable que trate de dirigir la sesión, conscientemente o no. Cuanto menos trates de dirigir, más espacio das al universo para hacerlo, y mayores serán los resultados. No es que el universo no pueda trabajar alrededor de ti, sino que hay un cierto nivel de gracia y facilidad que ocurre cuando consigues quitarte de en medio.

Aunque no podemos saber con absoluta certeza cuál es nuestro papel en estas sanaciones, indudablemente éste no es dudar de Dios o de la Inteligencia Universal.

Cómo pensamos

Los seres humanos son, por supuesto, criaturas con razonamiento. Los chimpancés podrían ser capaces de modelar herramientas de palos para extraer el almuerzo de un montículo de termitas, pero no construyen rascacielos ni boeings 747. No reflexionan sobre la teoría de la cuerda. Y no abren universidades para pasar su conocimiento a las nuevas generaciones.

En muchas situaciones de la vida, la habilidad de razonar puede ser muy beneficiosa, aunque la razón, al igual que cualquier otra herramienta, puede ser inútil si se utiliza incorrecta o inoportunamente. Trata de usar un clip como martillo y verás lo que quiero decir. (No estoy hablando por experiencia.)

El arte de la razón está basada en las dos reglas básicas de la lógica: inducción y deducción. La lógica inductiva es la más rígida de las dos: está basada en la premisa de que el todo es igual a la suma de sus partes. Y, como el Dr. Reginald Gold apunta, lo sea o no, el todo pocas veces es igual a sólo *algunas* de sus partes... que es todo lo que a menudo tenemos. Piensa por un momento. ¿Sabemos hoy más que ayer? Por supuesto que sí. Siguiendo esa línea de razonamiento, lo más probable es que mañana sepamos más que hoy, y más dentro de mil años que dentro de cien. Así que, si estamos basando nuestras conclusiones únicamente en la lógica inductiva, preferiría esperar hasta que tengamos unas cuantas «partes» más.

El diagnóstico está basado principalmente en el razonamiento inductivo. La enfermedad humana puede ser increíblemente compleja, particularmente cuando tienes en cuenta los miedos y las expectativas tanto del paciente como del sanador. A lo sumo, comprendemos solamente algunos de los componentes de cualquier enfermedad o lesión, así que cometemos un error inmediato si decidimos que eso es todo lo que hay. Como seres humanos, somos muy capaces de sumar estas cosas incorrectamente y por tanto llegamos a conclusiones falsas.

¿Quiere decir esto que la lógica inductiva es inútil? En absoluto. Sólo tenemos que recordar que es un clip, que se usa para sujetar papeles. No podemos utilizarlo para construir una casa, a menos que estemos construyendo un castillo de naipes.

La lógica deductiva, por otro lado, tiene un alcance mayor. Con la lógica deductiva, empezamos viendo el conjunto total, sin nuestras inferencias. Por ejemplo, según vamos adquiriendo más experiencia en nuestra línea de trabajo, nuestras conclusiones probablemente serán cada vez más deductivas. Nuestra experiencia evoluciona en forma de intuición, al reconocer que está pasando algo más que lo que el ojo ve y deduce intuitivamente.

Sin embargo, esto puede ser engañoso. En la Sanación Reconectiva, interactuamos con las energías cerca de un área del cuerpo del paciente hasta que estamos listos para pasar a otra zona. ¿Y cuándo estamos listos para movernos? *Cuando estemos aburridos,* ¡cuando lo que sea que nos obliga a trabajar en esa zona ya no mantiene nuestra atención!

Así que busca algo nuevo que capte tu atención, que atrape tu interés –ya sea un sentimiento en tus manos, un zumbido o vibración en tus orejas, o una reacción visible en la persona que está sobre la camilla. Es un pequeño indicador que dice: «Hey, trabajemos aquí». Es esa emoción infantil de descubrir algo por primera vez y quedarse completamente paralizado ante ello, hasta que otra cosa capta tu atención. ¿Estamos tomando esto demasiado a la ligera? Por el contrario, esto honra el proceso en su plenitud, mientras nos mantiene «de verdad» y en nuestra integridad, completamente conectados y en unidad con el proceso y la persona que está en nuestra camilla. No tiene nada que ver con saber si el paciente necesita más o menos energía. Si es así, lo conseguirá y cuanto menos intentemos ayudar conscientemente, mejor para ellos y para nosotros.

Esto va en contra de muchas escuelas de pensamiento, por supuesto, que nos enseñan a «escanear» un área y tratar de determinar dónde necesita algo más el paciente. Nos enseñan a escanear áreas de congestión, áreas de exceso, de falta, o de bloqueo de energía. Así, dependiendo de nuestro propio criterio, reequilibramos estas áreas tratando de añadir o quitar energía de ese punto. No sólo nos hemos designado a nosotros mismos responsables de identificar las áreas que lo necesitan, nosotros –o nuestros egos– también nos hemos proclamado capaces de remediar la situación. ¡Hablo de responsabilidad!

¿Y qué pasa con los péndulos como otra forma de diagnosis? ¿Estás de buen humor cuando trabajas con tu primer paciente? ¿Y con el tercero? ¿Acababas de tener una discusión con tu pareja por teléfono? ¿Está temblando tu mano mientras sujetas la cuerda del péndulo?

El análisis médico de laboratorio no se libra del reproche anterior. ¿Pidió el médico las pruebas apropiadas? ¿Las muestras fueron tratadas correctamente? ¿Los resultados fueron determinados con exactitud? Más importante, ¿la causa de la situación es incluso algo que nuestra tecnología actual es capaz de detectar? A medida que te sientes más cómodo contigo mismo, serás capaz de quitarte de en medio y dejar que la inteligencia de sanación tome la determinación de lo que se necesita. No me importa si escaneamos el cuerpo, usamos un péndulo, o nos subimos al tejado en un día ventoso y fingimos ser veletas. Cualquiera que sea la forma de diagnosis que usemos, añadirá un paso más a la separación entre nuestro paciente y su proceso de sanación.

Sea cual sea el método que utilicemos para tomar una determinación de lo que *pensamos* que está mal en alguien, estamos haciendo algún tipo de suposición sobre un asunto particular, un tipo de determinación con nuestras mentes lógicas y educadas, trabajando esencialmente sobre la premisa de que somos más eruditos que la perfección del universo. No lo somos. En muchas situaciones, esta manera de diagnosticar sólo estorba, ya que en un nivel u otro, anima a nuestra mente consciente a intentar hacerse cargo.

En este nuevo capítulo de la humanidad, finalmente hemos llegado a reconocer y honrar la inteligencia de una fuerza de sanación superior. Podemos admitir que esta energía sabe qué está mal en nosotros, qué rectificaciones se requieren y con qué prioridad.

Este tipo de sanación no consiste en creer en los viejos paradigmas de diagnóstico y protocolo. Nuestro trabajo como sanadores es simplemente quitarnos de en medio y permitir que algo que lo conoce todo y lo ve todo tome las decisiones apropiadas. A veces, basándonos en lo que parece ser el resultado final, podemos no tener confirmación de que la decisión que tomamos era la correcta o que el resultado era beneficioso para el paciente. Lo era. No siempre estamos dotados para ver las cosas desde una perspectiva más amplia. Alguien hace eso por nosotros. Así que no nos preocupemos por lo que somos capaces de reconocer o intuir. Gracias a Dios que ya no tenemos que hacerlo. Sólo mira la imagen global, sé parte de la ecuación, y déjale hacer.

Éste es el regalo de la sanación. Éste es el futuro de la sanación.

ↄᴑↄᴑ

Capítulo Catorce

Establecer el tono

Un ganso blanco no necesita bañarse para ser blanco.
Tampoco tú necesitas hacer nada sino ser tú mismo.
Lao Tse

Emociones personales

Reconocer que eres sólo una parte de la experiencia total de sanación no requiere que consigas ningún estado Zen de distanciamiento. Al contrario, creo que a menudo hay un aumento de la energía si primero se agudizan mis emociones personales. Curiosamente, poco importa si algo me afecta y me hace llorar, o si sólo me siento muy feliz.

Es importante mantener un nivel de distanciamiento de la situación, ya que un acercamiento es una de las pocas maneras en que este proceso de sanación puede disminuir. Disfrutar de tus emociones permite que te mantengas en este nivel de presencia distante. La felicidad y otros estados elevados de emociones a menudo contribuyen en gran medida al estado de distanciamiento, porque ese distanciamiento no es de la vida en sí misma, es de la necesidad de dirigir, la necesidad de controlar. Es el distanciamiento de los resultados de la otra persona. Esto te permite estar en el proceso, pero no intervenir en los resultados.

Los estados elevados de tu propia emoción te permiten permanecer absorto en *tu propia* experiencia y contribuyen a esa experiencia de ser tanto el observador como el observado. Este estado permite a la persona que está en la camilla entrar en su propio *samadhi*, en su propia unidad, donde puede estar en *su propia* experiencia. No obstante, todo es uno: mientras el proceso se hace más profundo en el paciente, verás y sentirás una asombrosa intensidad manifiesta. Esto te llevará inmediatamente a un lugar más amplio de conocimiento y observación que intensificará la interacción con tu paciente de nuevo. A medida que este ciclo progresa, te encontrarás a ti mismo eterna y exquisitamente paralizado en este conocimiento indescriptible.

Algo divertido que sucedió en el camino al sanador

Afrontémoslo, la risa no es algo que normalmente asociemos con el dolor, la enfermedad y la mala salud. Las escuelas médicas pueden extraer tu sentido del humor quirúrgicamente más deprisa de lo que un cirujano puede quitar tus amígdalas. Las escuelas no alopáticas tampoco están muy lejos de esto. Los rostros solemnes de los sanadores y las expresiones impasibles de los médicos universitarios, ayudan poco.

Gracias a Dios está el Dr. Bernie Siegel, autor de *Amor, medicina y milagros*, aunque personas como él hay pocas. Presenta el tema de que un buen sentido del humor favorece la buena salud; la risa está relacionada con la sensación de bienestar, que está asociada con un fuerte sistema inmunológico y una más rápida recuperación de la enfermedad o la lesión.

Si aceptas que la Sanación Reconectiva se produce a través de una inteligencia superior o universal, y que los resultados serán lo que sea más apropiado, independientemente de lo que cada uno estime conscientemente, ¿cuál es el problema? Por todos los santos, parece que algunos necesitan unas cuantas ciruelas pasas.

Despierta. La risa hace que la gente esté bien. Una de tus prioridades iniciales con cada paciente que veas es sacarle de su *mal*-estar y proporcionarle un lugar de *bienestar*: física, emocional, mental y espiritualmente, y de cualquier otra manera posible.

La cuestión es: las cosas son graciosas. La *vida* es divertida. Si no quieres estar rodeado de risa, no quieres estar rodeado de vida. Ron Roth, autor de *Espíritu Santo de la curación*, dice: «Deja de tomarte tan en serio a ti mismo. Nadie más lo hace».

¿Qué es amor?

Cuando comenzaron mis experiencias con estas sanaciones, nadie se había preocupado de enviarme el manual de instrucciones. Todo lo que sabía era que dejé mi consultorio un viernes, pensando que era quiropráctico, y cuando regresé al siguiente lunes, sentí que era algo más. Como dije anteriormente, decidí recurrir a otros en busca de respuestas. Compré revistas de Nueva Era de librerías y herbolarios, eché un vistazo a los anuncios de aquellos que ejercían diferentes formas de sanación, y llamé a los que me parecieron más sensatos por sus fotografías.

Me cité con estas personas, les describí lo qué había estado haciendo e incluso les hice una demostración. Cuando presenciaron las respuestas que provocaban estas frecuencias, observé que muchas de estas personas se molestaron repentinamente. Como poco, algunos de ellos desarrollaron lo que yo he llamado una *actitud contundente*. Al escuchar su consternación, pregunté si había hecho algo que lo provocara. Me dijeron: «Hemos pasado años de aprendizaje para sintonizar nuestros corazones y trabajar con amor. Tú simplemente te despertaste un día con este don. Estás haciendo todo mecánicamente, aunque estás consiguiendo todos estos maravillosos resultados que nosotros no obtenemos». Después vinieron las palabras que no estaba preparado para escuchar: «Necesitas abrir tu corazón».

Pensé, *¡Oh, Dios mío!, ¿qué me pasa? ¿Qué le pasa a mi corazón?* Con lo que todos estos sanadores «técnicos» habían dicho, me fui a casa sintiéndome más y más abatido y me pregunté exactamente cómo *podía* abrir mi corazón. Fue precisamente un día en que me sentía especialmente deprimido cuando caí en la cuenta: *¿cómo podía mi corazón estar tan cerrado si sentía tanta pena?* Fue en este punto cuando comprendí más claramente las diferentes formas de amor.

Estos sanadores técnicos estaban confundiendo el amor con el sentimiento hacia una tarjeta de Hallmark. Honestamente creían que sacar algunas lágrimas durante una sesión, ayudaría al paciente.

El amor sentimental no es el amor que interviene en estas sanaciones. Ni siquiera capta la esencia del amor que crea el universo. Pregunta a cualquiera que haya tenido una experiencia de vida después de la muerte y que haya ido incluso más allá, para conocer el «amor» que es esa experiencia.

Estos sanadores habían estado confundiendo amor con *soborno*. El amor en el que se basa la sanación es el amor en el que se basa la vida y el universo. No es un amor hormonal ni del tipo «tengo que tenerte», ni es un amor lloroso del tipo «lo siento por ti». Es el amor todo poderoso de la creación y la conciencia, es el amor que te permite salir de tu ego, quitarte de en medio y ser el observador y el observado, y de esa manera permitir el mismo regalo para el paciente. Es el amor que permite que el poder que *creó* el cuerpo *sane* al cuerpo. Es cuando tiene lugar la transformación. Es cuando fluyen *la luz y la información*. Eso es amor.

El miedo escondido en nuestros rituales

*La parte más difícil de proporcionar cuidados médicos a los nativos
es conseguir sacarles de su superstición.*

Dr. Albert Schweitzer

El miedo nunca es tan insidioso como cuando se envuelve en la apariencia del amor. El miedo es lo único que se interpone entre tú y otro, entre
tú y cualquier cosa... incluida tu meta de ser un sanador consumado. Uno
de los obsequios que espero que recibas de este libro es la habilidad para
reconocer al miedo en cualquier forma que se presente y transformarlo en
amor. El miedo es justamente la ausencia de amor, como la oscuridad es
la ausencia de luz. Cuando enciendes una luz en la oscuridad y la luz es la
única cosa que se hace presente, cuando llevas amor a un lugar en el que
había habido miedo, te das cuenta de que el miedo ya no existe.

Impregnar las «técnicas» de sanación es el ritual. El ritual llena múltiples vacíos, incluido el sentimiento de que no somos, por nosotros mismos, suficiente. Entonces perpetuamos el vacío creando un ritual sobre él
y después perpetuamos el ritual creando belleza a su alrededor... Y a él,
alrededor de la belleza. Una vez perpetuado en la belleza, el ritual se da la
vuelta astutamente y perpetúa el vacío.

Antes, acudí a otros en busca de respuestas y revelaciones. Aunque tenía
preguntas que hacer a estos individuos, ellos también tenían preguntas para
mí. La primera pregunta que me hicieron fue: «¿Te estás protegiendo?».

«¿De qué?», pregunté, mirando sobre mi hombro.

No lo sabían. Sólo sabían que alguien les había dicho que se protegieran
porque a ese *alguien*, alguien le había dicho que se protegiera, porque a ese
otro alguien, alguien le había dicho que se protegiera. Costumbres, hábi-
tos, antiguas tradiciones. Pero, ¿*quién* empezó este proceso? ¿*Y por qué*?

Si una obviedad pasa a través de los tiempos –y la verdad es siempre la
verdad– lo más probable es que aún hoy sea verdad. Pero si algo era falso
antes –y si la verdad es aún la verdad– algo que era falso, sigue siendo
falso. Puede ser muy antiguo, pero es igualmente falso.

Siéntate un momento, prepárate, y si tienes un par de collares de ajo
cerca, póntelos, porque voy a decirte algo que puede hacer tambalear
unas cuantas de tus falsas creencias: *el diablo no existe*. No hay ninguna
entidad cuyo propósito de existencia sea perder el tiempo y hacer estragos
en tu vida o esconderse en habitaciones oscuras detrás de la puerta del ar-

mario para buscar el preciso momento de salir y gritar: «¡Buh!». No sólo eso, no tienen primos que se cuelguen de tus hombros y para sacarlos sean necesarias sesiones de sanación semanales o mensuales o que puedan ser rechazados por colgantes de piedras muy caros. Deja de halagarte a ti mismo. Son inventos y fantasías creadas, reforzadas únicamente por el miedo que les tienes. Si alguna de estas entidades *hubiera* existido alguna vez, ahora estarían muertas. Murieron riéndose de todas las payasadas que hiciste tratando de protegerte de ellos. Uno se murió justamente ayer cuando se dio cuenta del dinero que habías gastado en ese amuleto.

Echemos un vistazo a unos cuantos de estos rituales basados en el miedo:

- *Flores:* para alejar a los fantasmas.
- *Sacudirte las manos:* para librarte de la energía negativa de otra persona que has absorbido durante una sesión de sanación.
- *Tazones de agua:* para atrapar la energía negativa cuando sacudes las manos.
- *Sal:* en el agua del tazón para romper la energía negativa una vez que el agua la ha atrapado después de que sacudieras tus manos.
- *Alcohol:* para rociar tus manos en caso de que no tengas ni recipientes, ni sal, ni agua en los que sacudir tus manos.
- *Velas:* quemar ciertos colores como protección.
- *Dirección de movimientos:* girar o caminar solamente en ciertas direcciones (derecha, izquierda, en el sentido de las agujas del reloj, o en el sentido contrario a las agujas del reloj, dependiendo de tu fuente o escuela de pensamiento).
- *Direcciones de emplazamiento:* el paciente se acuesta en determinada dirección (cabeza hacia el norte, el sur, el este o el oeste, dependiendo de tu fuente o escuela de pensamiento).
- *Manos:* la mano derecha es la mano que envía; la mano izquierda es la mano que recibe.
- *Joyas y/o cuero:* quitártelas para que no interfieran con la sanación.
- *Exhalar:* soplando o tosiendo la energía negativa.
- *Cruzar la columna:* permaneciendo en el lado derecho de la persona si estás trabajando sobre su lado derecho; y en su izquierda, si estás trabajando en su lado izquierdo para no cruzar su columna.
- *Pañuelos desechables:* para secar tus lágrimas si estás riéndote tan fuerte como para apagar tus velas, o llorando cuando accidentalmente matas a tus flores al sumergirlas en el agua salada en la que se suponía que debías sacudir tus manos… Y las oraciones no las reviven.

161

No podemos llegar al amor mientras reforcemos el concepto del miedo. Como cultura, decoramos nuestros miedos con rituales, y después nos engañamos pensando que estos rituales son expresiones de amor. Rebajamos la oración cuando la usamos como protección, *¿de qué* queremos protegernos cuando usamos la oración y estos otros rituales? De nada más que de la naturaleza amorfa de nuestros miedos, simplemente porque mantenemos el concepto del mal. Nos negamos a reconocer que el mal es simplemente un espectro de la ilusión. Pasamos mucho tiempo protegiéndonos de algo que no existe; no es muy sorprendente que tengamos tan poco tiempo para lo que *sí* existe. Mientras nuestra atención crea encarnaciones ilusorias del mal –que, a su vez, requiere más de nuestra atención– nuestros sistemas de creencias se refuerzan. A menudo simplemente no nos damos cuenta de que vamos donde está nuestra atención.

¿Crees realmente que si agitas un ramo de flores ante un fantasma, se dará la vuelta y saldrá corriendo de tu vida gritando? Puede que sí. Pero sólo si es alérgico. Si un fantasma está perdiendo el tiempo sin hacer nada, no es por ti. Tiene su propio motivo, su propio propósito para su interrupción cíclica.

¿Qué pasa con la energía negativa sacudida de tus manos en un recipiente de agua salada? ¿Estás tratando de ahogarla? Sólo funcionará si es agua clara del universo.

El problema inherente a estos rituales de protección es que cuando estás haciendo algo diseñado para protegerte, estás diciéndote a ti mismo que hay algo de lo que debes tener miedo, incluso cuando lo que te preocupa es la dirección en la que se acuesta el paciente, qué mano usar, o algo tan simple como estar preocupado de si lo que estás haciendo está «mal». Así que, cuanto menos reconozcas conscientemente la del ritual, basada en el miedo, más difundirán los efectos del miedo. Las mismas bases del miedo se aplican a otros comportamientos ritualistas y supersticiones, tales como quitarse el cuero y las joyas. Cuando le pides a tu paciente que se quite esas cosas, te estás diciendo a ti mismo que no *eres* suficiente, que tú y lo que sale a través de ti, es limitado por naturaleza.

Déjame darte sólo una razón por la que sé que esto es cierto: cuando estas curaciones empezaron a ocurrir por primera vez, mis pacientes pensaban que iban a ver a un quiropráctico, y yo pensaba *que lo era*. No puedes conseguir un mejor estudio doble ciego. Y, por supuesto, como pacientes de quiropráctica, venían con sus botas de trabajo de cuero y con puntera de acero, grandes cinturones, aparatos de metal en las piernas y toda su joyería habitual. Yo no tenía ninguna razón para sugerirles que se quitaran sus joyas o cuero. No me paraba a rezar, a quemar salvia o incienso sobre ellos, ni a fijar la energía de la habitación con cristales de colores para los chakras importados de América del Sur. Simplemente miraba con el asombro de un niño. Sin atadura, sin constricción, sin ritual, sin miedo. Sólo sanación del universo, simple y llanamente.

No es *lo que* haces, es *por qué* lo haces

Rezar una oración antes de cada sesión es una manipulación espiritual. Así como sabrías que estás siendo manipulado por tu niño o pareja si antepusieran a cada petición del día un «te quiero», sabes que una oración antes de cada sesión de sanación es simplemente que *tú* estás pidiendo algo a Dios, tanto si es para ti o para otra persona. En lugar de pedir algo, *ofrece* algo. Puedes empezar por ofrecer agradecimiento. Yo digo una oración de agradecimiento todas las mañanas porque estoy realmente agradecido por lo que tengo. Me siento perfectamente satisfecho en mi estado de agradecimiento y continúo haciendo lo que generalmente hago sin la necesidad de pedir una protección especial o una dispensa especial.

¿Cuál es la diferencia entre una oración de agradecimiento y una oración de petición? Por un lado, las oraciones de petición llevan a más oraciones de petición. Las oraciones de protección mantienen nuestra atención enfocada en el miedo y nos llevan a más oraciones de protección. A veces es agradable no estar constantemente pidiendo favores ni haciéndolos. Una oración de agradecimiento te permite pasar el día cómodo en tu relación con el universo. Creo que a Dios le gusta eso.

¿Qué estás haciendo cuando empiezas a solicitar la presencia de Dios y/o de los arcángeles antes de cada sesión que das? Te estás diciendo a ti mismo que no crees realmente que Dios esté siempre contigo, que Él y los ángeles se han ido a tomar café y te han dejado solo frente a los fantasmas alérgicos.

¿Cómo escapas de tus modelos de miedo? Primero, reconociéndolos. La luz del reconocimiento disipa la oscuridad sin que tú tengas que hacer poco más que permanecer consciente. ¿Cómo puedes acelerar el proceso? Es simple. Cuando aparezca el miedo, entra en él. Si estás preocupado por hacer una sesión de sanación sin llevar tu camiseta morada, conscientemente no lleves *ninguna cosa morada* ese día. Si te encuentras a ti mismo poniendo tu cristal favorito en el bolsillo porque sientes que te ayudará de alguna manera, *sácalo y déjalo en casa ese día*. Siempre puedes poner el cristal en tu bolsillo o llevar algo morado otro día, pero el poder que reclamas cada vez que pierdes tu atadura a un miedo te acerca más a tu meta de ser un sanador, de liberar tu ilusión de separación y vivir en una infinita unidad.

Eliminar tu dependencia ritual

¿Puedes poner flores en la habitación simplemente porque son bonitas, y quemar velas porque la suave luz hace que la habitación sea acogedora? Por supuesto que sí. Aún así sé consciente, porque si un día eliges tus velas por el significado simbólico de su color, estás al borde de volver a introducir el miedo en tu trabajo.

A medida que introduje los conceptos y rituales de protección en mi trabajo, las sanaciones rápidamente se hicieron cada vez menos espectaculares, aunque las sesiones se hicieron más y más dramáticas. Un día reconocí que, en las sesiones, ya no experimentaba la sensación de feliz expectación que antes sentía. Ya no iba con despreocupación e inocencia. Iba preocupado con la «responsabilidad» consciente del don. Finalmente empecé a comprender lo que la gente quería decirme: «Debes sentir una gran responsabilidad». Hasta ese momento no la había sentido –y las cosas eran mejores entonces– ni por mí ni por mis pacientes.

Un día la relación entre estos rituales, el miedo, y el descenso de las sanaciones de repente se hizo demasiado evidente. Dejé todos los rituales, al menos todos los rituales que podía reconocer. Tiré los recipientes de agua salada, dejé de llamar a los arcángeles y otros «Protectores», e incluso dejé de solicitar la presencia de Dios, porque me di cuenta de que Dios estaba conmigo constantemente de cualquier manera. Eliminé todas las oraciones de petición –ahora simplemente digo la más alegre oración de agradecimiento antes de salir de casa por la mañana– y no pasa nada si me olvido de vez en cuando. Simplemente me acuerdo de hacerlo al día siguiente. Ni sacudo mis manos, porque ahora sé que, dentro de esa interacción con la persona sobre la camilla, tiene lugar la belleza impresionante de la transformación, y que cualquier residuo que me deje sólo podrá ser un obsequio.

Mientras dejaba los rituales basados en el miedo, disfrazados tan perfectamente como podían, las sanaciones comenzaron a reasumir su esplendor original. Me di cuenta de que era bueno que hubiera sido capaz de experimentarlos en su potencial total para *saber* que existían. Fue este conocimiento –así como su pérdida– el que me dio el ímpetu y la dirección inequívoca para encontrarlas de nuevo. Porque haciendo esto, me estaba enseñando a caminar metafóricamente a mí mismo de nuevo, algo tan complejo y difícil que sólo pueden saber aquellos que han tenido que aprender a caminar por segunda vez.

¿Cuál era la razón de todo esto en el esquema? Bien, saber cómo caminar, por ti mismo, no necesariamente te da la habilidad de enseñar a otra persona a hacerlo. Puedes ser capaz de ayudar a un niño a aprender, aunque ese niño, que no tiene miedo, habría aprendido de cualquier manera. Pero un adulto, que nunca ha caminado, es otra historia. No estaba viviendo de acuerdo con mi potencial. No estaba cumpliendo mi propósito quedándome simplemente en una habitación, hora tras hora, día tras día, realizando sanaciones a una persona tras otra. Mi propósito era enseñar. Y para hacerlo, uno debe tener un entendimiento más consciente no sólo de *cómo*, sino también de *cómo no*, sacar a la gente del hoyo y guiarles hacia sus metas, fuera de la oscuridad y dentro de la luz; fuera de nuestros miedos y dentro de nuestro amor.

No necesitas liberarte de todo tu miedo antes de que estés listo para experimentar el amor. Puedes abrazar tus miedos y llevarlos adentro del amor contigo. Porque una vez que entres en el amor, el miedo se mostrará a sí mismo como la ilusión que siempre ha sido, y el amor será todo lo que permanezca.

അയാ

Capítulo Quince

Temas a considerar

Si sacas el conocimiento de la base fisiológica de la medicina, generalmente llegarás a un punto en el que ya no puedes defenderlo científicamente, tendrás que basarlo en la fe.
Healing From The Heart – **Dr. Mehmet Oz**

¿Quién es un sanador?

¿Quién es un sanador? En este punto de nuestra transición, la sanación es una capacidad compartida por todos. No necesitas estar firmemente arraigado en una creencia religiosa o espiritual específica. No es un requisito que cada uno de tus pensamientos sea agradable o que nunca pronuncies una palabra sarcástica. No tienes que hacerte vegetariano. Puedes tomarte una copa de vino en la comida, o un martini o un cóctel margarita. De hecho, la mayoría de las cosas que te guste hacer, es bueno hacerlas. Puedo dar fe de esto por mi propia experiencia.

Estas consideraciones son todas cuestión de «mérito», y nuestros méritos simplemente ya han sido establecidos por nuestro *ser*. Es estupendo aspirar a ser una mejor persona; estamos aquí para aprender y evolucionar. Aunque el grado desde el que acometemos estas metas no determina nuestros méritos. No hay nada que necesitemos probar o lograr, nada que hacer para ser merecedores. Ya lo somos. No podemos aspirar hacia algo que ya es nuestro.

Si buscas esta reconexión, mereces recibirla. No esperes hasta que creas que tu ego está bajo control, hasta que tu vida sea vivida completamente sin juicios, o a que te deje de gustar la pizza de pepperoni, todo eso es algo del pasado. Sería como esperar el momento perfecto para casarse o tener un niño. Nunca llega, al menos no de una forma reconocible.

167

Sanación, medicina y el futuro sistema del cuidado de la salud

Actualmente, veo la fuerza de la medicina desarrollarse en dos campos básicos. Al primero lo describo como primeros auxilios. Como dije en un seminario reciente: «Si me atropellara un coche, Dios no lo permita, HAZTE A UN LADO, ¡que viene una ambulancia!». Lo digo en serio. No hay nadie más apropiado en ese momento que el personal médico para tratar las hemorragias y las fracturas de huesos. Una vez que esté estabilizado y a salvo, hablemos de quiropráctica, homeopatía, nutrición, y otras formas de curación. Sería el momento más apropiado para dar a tu cuerpo la oportunidad de sanarse a sí mismo.

El segundo lugar en el que reconozco la conveniencia del enfoque médico es *si nada más ha funcionado*. Si nuestro cuerpo no ha sido capaz de sanarse por sí mismo, es el momento en el que podrían ser necesarias las medicinas, la cirugía, o cualquier otra medida extrema. Con mucha frecuencia, en un pasado reciente y demasiado a menudo actualmente, lo que vemos son personas que recurren a sus médicos a la primera señal de desequilibrio. El enfoque principal de los médicos, frecuentemente, es medicarnos u operarnos. No pueden hacer otra cosa; es para lo que han sido entrenados. Desafortunadamente, acudir *primero* al enfoque médico a menudo retrasa una atención natural primordial, y nuestro cuerpo tiene su mejor oportunidad de sanarse completamente a sí mismo cuanto *antes* veamos alguien que nos pueda ayudar.

Si empezamos a medicar y a enmascarar nuestros síntomas desde el principio, con el tiempo las cosas se pondrán tan mal que tendremos que ver a alguien para que elimine la causa y permita a nuestro cuerpo sanarse a sí mismo, nuestra situación puede haber degenerado hasta el punto en el que no seamos capaces de volver a estar al cien por cien. Así mismo, si primero recurrimos a la cirugía y no funciona, y después buscamos a un quiropráctico, un acupuntor, o alguien cuyo conocimiento para eliminar el desequilibrio y permitir que nuestra sanación venga desde arriba, desde abajo, desde dentro y desde fuera, sólo seremos capaces de traerles la parte de nosotros que nos queda con la cual trabajar. Obviamente, el cien por cien de menos del cien por cien es igualmente menos del cien por cien.

Si el enfoque natural, por alguna razón, no nos funciona, por supuesto, la medicina es la siguiente ruta lógica. Gracias a Dios, está disponible. Es sólo que a veces no nos paramos y miramos el conjunto global: ¿No tiene sentido que, si nuestro cuerpo tiene el potencial para sanarse a sí mismo, le pidamos a alguien que nos ayude a facilitar ese proceso dentro de nosotros *antes* de que tomemos un camino más invasivo?

¿Cómo, entonces, podemos ver a la medicina y a la sanación juntas? Lo que percibo, mientras entramos en este nuevo milenio, es un cambio en la conciencia de los profesionales del cuidado de la salud: la comprensión de que no están cumpliendo el espíritu del sueño con el que ellos comenzaron en la profesión, el comienzo de su reconocimiento de que debe haber algo más; y su buena voluntad de buscarlo.

El que me hayan invitado a hablar en universidades y hospitales es representativo de la mentalidad más abierta que está siendo adoptada en todo el país. Integrar las opciones de diferentes formas de curación, incluida la acupuntura y la homeopatía, fue un primer paso. Ahora estamos viendo el florecimiento de departamentos de medicina energética. Hablo en universidades quiroprácticas y hospitales osteopáticos donde también están cambiando su pensamiento. Muchos profesionales del cuidado de la salud (médicos, quiroprácticos, y osteópatas) están incluyendo la Sanación Reconectiva en su práctica, algunos silenciosamente, otros no tanto. Hay un dicho de que la ciencia avanza cada vez que hay un funeral. En muchos casos, esto es verdad para el progreso sustancial en cualquier campo. Gracias a Dios que hoy, la cara de la medicina está cambiando. Sin embargo, es un procedimiento que está ocurriendo de dentro a fuera y lleva mucho tiempo cambiar las cosas en el interior antes de que finalmente las veamos en el exterior.

A medida que el público abre sus ojos, la medicina abre su mente. Hay pocas opciones. La aceptación lleva su tiempo, pero finalmente *llega*.

¿Cómo puedo ver a la medicina y la sanación juntas? Exactamente de la manera en que lo hacen.

Sanación de fe

Ya hemos hablado de que este trabajo supera lo que se llama generalmente *sanación energética*. Esto *tampoco* es «sanación de fe». No tienes que creer en el proceso para que funcione. Mi primer conocimiento de este tema llegó justo antes de estas curaciones, cuando ni mis pacientes ni yo las estábamos esperando. Después, esto fue reforzado por la circunstancia de la distancia. Quiero decir que, la mayoría de mis pacientes vuelan por todo el mundo; por lo tanto, pocos vienen sin su pareja o un acompañante. No es poco común verme manteniendo una agradable charla introductoria con una pareja, sólo uno de los cuales es mi nuevo paciente, y que después el marido o la esposa salgan y esperen en la zona de recepción. El paciente repentinamente se transforma como Jekyll y Hyde, me mira furioso, y gruñe: «Sólo quiero que sepa que yo creo que todo esto es una tontería y que no estaría aquí si mi marido o mi mujer no me hubiera forzado a hacerlo».

Generalmente respondo diciendo: «Bien, usted ya *está* aquí, así que debe acostarse en la camilla y estar abierto a lo que pueda venir».

Puede ayudar si tu paciente no cruza sus brazos sobre el pecho y toma una actitud del tipo *no quiero que me curen*, pero aparte de eso, la fe no parece jugar un papel importante en la cuestión. Anima al paciente escéptico a acostarse con una actitud de *tal vez funcione o tal vez no*. Por extraño que parezca, a menudo éstos son los pacientes que reciben las sanaciones más espectaculares, muchas veces con todo tipo de parafernalia (visual, olfativa, auditiva y táctil).

Déjame decirte quién, si hay alguien, es el que menos posibilidades tiene de pasar por una experiencia de sanación como es debido. Lo creas o no, es la persona que entra insistiendo en que esto tiene que funcionar, la persona que ha leído todos los libros que hay sobre el tema y siente que sabe todo lo que hay que saber del tema. Si hay una sola manera de interferir en una sanación, es a través de esta clase de atadura, esta *necesidad* desgastante de tratar de que funcione.

¿Por qué alguna gente se sana?

No es la enfermedad o la dolencia lo que se sana, sino la persona. Y, a pesar de lo mucho que explico esto en mis seminarios, siempre hay un flujo constante de preguntas sobre si esta o esa enfermedad se puede curar.

Una de las pocas maneras en las que puedes limitarte en este proceso es a través de tu sistema de creencias, o lo que yo llamo tus «convicciones». Si *estás convencido* de que cierta enfermedad o dolencia no se puede curar, posiblemente te demostrarás a ti mismo que estás en lo cierto. Digo *posiblemente* porque el universo puede anularte o brindarte incluso la oportunidad de superar tus creencias. Sin embargo, es un obstáculo con el que necesitas no tropezar.

Podrías pensar que cada vez que te llega una persona para una sanación, es exactamente una sanación lo que quiere. A veces te sorprenderá la gente.

La Esclerosis Múltiple (MS) es una enfermedad neurológica degenerativa que afecta principalmente a adultos jóvenes. Tiende a avanzar durante un período de muchos años, robándoles gradualmente su coordinación, después su movilidad, y a veces casi todo el control muscular.

Hace algún tiempo, vino a verme una mujer alemana para una sesión. Hannah tenía MS. Su marido, Karl, la llevó a la sala en la silla de ruedas que había necesitado durante aproximadamente tres años. Karl ayudó a subirla a la camilla, después salió a la sala de espera.

Mi sesión con Hannah fue preciosa; cuando acabó, se bajó de la camilla y caminó sobre sus propios pies. No, no corrió a toda velocidad por toda la habitación –necesitó sujetarse con una mano contra la pared y dar pequeños e inseguros pasos– pero estaba muy lejos de lo que podría hacer una persona indefensa en una silla de ruedas.

Generalmente es muy gratificante hacer entrar a un ser querido en la sala para ver un cambio así en su pareja, pero en este caso, cuando Karl vio lo que había ocurrido, pareció poco feliz.

Se suponía que Hannah iba a venir al día siguiente para una segunda sesión, pero sin embargo, no regresó en toda la semana. Cuando lo hizo, estaba otra vez en la silla de ruedas.

Eso era anormal, cuanto menos, ya que la mayoría de las veces, las curaciones que experimentan las personas parecen ser permanentes, ya sean inmediatas o progresivas. Después de que Karl saliera a la sala de espera, tuve una charla con Hannah. Me dijo que Karl le había confesado que tenía una amante desde hacía algún tiempo.

Nuestra conversación pronto reveló lo que esto significaba, tanto para Hannah como para Karl, en cuanto a que ella recibiera una curación. Más que ganar algo, ambos perderían algo: ella, su mayor lazo para su marido extraviado; y él, ¡su excusa para mantener una amante!

En cuanto a mí, Hannah y yo estábamos aquí sólo por una razón, y tenía que asegurarme de que ella comprendiera que la elección de sanarse era suya. «Si no vas a participar en tu propia sanación», dije, «debes irte también a casa.»

Ella lo comprendió. Después de su sesión, estaba otra vez sobre sus pies.

171

Otra razón por la que alguna gente se sana

La resistencia a una sanación puede tener muchas formas, algunas de ellas tan profundamente ligadas a otros aspectos de la vida de un paciente que sólo puedes verlos con mucha perspectiva.

Por ejemplo, hace algunos años, pasé algún tiempo en la ciudad de Nueva York. Entre las personas que vinieron a visitarme al consultorio había un grupo de unas ocho personas que sufría artritis reumatoide. No una artritis reumatoide leve o moderada (como la que puedes ver en ocasiones en alguien que tiene los nudillos notablemente inflamados y los dedos con poca movilidad), no, este grupo tenía una artritis reumatoide grave, deformante y paralizante. Muchos tenían al menos una mano o un pie cuya estructura ósea se había deformado de tal manera que apenas reflejaba su forma original.

Parecía que casi cada movimiento les causaba un inmenso dolor. Lo que era incluso peor para ellos era el clima. Por lo visto, mi visita había coincidido con una de esas tormentas de nieve de Nueva York, con mucha lluvia gélida, granizo, y un frío glacial que se te mete por todas partes. Éste es el clima que provoca que la gente que padece artritis reumatoide no salga.

La mayoría de estas personas habían programado tres visitas. Al final de la primera visita, ninguno dijo que había experimentado alivio. Y, aunque yo no había visto antes a nadie con una artritis reumatoide tan extrema, aparte de estas ocho visitas iniciales, esperaba que por lo menos *alguno* de ellos se hubiera sentido mejor. Cuando empezaron a venir para su segunda sesión, me sentía un poco incómodo. Sabía que estaban cruzándose la ciudad en medio de la tormenta de nieve, arropados y doloridos, y hasta ahora no tenían nada más que mostrar que articulaciones frías e hinchadas. Las segundas sesiones no produjeron mucho más que las primeras.

En este momento, mi ego levantó su cabecita. Tenía miedo de su tercera visita. Algunos de ellos la cancelaron, y realmente me sentí aliviado. Me forcé a mí mismo para seguir con las sesiones de los que vinieron, pero otra vez, ninguno dijo sentirse algo mejor o tener cualquier mejoría visiblemente identificable.

Después de eso, cuando llamaba a mi consultorio gente con artritis reumatoide, les disuadía de programar una cita. Había decidido que estas sanaciones no funcionaban con la gente que tenía esta dolencia, y no quería ponerlos –o ponerme– en una situación similar a la de aquel invierno en Nueva York.

Me di cuenta de que todos los pacientes de Nueva York tenían una cosa en común, aparte de su artritis reumatoide: todos tenían implantes de silicona de un tipo u otro. Así que tal vez las frecuencias reconectivas no funcionaban sobre la artritis reumatoide inducida por la silicona.

Esta percepción cobraba fuerza de alguna manera. Pero solamente de alguna manera.

Más tarde, después de una charla con mi ayudante, vi que esta gente tenía otra cosa en común: todos estaban involucrados en una demanda judicial contra el fabricante de silicona. En otras palabras, estaban empeñados en no sentirse bien. Cuanta más información pudieran transmitir al tribunal respecto a su falta de salud y su fracaso en estar bien, más fehaciente sería su caso y su mayor potencial de arreglo –y una considerable suma de dinero– estaba en riesgo.

Darme cuenta de lo que estaba pasando con estas personas me ayudó a aliviar la culpa que sentía, así como mi ansiedad sobre si había algo que podía haber hecho mejor: ¿Podía haber estado más lúcido? ¿Más concentrado? ¿Más presente?

Me sentí un poco inseguro hasta un día que me estaba dirigiendo a un gran grupo de médicos y enfermeras en el Hospital Jackson Memorial en Miami. Aproximadamente a la mitad de la charla, pregunté, como normalmente hago, si alguno deseaba sentir estas frecuencias energéticas. De repente, una enfermera se levantó, y con su brazo y mano extendidos delante de ella, comenzó a acercarse hacia mí. Todo lo que podía ver era su mano según se acercaba más y más. Grandes nudillos rojos e hinchados de artritis reumatoide se iban haciendo más grandes con cada paso. La habitación se nubló.

«Tengo artritis, y no puedo mover estos dedos», anunció, como si fuera necesario. No sólo me estaba dando la bienvenida aquello que en ese momento era mi miedo más grande en el mundo de la sanación, sino que estaba caminando hacia mí. Y lo estaba haciendo en medio de una reunión de médicos. «¿Puede curar mi mano?», preguntó, añadiendo: «Sólo puedo cerrar estos dedos hasta aquí».

«Ésta es solamente una demostración para ver si usted puede sentir la energía», respondí. Sabía, sin embargo, que nadie me había escuchado. Querían ver una curación. O querían ver que *no* habría una curación. En ese momento, no iban a ver «una demostración para ver si usted puede sentir la energía» aunque yo lo hubiera dicho.

La mujer se abrió paso hasta donde yo estaba de pie, sujetando su mano. Comenzó a demostrarnos su limitado movimiento, dando un breve

173

repaso a su historial de cuidados ortopédicos y fisioterapia y la falta de resultados que había conseguido. Empecé la demostración, y ella empezó a sentir la energía inmediatamente: uno de sus dedos empezó a temblar de manera involuntaria. Todos los ojos estaban sobre nosotros dos mientras pensaba para mis adentros: *Oh, Dios mío. Artritis Reumatoide.*

«Está bien. Veamos su mano», dije aproximadamente 45 segundos después. Cerró sus dedos. Todo lo que se podía. Tocaron sus palmas por primera vez en tanto tiempo como podía recordar. Abrió. Cerró. Abrió. Cerró. Su rango de movilidad había vuelto. La rojez rabiosa de sus articulaciones se había ido, recuperando el tono normal de piel. Dos de sus nudillos se quedaron algo hinchados, aunque la rigidez y el dolor habían desaparecido.

Se fueron, también, mis miedos inconscientes de trabajar con pacientes con artritis reumatoide, mi *convicción* de que la artritis reumatoide no respondía a mi trabajo.

⟨○○⟩

Hay muchas razones por las que algunas personas deciden no recuperar la salud: *Estas razones rara vez tienen que ver contigo.*

¿Funciona este proceso en el caso de la artritis reumatoide?

No es la enfermedad o la dolencia lo que se sana, es la persona.

ຎຎຎຎ

Parte III

Tú y la Sanación Reconectiva

Establecido el Ser, representa la acción.
Bhagavad Gita

Capítulo Dieciséis

Facilitar la entrada
en la energía reconectiva

Ocúpate lo más que puedas en el estudio de las cosas divinas,
no para conocerlas simplemente, sino para hacerlas;
y cuando cierres el libro, mira a tu alrededor, mira dentro de ti,
para ver si tu mano puede hacer algo de lo que has aprendido.
Moisés a los Hebreos, 1240 a. C.

Una nota antes de comenzar

Ésta es la sección «práctica» del libro. No es tan excepcionalmente importante como las secciones similares de otros libros, porque con la Sanación Reconectiva, si «tratamos» de hacerlo, en realidad estamos interfiriendo en el proceso. ¿Confundido? No te preocupes. Desde el momento en que empezaste a leer este libro (en realidad, desde el momento en que decidiste leerlo), has estado «en proceso»... en el proceso de «llegar a ser». Tu proceso evolutivo de reestructuración y de llegar a ser está en marcha desde hace tanto que no podrías regresar aunque quisieras. Lo más que podrías tratar de hacer en ese sentido sería ignorar esta evolución por un momento, pero pronto descubrirías que hacer caso omiso se vuelve progresivamente más difícil hasta que, finalmente, es imposible.

¿Intrigado? Yo también. Así es como terminé dando seminarios y talleres sobre Sanación Reconectiva. Cuando los informes sobre las sanaciones empezaron a difundirse, cada vez más organizaciones privadas y educativas me pidieron que diera clases. A todos les di la misma respuesta: «No se puede enseñar la sanación». Pero por supuesto mi conocimiento de esa noción cambió.

Lo que yo comprendí fue que la frase canalizada *«Lo que estás haciendo es traer luz e información al planeta»* se refiere a mucho más que a la idea de una persona sola –yo– en una habitación hora tras hora, haciendo sanaciones a una persona tras otra.

De algún modo, cuando interactué con las personas, parecía estar «iniciando» un nuevo nivel de receptividad diseñado para manejar el nuevo nivel de frecuencias –esta «luz e información»– que se nos está proporcionando ahora. Caí en la cuenta de que una generación completa de nuevos sanadores había comenzado a existir fuera de la comunidad de individuos con los que había estado en contacto.

En ese momento, no tenía ni idea sobre cuántas personas estaban afectadas, y sólo una ligera idea de cuán profundo sería el efecto. Todo lo que sabía entonces era que algo esencial y poderoso estaba creciendo, y se fue haciendo cada vez más evidente con cada persona con la que interactuaba. Así que empecé a prestar más atención a lo que estaba ocurriendo dentro y alrededor de mí mientras trabajaba con estas energías.

Descubrí que lo que había estado diciendo todo el tiempo era cierto: *No se puede enseñar la sanación.*

Pero había algo que *podía* hacer: traer esta nueva luz e información al planeta, y dejar que la gente las aprendiera por su cuenta.

Rueditas de entrenamiento

Antes de ir más allá, permíteme dejar completamente claro que hay una cosa que *no* aprenderás de mí: «técnica». La Sanación Reconectiva no es Toque Curativo, Toque Terapéutico, ni *Touch for Health*. No es Reiki, Johrei, ni Jin Shin. No es Qi Gong, Mah-Jongg, o Beijing. No es ninguna técnica de las que conoces. *La Sanación Reconectiva no es una técnica en absoluto. Trasciende* la técnica.

Espero que comprendas ya que las técnicas son esencialmente rituales que tienen la intención de llevarte a un estado especial. Desgraciadamente, como muchos han experimentado, el proceso de dominar una técnica tiende a impedir que consigas ese estado ¡que es el objetivo! Es como llevar rueditas de entrenamiento en una bicicleta: son para ayudarte a aprender a montar, aunque hasta que las quites, nunca serás capaz de montar como un experto, y no podrás experimentar nunca la actividad completamente.

La Sanación Reconectiva te lleva, traspasando la técnica, a un *estado de ser*: tú eres esa energía de sanación, y ella *es* tú. No puedes evitarla sino resonar con ella. Emana de ti en cuanto diriges tu atención sobre ella, y a veces descubrirás que tu atención está allí *porque* está emanando de ti. Así es como empiezas a trabajar con la energía reconectiva: notándola, permitiendo que tu atención recaiga sobre ella.

Quizá esto te suene simplista, por eso déjame preguntar –y contestar– algo que podrías tener ya en mente: «¿Cómo puedo aprender a "notar" ciertos tipos de energía especial a partir de un *libro*?». Responderé con las tres palabras más importantes que tú, como sanador, puedes incluir en tu léxico, y que ya he utilizado repetidamente a lo largo de este libro: *No lo sé.*

No sé cómo las personas «consiguen» activar su flujo de energía cuando interactúo con cada una de ellas. No sé cómo personas que están en las esquinas más distantes de un salón de baile de un hotel se activan cuando paso a través de la multitud. No sé cómo, cuando me dirijo a grandes auditorios y sólo puedo pasar por las filas que están más cerca del escenario, las personas de los palcos y los pisos superiores empiezan a sentir las sensaciones que indican la presencia de estas energías.

¿Y qué pasa con los teléfonos? Se ha programado mi aparición en más de un programa de televisión debido a lo que el productor del evento experimentó mientras estábamos hablando por teléfono. Estas frecuencias parece que también se transmiten por cintas de casete, CD, radios, y televisores. Ya lo verás. La gente también empezará a experimentar la activación cuando interactúe *contigo*.

Pero lo más extraño de todo, es que la activación también se transmite a través de la palabra escrita: a través de Internet, revistas, periódicos, y libros. No estoy hablando de algún tipo de transferencia intelectual, cuando describo qué puedes esperar y tú piensas en eso y al final ocurre. Estoy hablando de transmisión real, la energía misma que pasa hacia ti a través de este libro. ¿Cómo puede ocurrir esto? *No lo sé.* No es como si yo me pusiera una bata blanca larga con un cinturón dorado y paseara a través de las pilas de libros en el almacén del editor con mis brazos extendidos, agitando una varita mágica y gritando «¡Sanad!», «¡Dad energía!», «¡Sanad!», «¡Dad energía!».

Una explicación plausible es que la activación es una energía llevada y comunicada por la elección que hago de las palabras –no necesariamente *consciente*– sumado quizá a mi propósito original al escribir este libro. Esto parece ser realmente verdad en el caso de las cintas de casete. He descubierto que, en muchos casos –Deepak Chopra, Lee Carroll y Caroline Myss, por nombrar a tres– el don de transportar la información es intrínseco, en gran medida, a sus respectivas voces. Se comunica tanta información a diferentes niveles a través de las sutilezas y de las ondas de sus voces que escucho sus casetes aunque ya haya leído sus libros.

Por supuesto, hay otros escritores cuyas voces son tan excitantes como la Dormidina, que sus cintas de audio deberían llevar las advertencias sobre no conducir automóviles o trabajar con maquinaria pesada mientras se escuchan, y a pesar de todo transmiten algo. Así que tal vez la activación es algo que pasa *a través* de la voz. En el caso de los libros, tal vez se transmite con las imágenes que el lector recibe. De una u otra manera, parece que está codificada en la comunicación. Recuerda, los sentidos físicos de un ser humano no son independientes uno de otro. Utilizan la misma energía, pero en diferentes puntos de la barra. Por ejemplo, la luz y el sonido son (por lo menos en un sentido) vibraciones, pero de frecuencias muy diferentes.

Por otro lado, tal vez la activación no tiene nada que ver con ninguno de nuestros sentidos conocidos, y no necesita en absoluto ningunos de los medios actuales para transportarse. Por lo que sabemos, esta comunicación traspasa los límites del tiempo y el espacio mientras nos sentamos aquí dentro de sus ilusiones, intentando descubrir un mecanismo que la explique. A través de nuestra propia ceguera, podemos terminar entrampados en esta rueda de ejercicio, corriendo incesantemente como ratoncitos.

Cualquiera que sea el mecanismo, la habilidad de activar la receptividad a estas energías en las personas con las que nunca interactuamos directamente, no es ni la primera ni la última cosa de la que hablaremos que no soy capaz de explicar. Sin embargo, es una forma fascinante de transmisión la cual continúa ocurriendo.

Avanza por ti mismo

Esta sección del libro tiene que ver no sólo con reconocer, aumentar y utilizar la energía reconectiva. Tiene que ver con los detalles prácticos que los sanadores en potencia normalmente me preguntan durante los seminarios. Pero antes de entrar en cualquiera de estos temas, déjame subrayar algo que ya he dicho varias veces: *No me necesitas*. No *necesitas* que yo haga esto, no *necesitas* que yo haga eso, no *necesitas* que yo haga lo otro. Así que, ¿por qué invertir tiempo y dinero para ir más allá, y escuchar una cinta o quizá asistir a un seminario?

Hay varias razones, pero empecemos por la principal. ¿Por qué crees que tanta gente pasa su vida como profesores, asesores y preparadores? Porque por regla general, obtenemos un beneficio cuando alguien nos *enseña* a hacer algo nuevo o poco familiar. La enseñanza por medio de alguien más experimentado que uno mismo puede ayudar a los recién llegados a avanzar más rápidamente, al menos en teoría.

Pero repito: no necesitas que esté allí a tu lado constantemente y no requieres instrucciones específicas (tales como dibujos que te digan exactamente cómo colocar tus manos, cómo moverlas, qué evitar hacer o pensar, y cosas de ésas). Estas cosas son sólo rueditas de entrenamiento adicionales.

Como muchos de nosotros recordamos de nuestra infancia, aprender a montar en bici sin rueditas de entrenamiento puede dar como resultado muchas más lesiones y una curva de aprendizaje mucho más empinada que aprender *con* ellas. El dolor continuo y el fracaso rara vez dan como resultado la destreza, a decir verdad, tienden a dar como resultado lo contrario: darse por vencido. Y, aunque sabemos que en algunos casos darse por vencido es un camino válido a seguir, no entraremos en la semántica de este asunto. Estamos hablando aquí de *rendirse*.

Cuando se trata de sanar a la gente, todas estas «cosas» –física y simbólicamente– se utilizan como rueditas de entrenamiento: cristales, estatuas, emblemas, oraciones y demás. Entonces, ¿qué hay de malo en usar talismanes, si nos ayudan dándonos poder? Que es un poder falso. Es un poder adquirido exteriormente: artificial, ilusorio y falso. Es el resultado de intentar inconscientemente disfrazar nuestro auténtico poder con objetos externos. Además, renunciar a ello simbólicamente nos invalida tanto como si fuéramos capaces de renunciar al hecho en sí. Gracias a Dios, podemos renunciar sólo a la ilusión.

Visualiza la siguiente escena. Estás fuera de la ciudad durante el día. Conoces a una mujer, por ejemplo, y en el transcurso de la conversación, descubres que tiene un niño pequeño en casa que podría beneficiarse enormemente de una sesión de sanación, y ella te pide ayuda. ¿Qué dirías: «¡Caramba! Me gustaría hacerlo realmente, pero me dejé mi pirámide portátil en Toledo»? Por el amor de Dios, contrólate.

Pero, ¿cómo puedes saber que ha llegado el momento de prescindir de las ruedas adicionales, las redes de seguridad y las muletas? En realidad, el momento oportuno siempre ha estado ahí. Pero puede que no lo hayas notado hasta ahora.

Capítulo Diecisiete

El entorno del sanador

*Siempre diseño una cosa considerándola en su próximo contexto mayor:
una silla en una habitación, una habitación en una casa, una casa en
un entorno, un entorno en un plan urbano.*
Eliel Saarinen, en la revista *Time*, 2 de julio de 1956

Antes de abordar el tema de las energías en sí mismas, voy a hablar un
poquito de los aspectos más temporales y prácticos de ser un sanador,
concretamente de aquellos que favorecen un ambiente propicio para sanar. Muchos escogen tener una ubicación física específica que pueden
considerar suya, aquella que *les* representa. Por lo tanto, antes de que
empieces a trabajar y aplicar las energías, querrás tratar algunos de estos
aspectos prácticos terrenales.

El mundo es tu consultorio

Si eres como la mayoría de las personas, cuando visualizas a un médico
trabajando con un paciente enfermo, la imagen que te viene a la mente
incluye a un médico con una bata blanca de laboratorio, una habitación
aparentemente esterilizada, una cama graduable, y una enfermera o dos
trajinando con chirriantes zapatos de goma. También podría haber alguna máquina con señales sonoras, una botella de suero, tubos, electrodos,
y algún tipo de espantosa comida sobre una bandeja de plástico... horri-
ble incluso por el color.

Excepto cuando realizas este trabajo en un entorno de hospital, este
tipo de ambiente tiene poco que ver con la Sanación Reconectiva.

La verdad es que, tan sólo con acercarte a la gente que va por la calle
y dejar que la energía fluya y pase a través de ella, perfectamente podrías
tener una sanación en el acto. Esto también es aplicable a alguien que no
está en la misma ubicación física que tú.

A medida que aumente tu destreza, te sentirás más y más cómodo trabajando en un entorno cada vez menos controlado. La sanación a distancia también es una alternativa, aunque por muchas razones, no será lo que quieras hacer la mayoría de las veces.

Así que, ¿qué es un entorno «óptimo»? ¿Qué hay en él y qué no?

En realidad, no hay mucho que decir: el lugar en el que realizas una sanación sólo debe ser tan agradable como sea posible tanto para ti como para tu paciente. A continuación hay algunos detalles generales a tener en cuenta.

Crear un espacio cómodo

Un paciente sumergido en la energía reconectiva está experimentando más que un trabajo de «ajuste». La luz les penetra, intercambiando la información en una comunicación de «alto nivel» con el universo. Aunque su conocimiento del aspecto empírico de su sesión puede ser o no esencial para recibir una sanación, es un obsequio poco frecuente y valioso, reconocido a menudo como la experiencia de una vida. Honra esto como parte de tu objetivo de optimizar su entorno.

Por tanto, en la medida de lo posible, la comodidad del paciente es una prioridad principal. Generalmente el paciente se acostará, a ser posible en algún tipo de camilla de masaje o en una cama. En general es mejor poner al paciente sobre su espalda, principalmente porque esta posición es la más cómoda para la mayoría de las personas, y también la más «abierta»: les permite ser más receptivos y conscientes de su experiencia. Personalmente, prefiero que el paciente no utilice almohada. No porque piense que la almohada vaya a obstruir el flujo de energía (una pared de *plomo* no podía obstruir esta energía), sino porque las almohadas pueden molestar si hay movimientos de la cabeza o de cualquier otra parte del cuerpo. Pero si un paciente tiene problemas de cuello o espalda, puede necesitar una almohada para apoyar la cabeza o ponerla bajo sus rodillas. Por favor ten en cuenta que las sanaciones serán tan efectivas si la persona está sobre su estómago, su espalda, o de lado, tanto si tienen los ojos abiertos y están hablando, como si los tienen cerrados y no hablan. La diferencia está en el aspecto empírico de la sesión, algo que a menudo otorga una percepción muy valiosa que modifica la vida de las personas.

Recuerda: la comodidad es una prioridad principal para mantener al paciente relajado y receptivo.

❧❦❧

¡*Tu* comodidad también es importante!, ya que necesitas mantener cierto esquema mental cuando trabajas con las energías de sanación, y una tensión física puede quitarle valor. Estar distraído por tu propio malestar no es un regalo para la persona que viene a ti buscando ayuda. Por eso recomiendo que pongas tu camilla a una altura cómoda, que no te obligue a doblarte, agacharte ni arrodillarte. Si la habitación es suficientemente grande, pon la camilla o la cama en una posición que te permita caminar alrededor del paciente. Si estás trabajando en un espacio más pequeño, como hice yo durante mis primeros años, puedes decidir colocar la camilla contra una pared para tener la libertad de moverte cómodamente alrededor de los lados de la camilla que no apoyan contra la pared. Esto no interferirá en nada.

He visto, con cierta frecuencia, que algunas personas abrían sus ojos a mitad de la sesión, muy sobresaltadas. Mirándome a los ojos, señalaban con el dedo o tocaban la pared en la que se apoya la camilla y decían: «He sentido como si estuvieras de pie aquí». De algún modo, la Luz no reconoce lo que percibimos como limitaciones físicas o espaciales.

De todas maneras, si quieres caminar alrededor de la camilla, quieres caminar alrededor de la camilla.

Los efectos de la iluminación

Por regla general, querrás que tu paciente cierre los ojos para eliminar las distracciones y permitir que se relaje. Una luz potente que brilla bajo los párpados del paciente no es especialmente calmante. Por otro lado, una luz insuficiente no es beneficiosa para ti como sanador porque querrás usar tanto la «sensación» de las energías en la habitación como tu sentido físico de la vista durante la sanación. Así que, un nivel agradable y neutral de luz es lo mejor si puedes conseguirlo. Yo prefiero la luz indirecta suave e incandescente (de una lámpara de pie o un aplique de pared) con regulador. Mi segunda elección sería una lámpara halógena, también con regulador. Una lámpara de techo fluorescente sería una elección terrible, aunque aceptable si apagas el interruptor, o los tubos están todos fundidos.

Un aspecto muy importante de la luz tiene que ver con las sombras. Cuando te mueves alrededor del paciente, debes tener cuidado de no provocar sombras en sus párpados. El paciente responderá a este cambio de luz con un parpadeo que imita uno de los «registros» físicos más frecuentes (respuestas involuntarias de las energías) que indican una conexión con las energías de sanación. Esto, a su vez, puede despistar tu conocimiento de cómo está respondiendo el paciente, porque empezarás a concentrarte en sus falsas reacciones.

De nuevo, debes honrar el aspecto empírico de la sesión. No debes provocar una «lectura falsa» en o por el paciente. Si sus ojos tiemblan o notan que se mueve una sombra, deben poder saber que no fue causada por ti… o por ninguna otra cosa de este plano de existencia.

Olores, fragancias y aromas

Por la misma razón, no debes tener olores terrenales en la habitación si puedes evitarlo. En su estado transensorial, muchos pacientes olerán fragancias específicas durante sus sesiones, así que no debes forzar tu concepto de un aroma agradable en ellos, anulando la experiencia olfativa que viene desde *alguna* otra parte. Recuerda, ellos podrían no volver a tener otra vez la oportunidad de experimentar ese olor único. Así que evita el incienso o las velas perfumadas; o llevar perfumes, colonias, o aceites *(y, sí, eso incluye la aromaterapia)*. También, aleja las flores olorosas (o muy polinizadas), así como los ambientadores y los productos de limpieza con fuerte olor.

Por una cuestión incluso más práctica, a veces verás a pacientes que tienen alergias ambientales. Para algunas de estas personas, la fragancia residual más leve de incienso o de velas perfumadas podría provocar una respuesta como que su garganta se cierre o tenga dificultades para respirar. También pueden reaccionar frente a los químicos dejados por los detergentes de la ropa (en las sábanas que cubren tu camilla de masaje) y los líquidos de limpieza. Los ambientadores solamente empeoran la situación. Éstos son acontecimientos que no se remedian necesariamente con rapidez, lo que quiere decir que acabas de perder la sesión por todo esto.

Conclusión: es mejor dejar el aire lo más limpio posible.

Distracciones musicales

Cuando era quiropráctico en ejercicio, tenía siempre hilo musical en las salas de ajuste, tanto para mi disfrute como para el de mis pacientes. Pero ahora, trabajando con estas energías de sanación, no pongo música en la sala de tratamiento, ya que tiende a llevar a las personas hacia cierta experiencia *creada*. Si están recordando la primera vez que escucharon una canción especial, o pensando cuánto les gusta o la odian, o se dejan llevar por la idea que la melodía dibuja en sus mentes, es menos probable notar sus reacciones *genuinas* en el proceso de sanación. En otras palabras, la música lleva a la gente a cierto lugar... y la deja allí.

Eso no quiere decir que la habitación tenga que ser a prueba de ruidos o de un silencio sepulcral. Personalmente, me gusta tener un poco de ruido blanco en la habitación, y eso es todo. Por si no estás familiarizado con el término, el «ruido blanco» es una forma de sonido regular, suave, más o menos como el zumbido de un ventilador viejo. Es beneficioso para suavizar las distracciones externas de la habitación. Debes hacer que este ruido blanco sea suave y constante (a diferencia del sonido de «lluvia» o de «olas que rompen»), porque tales cintas de naturaleza contienen a menudo espacios en blanco entre los sonidos. En esos espacios en blanco, los ruidos del exterior asustan.

Tu ropa profesional

Como sanador, no necesitas llevar una bata blanca de laboratorio ni necesitas llevar túnicas sacerdotales. No se necesita el estetoscopio ni un brazalete de un compuesto metálico específico. Simplemente vístete cómodo.

No obstante, debes evitar llevar camisas sueltas o sin meter; o con mangas sueltas y colgantes al estilo medieval; o joyas que cuelguen lo suficiente como para tocar al paciente. También, presta atención a las pulseras tintineantes, relojes sonoros y telas rígidas y ruidosas como el tafetán y la pana. Si tienes el pelo muy largo (así como despeinado y que entra en la habitación antes que tú y sale 20 minutos después), recógetelo hacia atrás o hacia arriba para que no te moleste en tus movimientos. Una vez más, el objetivo es evitar dar a tu paciente falsas «señales». Es especialmente importante respecto al sentido del tacto, porque cuando tus pacientes experimentan que alguien toca su brazo o acaricia su mejilla, necesitas que sepan que no has sido tú.

Intensidad «relativa»

Sugiero que no haya más personas en la sala de sanación que el paciente y tú. Hay varias buenas razones, pero la primordial es la necesidad tuya y del paciente de permanecer «en marcha» y no provocar resultados inducidos. Es difícil permanecer ajeno al resultado si tienes familiares o amigos del paciente mirando ansiosamente a que algo trascendental ocurra. La presencia de «espectadores» puede crear distracciones.

Por favor, ten en cuenta sin embargo, que hay ciertas situaciones en las que es preferible tener a alguien más en la habitación. Por ejemplo, es una buena idea tener presente a un padre o tutor cuando tu paciente es un menor. Una situación que aparece con ciertos niños –y también con algunos adultos– es que pueden sentirse un poco incómodos estando solos en una habitación con alguien a quien acaban de conocer. La presencia de un rostro conocido puede aliviar su incomodidad.

Aparte de tu deseo de «hacerlo bien» o «actuar» para el acompañante, hay otro factor a abordar cuando te encuentras en una situación con los seres queridos de alguien. Es lo que he acuñado como la *intensidad relativa*. La *intensidad relativa* –mejor dicho, la intensidad de los parientes– se caracteriza a menudo en el pariente acompañante por un murmullo rápido, intenso y diminuto; estrujarse las manos; labios superiores sudorosos; y ojos lanzados hacia arriba en señal de desesperación. Si no estás mirando directamente a esa persona, ¿cómo sabrás si está experimentando la *intensidad relativa*? Para saber si el familiar está presentando las señales exteriores clásicas del síndrome o no, una pista será que tu paciente esté mostrando poca respuesta. Mi consejo para minimizar la intensidad relativa es tener a mano alguna revista actual y, explicando el por qué, pedir al acompañante que por favor se distraiga con ella. Muy probablemente verás que los registros físicos comienzan de nuevo y esto permitirá al paciente experimentar el potencial total de la sesión.

Duración de las sesiones

Vamos allá. Ahora que todos los elementos materiales para la sanación están preparados, estás listo para reunirte con tus pacientes para su experiencia de sanación. Pero, ¿cómo puedes saber cuánto tiempo llevará, o cuántas sesiones se pueden necesitar para que la sanación alcance su máxima expresión?

El hecho es que, *no* puedes saber cuánto le llevará al paciente responder a la energía de sanación. Pueden responder inmediatamente, o podría parecer que no responden en absoluto si el evento sanador que el universo determina que necesitan es diferente del que creen que necesitan, o incluso del que tú crees que necesitan.

Por otro lado, he aprendido que sirve de poco mantener a la persona en la camilla demasiado tiempo. Desde el punto de vista de la sanación, el tiempo no importa. Algunas de las sanaciones más espectaculares que he visto han ocurrido en sesiones que duraron menos de un minuto. Sin embargo, es necesario asignar un determinado tiempo a una sesión para poder establecer y mantener una buena comunicación con la persona que se ha tomado el tiempo de venir a verte. Si alguien conduce 30 minutos para verte y sólo trabajas en él durante dos minutos y luego dices: «Bien, estás listo», probablemente sienta que falta algo por hacer. Así que aunque el tiempo no es un factor para las sanaciones en sí, es un factor relativo para muchas personas y, para algunas, puede tener un papel en los beneficios que ellos mismos se permiten recibir.

La mayoría de las personas esperan que una sesión dure entre 45 minutos y una hora. Para otros, 30 minutos es un buen espacio de tiempo, siempre y cuando *creas* en tu propia mente que es apropiado. La sanación es un viaje, no un punto final. El proceso no se apaga cuando termina... porque *nunca se acaba*. Siempre puedes evolucionar; siempre puedes ser mejor.

Las sesiones pueden ser tan breves o tan largas como quieras, continuando a menudo por sí solas mucho después de que el período de tiempo «asignado» haya terminado. Las largas sesiones predeterminadas brindan entre otras cosas, una fuerza verdadera: te permiten programar tu día. Lo creas o no, esto es importante, ya que las demás personas tienen sus propios calendarios y programas y no quieren esperar impredecibles períodos de tiempo hasta que tu péndulo decida que la sesión ha terminado.

¿Cuántas sesiones son necesarias? Tantas como necesite la persona para aceptar la sanación. Así como no existen dos copos de nieve iguales, tampoco existen dos sesiones de sanación iguales. Al igual que tampoco hay dos personas iguales. Al tener esto en mente, algunas personas pueden solicitar *varias* sesiones; otras, una. Tiendo a sentir que si no ha ocurrido ningún cambio evidentemente identificable al final de la tercera visita, puede que éste no sea el sendero más apropiado para que el paciente consiga los resultados concientemente previstos por él. Esto no es una «terapia», y continuar con esto no es necesario ni deseable.

La mayoría de mis pacientes tienen que hacer un viaje en avión para verme. Tienen que hacer planes con anticipación, teniendo en consideración el tiempo que estarán fuera del trabajo, las tarifas de los vuelos de ida y vuelta, y las reservas de hotel. Así que, normalmente, quieren tener una idea de cuánto tiempo estarán en Los Ángeles y cuántas visitas serán necesarias. Muchos quieren reducir al mínimo el tiempo que están lejos de su trabajo y familia. Por estas razones, creo que prefiero programar las sesiones en días consecutivos o alternos. No quiero tener a mis pacientes lejos de casa más de lo necesario, y no quiero que se vayan antes de sentir que han terminado.

Cuando me preguntaban cuánto tiempo llevaría, solía decir «tres». «Quédate lo suficiente para tener tres sesiones. Podrás decidir entre visita y visita si quieres tener una segunda y una tercera sesión, pero al menos tendrás reservada la hora.» Además, me decían constantemente que, aunque cada visita era única, había algo particularmente especial en la tercera visita.

No te estoy diciendo que sean necesarias tres visitas. Una visita –quizá incluso *parte* de una visita– podría ser suficiente. Si la persona que estás viendo vive en tu ciudad, y tu programa de citas lo permite, puedes elegir establecer citas según sea necesario.

Ten cuidado con los individuos que pueden desarrollar un sentimiento de dependencia hacia ti. Los pacientes no necesitan asistir a visitas regulares semanales, o que los veas según van «mejorando». Alguna gente va al médico y a los sanadores simplemente para conseguir un poco de atención, y éste no es el propósito de la Sanación Reconectiva.

Tampoco tiene que ver con procesar. La persona que está en tu camilla no necesita estar tendido allí llorando y reviviendo antiguas y dolorosas experiencias. Esto los mantiene atascados en el pasado en lugar de permitirles ir hacia delante. El universo se recrea en nuestra imagen de la realidad. Si continuamos repitiendo nuestros viejos casetes, también tendemos a reproducirlos. El concepto de «sin dolor no hay ganancia» ya no es aplicable.

Dos cosas se permiten a sí mismas funcionar dentro de nuestros límites ilusorios de tiempo: nuestra decisión de aceptar la sanación y la inmediatez y la totalidad de su demostración. Si alguien está llorando y procesando en nuestra camilla, puedes elegir hacerles saber que esto no forma parte de su experiencia. Si *varias* personas están allí tendidas llorando y procesando, debes darte cuenta de que eres tú el que está teniendo dificultad para liberarte de esta creencia, y la gente que viene a verte simplemente la está aceptando. Hagámosles –y a nosotros mismos– un favor, y liberemos este viejo concepto. Sólo nos mantiene en el pasado. Las sanaciones de las que eres testigo se producirán en un instante con –y más probablemente por– la fuerza de la gracia.

190

Medicación actual

Los pacientes te van a preguntar: «¿Debo dejar de tomar mi medicación antes de ir a una sesión de sanación?». Por tentador que parezca, sugiero que te abstengas de darles ningún consejo en este tema por varias razones. Una importante es: a menos que seas el médico del paciente, no debes jugar a ser Dios con su tratamiento médico actual, que es por lo que los doctores en medicina van a la universidad. Puede haber graves ramificaciones con esto: físicas, emocionales, éticas e incluso legales. No te lances.

Pero hay otra razón por la cual no debemos interferir en el tratamiento médico existente de un paciente: recuerdo un paciente que parecía especialmente incómodo durante su sesión. Le pregunté qué pasaba y descubrí que había decidido dejar de tomar sus medicamentos. Como consecuencia, desarrolló un desconcertante picor y era incapaz de permanecer tendido y experimentar la visita completamente.

¿Por qué lanzar una nueva variable en la situación? Si el paciente ha conseguido un estado de equilibrio con su medicación (como a menudo es el caso de los que han estado tomando ciertos medicamentos durante un período de tiempo prolongado), dejar uno o más de estos medicamentos repentinamente puede producir resultados inesperados y a veces incómodos.

෮෧෮෧

Capítulo Dieciocho

Activar al sanador que hay en ti

La mayor revolución de nuestra generación es el descubrimiento de que los seres humanos, cambiando sus actitudes mentales internas, pueden cambiar aspectos exteriores de sus vidas.

William James

Antes de que puedas empezar a aplicar la energía reconectiva, es mejor que aprendas a reconocerla. Está lista para encontrarse contigo, pero como un extraño esperándote en el aeropuerto, es más fácil si esta energía es identificable. ¿Cómo podemos aprender a reconocer algo que no hemos sentido nunca antes? ¿Son realmente suficientes las descripciones de un libro? Una de las cosas más sorprendentes que descubrirás cuando comiences a interactuar con esta energía es que, a diferencia de algunas de las antiguas propuestas de sanación basadas en la técnica, este proceso nos da señales muy claras de que está allí y de que estamos relacionados con ella. En este aspecto, no es una «energía sutil» *–es cualquier cosa menos sutil–* ni es algo por lo que tengas que pasar una vida cultivando una sensibilidad. La energía de sanación no es solamente algo que *nosotros* sentimos, o algo que el *paciente* siente, es algo que podemos realmente ver funcionar.

Insisto: tu conexión con esta energía se ha ido desarrollando durante todo el tiempo que has estado leyendo este libro.

Ahora es el momento de dar un paso más.

Activar las manos

Cuando imparto seminarios, la primera parte de la sesión de «imposición de manos» es casi literalmente eso: yo «activo» tus manos. Por «activar» quiero decir que ayudo a permitir que te abras a recibir esta energía de sanación y a actuar como conductor para que pase desde el universo hacia ti. Este paso es el catalizador de un proceso que te inicia en tu viaje hacia el cambio, capacitándote para transportar y alojar estas nuevas frecuencias. Dado que tus manos son tan conscientemente receptivas, es la parte del cuerpo que utilizo como «pararrayos» para atraer la energía. Comienzo pidiéndole a cada participante que ponga una mano en la «posición anatómica normal». Ésta es la terminología médica para la posición que tus manos adoptan automáticamente cuando no estás pendiente de su colocación. Para encontrar la posición anatómica normal, deja simplemente que tus brazos caigan a los lados haciendo que tus manos cuelguen sueltas. Sacúdelas sólo un poco para eliminar cualquier tensión residual. Ahora, sin moverlas, mira hacia abajo y observa la posición en la que caen: dedos ligeramente curvados, muy probablemente sin tocarse unos a otros. Ésta es la posición anatómica normal. Ésta es la postura, más o menos, en la que deberás poner tus manos mientras trabajas. Ésta es una postura de «bien-estar». Si queremos ayudar a la gente con, entre otros temas, el «mal-estar», deberemos empezar desde nuestra posición de «bien-estar». Este concepto de bien-estar impregna todos los aspectos de la Sanación Reconectiva. Nuestras manos se mantienen en una posición de bienestar, mantenemos nuestros cuerpos en un lugar de bienestar, nuestras mentes y procesos de pensamiento permanecen en un estado de bienestar, y el paciente está en bienestar tanto como sea posible.

Para activar unas manos, sitúo las mías, que también mantienen la posición anatómica normal, a unos treinta centímetros, con una de las manos del receptor en medio de las mías.

Y entonces empieza. Yo simplemente «la siento, la busco y la estiro», permitiendo que la energía que ya tengo en mis manos se expanda y fluya de un lado a otro entre mis palmas, envolviendo a menudo no sólo mis manos, sino también mis antebrazos, y por tanto no sólo rodeando sino atravesando las del receptor. Esta energía entonces viaja a través del resto de tu cuerpo, haciéndose notar a menudo en ciertas partes tales como tu cabeza o tu corazón. Este proceso activa tu receptividad latente para acceder a estas nuevas frecuencias sanadoras. Hay una resonancia acompasada, entre una persona y otra, algo que recuerda a los relojes con péndulo que se acompasan uno con otro cuando están en la misma habitación.

Una activación sirve también para otro propósito: demuestra la realidad de la energía a los participantes, porque pueden *sentirla* en sus manos. Estas frecuencias son palpables e inconfundibles. Las sensaciones que la gente experimenta pueden diferir de un individuo a otro e incluso de una mano a otra, aunque hay un evidente hilo de continuidad que se hace indudablemente aparente cuantas más experiencias de los participantes escuchas. Es habitual escuchar comentarios de todo tipo, de hormigueo, vibración, frío, calor, de empujar y tirar e incluso una sensación de viento pasando a través de las manos.

Es importante recordar esta variedad, porque tendemos a emitir juicios sobre lo que experimentamos basados en las historias que hemos oído. Por ejemplo, en la cultura occidental, el color blanco se percibe generalmente como representativo de algo «bueno»; el negro representa lo «malo». Pero en otras culturas, el *blanco* es el color de la muerte.

Creemos que las manos de un sanador deben estar calientes y consideramos que el frío no indica curación, sino más bien indica enfermedad o muerte. En muchas escuelas asiáticas de sanación, el calor representa la sanación desde la tierra, y el frío representa la sanación desde el cielo. Ninguna es mejor o peor que la otra. No podemos vivir en espacios tan limitados y definidos y esperar tener una perspectiva adecuada del conjunto total. Es esta variedad –y su determinación por un Poder Superior– lo que permite que llegue de la forma más apropiada. Este proceso es autorregulador, autodeterminante, autoajustable y siempre completamente responsable.

La Sanación Reconectiva proporciona una perspectiva de estas creencias que apunta a la inutilidad de intentar atribuirles un sentido específico. Las sensaciones que te llegan a ti y a tus pacientes son concretamente una parte de tu proceso, representativas de lo que ambos participantes necesitan y están recibiendo.

Eso está bien, pero, ¿qué *significa* que la gente sienta –realmente *sienta*– estas sensaciones inesperadas en sus manos? Es como si se nos dieran ciertos tipos de *células receptoras* con los códigos de ADN adecuados para «encender» en su momento nuestra interacción con estas frecuencias. Y ahora es ese momento. Cuando nuestras manos –o cualquier parte de nosotros– se activan, estos receptores cobran vida, y una vez que esto ocurre, la receptividad está allí; es un elemento de quiénes somos desde este punto en adelante.

Es importante para ti comprenderlo porque, una vez que hayas sentido la energía, podrás encontrarla de nuevo simplemente poniendo tu atención en ella. Has comenzado el cambio para transportar y alojar estas frecuencias.

Responder a la energía

Otra cuestión sobre las sensaciones que tienes cuando tus manos se activan es que varían tanto en intensidad como en carácter. Algunas personas se quedan sorprendidas o se ríen ante la magnitud de energía que sienten en sus manos; unos cuantos, ceñudos y tensos, ansiosamente quieren poder decir: «¡Siento algo!». Y sólo unos pocos permanecen ajenos, al principio o hasta que trabajan con ella, a la diferencia entre esto y cualquier otra «técnica» que hayan usado. Normalmente es porque les resulta familiar ese primer peldaño de la escalera que conocieron y de la que se enamoraron hace mucho tiempo. Pero pronto, las frecuencias de la Sanación Reconectiva les resultan inconfundibles y la mayoría de las veces cuentan que ya no pueden encontrar las energías de su técnica anterior.

No es que esas energías se hayan «perdido». Es más bien como si las frecuencias reconectivas las hubieran lavado e incorporado, como una ola de océano puede bañar un charco en la orilla. Aunque puede que nunca más veas ese charco, no se ha perdido; simplemente ha pasado a ser parte de uno mayor. En otras palabras, has comenzado a ascender por la escalera.

Si tocas una pared con la mano, sabrás inmediatamente lo que es. Si alguien más la toca, lo sabrá también inmediatamente y describirá la sensación de manera muy parecida a la tuya. Obviamente, ninguna de estas descripciones es necesariamente válida para las energías que la gente siente cuando se activan sus cuerpos. Así, un escéptico previsiblemente podría decir: «Eso es porque esta "activación" es imaginaria. La fuerza y la naturaleza de las sensaciones que tiene la gente están basadas en el poder de su imaginación, no en el poder de alguna fuerza real. En otras palabras, no existe».

Ésta es una suposición incomprensible, ya que en el mundo actual de los descubrimientos, hemos visto lo contrario.

Entre los experimentos que he dirigido en la Universidad de Arizona hubo uno en el que coloqué a un grupo de estudiantes en una sala completamente cerrada. Las paredes y el techo eran negros, había cortinas tupidas en las ventanas y las puertas estaban cerradas. Queríamos que las influencias exteriores incontroladas no entraran.

El diseño del experimento era el siguiente: tres personas se turnarían al azar con tres papeles diferentes (el Receptor, el Emisor, y el Transcriptor). El Receptor llevaba una gruesa venda en los ojos. El trabajo del Emisor era dirigir la energía hacia el Receptor; el trabajo del Transcriptor consistía en tomar el tiempo de cada sesión y anotar los resultados. Además, varias videocámaras estaban posicionadas para grabarlo todo, incluidos todos los movimientos corporales y las voces.

El objetivo del estudio era simple: determinar si el Receptor, aislado de estímulos virtuales y físicos, podía detectar cuándo y dónde se dirigía la energía. En la práctica, el Receptor tendría sus manos en una de las dos posiciones predeterminadas: a veces con un movimiento activo y a veces en descanso. Las posiciones y sus componentes pasivo o activo se seleccionaban al azar. El Emisor dirigiría la energía hacia la mano derecha o izquierda del Receptor, y el Receptor indicaría verbalmente en qué mano se había detectado la energía. El Transcriptor seleccionaba una carta impresa al azar y sosteniéndola a la vista del Emisor, leía la posición de la mano seleccionada del Receptor. Sólo el Emisor y el Transcriptor podían leer hacia qué mano se dirigía la energía.

Había, por supuesto, un cincuenta por ciento de posibilidades de que el Receptor simplemente lo adivinara correctamente, las mismas que al lanzar una moneda al aire.

Hicimos el experimento durante cinco días consecutivos. En el primer día, el porcentaje de «éxitos» fue aproximadamente del sesenta y cinco por ciento, bastante superior al cincuenta por ciento que podría representar un resultado «al azar». En el segundo día, el porcentaje aumentó. El tercer día, aumentó más aún. El cuarto día, probablemente porque todos estaban estresados por estar encerrados en un laboratorio durante diez horas al día, la precisión dio un bajón. Pero en el último día del experimento, el quinto día, el nivel de precisión no sólo no retrocedió, sino que aumentó un poco más allá del noventa por ciento, y algunos llegaron al noventa y seis por ciento.

Este resultado supera tanto lo que se considera «estadísticamente significativo», que no tiene sentido hablar de las *posibilidades* de que esta energía sea imaginaria. La elegancia y simplicidad de este estudio muestra el desarrollo de una curva de aprendizaje al detectar las energías reconectivas, una buena y clara curva de aprendizaje. Y, por supuesto, tú solamente puedes desarrollar una curva de aprendizaje de algo, si ese *algo* existe.

Manos libres

Como ya hemos comentado, con la Sanación Reconectiva, la gente tiende a enfocarse en sus manos. Bien, ¿por qué no? Pero la verdad es que no *necesitas* usar tus manos con estas energías. Puedes tenerlas amputadas quirúrgicamente y la energía de sanación no se verá afectada en absoluto, aunque no deseo ser el modelo para un estudio como éste. He participado en sanaciones donde no usaba nada más que mis ojos; incluso he participado en sanaciones en las que el paciente estaba a varios miles de kilómetros.

Aún así, prefiero utilizar mis manos y la mayoría de la gente probablemente también. Lo cierto es que no estoy interesado al cien por cien en hacer sesiones a distancia utilizando sólo mis ojos. Con un movimiento tan limitado por mi parte, no hay una gran sensación de interacción con las energías y por tanto, las sesiones se hacen menos interesantes de lo que deberían ser. Por ahora, esto es lo que *yo* hago y lo que recomiendo que *tú* hagas. ¿Por qué? Porque, aunque esta energía es invisible, nosotros, la gente que la utilizamos, somos criaturas físicas. Utilizar tus manos te ayuda a concentrar tu atención. Te mantiene en el ahora, en el presente… en el proceso.

El proceso de grupo

A pesar del hecho de que te estés activando a ti mismo a través de la lectura de este libro, y que puede que no *necesites* ninguna ayuda para adquirir o desarrollar más tu conexión con las frecuencias de la Sanación Reconectiva, te recomiendo sin embargo que, si es posible, asistas a un seminario de Sanación Reconectiva para que tus manos puedan ser activadas en persona. La verdadera simplicidad con la que estas frecuencias pueden ser dominadas, pocas veces es tan evidente como durante esos fines de semana.

Al leer este libro, los niveles en los que estas frecuencias se desarrollan en ti pueden alcanzar los niveles de los que han asistido a los seminarios, aunque puede tardar más tiempo. Una razón puede ser el grado de intensidad proporcionada a través de la interacción en vivo. Otra razón es que podemos ser nuestros peores enemigos. En intentos de simplicidad como éste, a menudo estamos confundidos por la creencia de que algo que procesa el poder y la magnitud de estas frecuencias debe requerir un procedimiento o complejidad mayor que el que se nos ha dado o somos capaces de comprender y adquirir al leer estas páginas. Y, aunque los libros a menudo son una fuente de conocimiento, ver y experimentar algo de primera mano, nos lleva *más allá* del conocimiento.

El hecho de verlo te lleva al «conocimiento»; en tu «conocimiento» está tu dominio. Se pueden decir muchas cosas sobre las ventajas de pasar un fin de semana inmerso en estas energías: la supervisión directa, la inmediata retroalimentación de tus preguntas, y tu evolución cuando eres capaz de transportar y alojar niveles superiores de frecuencias. Ver y encontrar a otros mientras pasan por estas experiencias contigo proporciona un apoyo adicional. Ser parte de un cambio tan enorme e inmediato –viéndote no sólo a ti mismo sino también a otros dominarlo con tal facilidad– ofrece un grado de confianza y comprensión más allá de lo que se puede impartir a través de la palabra escrita.

Los seminarios y los libros ofrecen valores complementarios. Si bien los seminarios te permiten la interacción, intensidad y dinamismo personal del intercambio que fluye libremente, los libros te presentan material que a menudo es más elaborado y conciso, atrayendo e interactuando con un aspecto diferente de tu conciencia. Lees y absorbes libros en una paz diferente –tu paz– y la información se codifica e incorpora en tu esencia de manera diferente, por no mencionar que está disponible para consultarlo al momento.

Lo que no puedes conseguir de estas páginas, sin embargo, es la incalculable interacción que ofrecen las preguntas, la incertidumbre, el escepticismo y la sorpresa que muestran los demás. El proceso de descubrir es sorprendentemente diferente en cada seminario, aunque en cada caso, la sinceridad imprevisible y escueta de compartir las emociones contribuye a la evolución de cada grupo como un todo.

Todo el mundo llega al mismo nivel sin importar cuál sea su experiencia o educación (y créeme, es enorme). Los grupos están formados aproximadamente por hombres y mujeres al cincuenta por ciento. Puedes ver a maestros de reiki y masajistas, amas de casa y estudiantes, doctores y enfermeras, miembros del clero y trabajadores de la construcción, científicos y profesores de escuela, analistas informáticos y funcionarios, fontaneros y electricistas, banqueros y abogados. Y, en la mayoría de los seminarios, también encontrarás a alguien, que no quería asistir, sentado junto a la persona que de todas formas le trajo.

La constante diversidad de los participantes en la sala asegura que a lo largo del fin de semana, se tratará en profundidad la naturaleza de este trabajo en lo que se refiere a casi todos los aspectos de la vida. Aquellos que estén estancados en su cerebro izquierdo al comienzo del seminario, con frecuencia sobrepasarán tanto esas limitaciones que al final se preguntarán si sólo han transcurrido uno o dos días. Y cuando uno se da cuenta de que el trabajador de la construcción está funcionando con la misma confianza e integridad que el maestro de reiki –precisamente en ese momento– no puede pasar por alto la belleza de este regalo.

En estos seminarios no hay profetas o gurús dando una conferencia en un atril a un grupo de estudiantes que están sentados con atención pasiva. Más bien, creamos una atmósfera de participación interactiva que promueve la exploración y el aprendizaje; se trata de compartir la experiencia de grupo. Lo que ocurre cuando un grupo trabaja junto con estas energías, es que el nivel de cada persona crece a una velocidad asombrosa. En un grupo, es como si hubiera cierto tipo de campo que conectara más intensamente a cada participante, acelerando exponencialmente nuestra nueva evolución. Todos estamos cambiando a cada segundo, y se podría hablar largo y tendido sobre pasar un fin de semana inmersos en las energías... juntos.

Alcanzar las energías

Digamos que has decidido intentar encontrar y sentir estas energías por ti mismo. ¿Qué haces? Ponte de pie delante de un espejo de cuerpo entero y deja que tus manos adopten su posición anatómica normal, agradablemente relajadas, después mira al espejo mientras levantas suavemente tus antebrazos desde los codos, con las palmas enfrentadas, una hacia arriba y otra hacia abajo, con una separación aproximada de treinta centímetros. Asegúrate de que tus manos no se tocan. En este punto deberían girar naturalmente para que los dedos de tu mano derecha apunten hacia la posición de las diez en punto del reloj, mientras que los dedos de tu mano izquierda apuntan hacia las dos.

Ahora pon tu atención en las palmas de tus manos y espera a que llegue una sensación, se puede sentir una especie de presión, un hormigueo o un cambio en la densidad del aire. Se puede sentir una especie de brisa. También puede haber componentes de cambio de temperatura, pesadez, ligereza, expansión, electricidad, y/o atracción o rechazo magnético. No te obsesiones con visualizarla fluyendo en ninguna dirección concreta o siendo de un color específico. Simplemente pon la atención en tus manos y espera a que llegue.

Normalmente, la sensación se centrará por sí misma en tus palmas. A veces será fuerte e inconfundible; otras veces, o para cierta gente, puede sentirse débil al principio. Puedes experimentar otras reacciones sensitivas también: ver, oír u oler cosas que no parecen tener origen en la habitación, o incuso en el planeta. Algunas personas pueden no experimentar nada en absoluto, al menos al principio...

Uno de los beneficios de asumir la investigación, es que somos capaces de explorar, desde una perspectiva más científica, si alguna de estas sensaciones era realmente un sentimiento de flujo energético, o si solamente era algún tipo de respuesta nerviosa o vascular producida por la posición del brazo o de la mano.

Las pruebas preliminares fueron realizadas en voluntarios que sostenían sus manos arriba, abajo, a los lados, apoyadas en la mesa o en los brazos de una silla (almohadillados o no), y flotando libres en el aire durante diversos períodos de tiempo. El resultado fue que la vascularidad (alteraciones físicamente inducidas por el flujo de la sangre o de otros fluidos) se descartó como causa de esta sensación. Lo que es interesante sobre esto es que el cambio fisiológico aparece muy rápidamente tanto para el facilitador como para el sujeto analizado, mostrándose a menudo a través de cambios visibles en la piel y movimientos musculares involuntarios entre quince o cuarenta y cinco segundos después del inicio de la sesión, y prácticamente inmediatos, una vez que se aprende a reconocerlos.

Después de haber dicho todo esto déjame puntualizar dos cosas importantes: la primera es que, como ya se dijo antes, *esto no es una técnica.* Aunque era necesario que te describiera una forma de encontrar una posición inicial de bienestar (posición anatómica normal) para permitir que tus manos sintieran las energías, una vez que la hayas encontrado, podrás sentirla en cualquier forma que elijas.

El segundo punto es: *No lo fuerces.* Permite que la sensación llegue por sí sola. Llegará. No tiene nada que ver con intentar, empujar o enviar. Simplemente pon tu atención en la palma de tus manos y espera a que la sensación llegue. Sácala de tu mente, ego y expectativas y simplemente permite que lo que tenga que ocurrir, ocurra.

¿Está funcionado?

Permíteme insistir un poco más sobre el concepto de «quitarse de en medio»: Para tener una respuesta, ¡no es necesario en absoluto que la *sientas*! Es importante comprender esto si pretendes trabajar con esta energía. Éste es un buen momento para dejar de juzgar y evaluar; llegados a este punto, si no dejas de hacerlo, sólo se convertirá en un obstáculo.

Cuando hablo de juzgar y valorar me refiero a dar valor a la sensación o hacerla correcta o errónea. No significa que elimines el poder de discriminación que te permite observar las diferentes sensaciones que estás experimentando. Esto mantiene tu interés y te hace permanecer en el momento. Juzgarlos, sin embargo, tiene el potencial de interferir con su flujo. Cualquiera que sea la forma que tome la sensación, es la forma apropiada para esa interacción. Recuerda que las frecuencias reconectivas son autoajustables y autorregulables y están dirigidas por la Inteligencia Superior del universo.

La sanación llega a través de la unidad y la unicidad. El juicio en la forma de correcto, equivocado, bueno y malo conlleva separación. Una de las mejores maneras de realzar tu habilidad como sanador es permanecer en un estado de no juicio. Un primer paso en esta dirección sería ver si puedes pasar cinco minutos sin juzgar. Inicialmente, no intentes hacerlo durante un día, o incluso durante una hora; esto probablemente te llevará al fracaso, ya que nuestros modelos de juicio están profundamente arraigados en nosotros. Una vez que hayas dominado los períodos de cinco minutos, amplíalos a diez, después a quince y después a veinte. No se trata tanto de si puedes estar completamente fuera de juicio como de si puedes desarrollar una conciencia de su presencia en tu vida. No estoy sugiriendo que podamos o debamos lanzar el juicio por la ventana. Así como se nos ha dado el ego con un propósito, también se nos ha dado el juicio por un motivo.

ରୁରୁ

Capítulo Diecinueve

Encontrar la energía

La única manera de conocer a una persona o cualquier otra cosa del llamado mundo externo, es a través de sentir tu cuerpo. Todo el cosmos se experimenta a través de sensaciones en el cuerpo.
Living This Moment, Sutras For Instant Enlightenment

Desmitificar el proceso

Una vez que tienes la idea de cómo resuena la energía contigo personalmente, es hora de empezar a jugar con ella. «Jugar» es un concepto importante en la Sanación Reconectiva. No se trata de ser frívolos o tontos; se trata de desarrollar una sensación de relajación y asombro mientras trabajas con estas frecuencias. Recuerda, todo lo que estás haciendo es interactuar con las energías con el propósito de permitir un cambio en la otra persona. No estás intentando dirigir, enfocar, suavizar o cambiar su frecuencia de color o de vibración. Solamente estás jugando con ella y disfrutando de su evolución.

Este concepto puede ser asombrosamente difícil de comprender para algunos. Parece casi demasiado simple, demasiado sencillo, demasiado infantil. Pero, para dominar realmente estas energías, es esencial ser infantil.

La Sanación Reconectiva no es una técnica ni una colección de técnicas. No se trata de reglas o procedimientos. Es un nuevo estado de ser. Se convierte en *ti*. Te conviertes en *ella*. Y cambias para siempre. Punto.

Es muy posible que aquellos que han estudiado diferentes técnicas, hayan estado expuestos a algunos de los ejercicios iniciales que voy a presentar. Aunque puedas conocer algunos de los métodos para estar en contacto con estas sensaciones, no te confundas: *Ahora lo estás haciendo con algo más*. Ahora estás sacando algo nuevo y diferente. Esto se hará evidente para ti muy pronto.

Dirigir la atención

Pon tus manos en la posición anatómica normal, palma contra palma, de
la manera que describimos antes, con un espacio de unos treinta centímetros entre ellas. Ahora siente suavemente la energía en una palma o en
ambas. Espérala y permítela llegar. Si sientes la energía solamente en una
de tus palmas, abre suavemente tus manos para que ambas palmas estén a
la vista. Mira la palma en la que eres capaz de sentir la energía. Observa
a qué se parece esa energía y ahora mira a la otra palma. Simplemente
espera a que esa sensación llegue allí. Generalmente lo hará en unos diez
o quince segundos. Una vez que llegue, vuelve a poner tus ojos en la otra
mano y espera que la sensación regrese. Repite el proceso despacio y después a diferentes velocidades. Para algunos la sensación se moverá de una
mano a otra mientras hacen esto. Para otros, la sensación permanecerá en
ambas manos y continuará creciendo en intensidad.

La bola de ping-pong

Ahora que has dominado este proceso a través de tu atención, vamos a
dar forma y sustancia a la sensación. Visualiza y siente las energías con
la forma de una bola de ping-pong. Imagina esta bola en una de tus manos y dale suavemente un «empujoncito». Mientras lo haces, visualiza la
trayectoria o camino que la bola seguirá al pasar a la otra mano. Pon tu
atención en la mano receptora y de nuevo espera la sensación de la bola al
aterrizar. Una vez que aterrice, dale un empujoncito y espera a que llegue
de nuevo a la mano opuesta. A veces al principio le lleva un poco más de
tiempo a la bola viajar y llegar de una mano a otra. Es simplemente una
forma de que te sientas cómodo con el proceso y de que te familiarices
con la sensación.

El muelle saltarín

Ésta es una variación del proceso de la bola de ping-pong. Puedes imaginar la energía como un tipo de «resorte saltarín» etérico. Por si no estás
muy familiarizado con el «muelle saltarín», es un juguete sencillo que
está hecho de un alambre plano enrollado a modo de espiral cilíndrica.
Por otro lado, si no estás muy familiarizado con él, muy probablemente
eres un extraterrestre del espacio y por lo tanto no necesitas leer esta
sección. Si sujetas uno de los extremos del muelle y lanzas el resto del

cilindro lejos de ti, se desenroscará a gran distancia y después volverá serpenteante. También puedes «volcar» la espiral de una mano a otra, y luego a la otra, de aquí para allá, estableciendo un ritmo que hace que el muelle salte de un lado a otro.

Otra imagen que puedes utilizar para ayudarte a sentir esta energía es sujetar el muelle con la palma de la mano hacia arriba. Lánzalo y visualízalo formando un arco como si dejara una mano y pasara a la otra. Siente cómo el peso abandona tu mano. Ahora siente el mismo peso que llega a la otra mano poco a poco hasta que todo el muelle aterriza. Invierte el proceso y juega con él a diferentes velocidades.

Al principio, utiliza tus ojos para seguirle la pista al flujo de energía de una mano a otra. Al final no será necesario seguir utilizando tus ojos.

Siéntela, encuéntrala, estírala

Cuando sientas la energía (o incluso si no la sientes), imagínate que hay algún tipo de acoplamiento etérico que conecta el interior de tus palmas, como un caramelo blando que puedes estirar. Sin cambiar la posición de tus manos –en otras palabras, permitiéndolas permanecer en la posición anatómica normal– siente la energía moverse y estirarse. Debes moverlas despacio haciendo pequeños círculos antes de que comiences a estirar para familiarizarte con esta nueva sensación. Este proceso también sirve para ayudarte a localizar la posición de tus manos, que te permitirá sentir la sensación más claramente. Mientras mantienes la sensación en tus manos, quiero que las separes despacio, sin perder esta sensación en ningún momento, ya que cada extremo de este «caramelo etérico» está sujeto a las palmas de tus manos: un extremo a una palma y el otro a la otra palma. Cuando estiras el caramelo al separar lentamente tus manos, puedes sentir la realidad etérica de la atracción. Si la sensación se debilita en algún punto, acerca tus manos un poco y repite los pequeños círculos una vez más hasta que regrese la sensación. Después vuelve a estirar.

No es necesario que muevas las manos rápidamente mientras estás aprendiendo a experimentar este proceso. Tómate tu tiempo. Juega con ella. Después, cuando estés trabajando con tus pacientes, deberás recordar que sólo tienes una responsabilidad: *recibirla* y *sentirla* claramente. Eso es todo lo que tienes que hacer por ahora.

Cuando llegues a este punto, el siguiente paso es comenzar a trabajar con algo o alguien entre tus manos. Comienza simplemente colocando la mano de alguien entre las tuyas y después repite el ejercicio anterior.

Después de esto, puedes ampliarlo colocando tus manos en ambos lados del cuerpo de alguien y, de nuevo, repetir el ejercicio anterior. Recuerda, por el bien de este proceso, la mano o el cuerpo de esa persona *no existen*. Simplemente estás permitiendo a la energía que pase entre tus manos; no estás intentando enviarla a las suyas.

El ejercicio de flotación

El siguiente ejercicio que deberás hacer es el llamado *de flotación*. Imagina que la habitación en la que te encuentras está llena de agua hasta la parte baja de tu pecho. Comienza con tus manos y brazos en la posición anatómica normal y después permítelos flotar hasta la superficie del agua. Siente cómo flotan sostenidos por el agua. También, permítete a ti mismo sentir la tensión de la superficie sujetando ligeramente las palmas de tus manos. Mientras tanto, observa las distintas sensaciones de tu experiencia. Cuando estás trabajando con un paciente en la camilla, ésta es una de las formas en las que serás capaz de establecer una conexión con su campo energético. Hacer esto correctamente, en la mayoría de los pacientes, hará que comience la demostración de sus registros (las respuestas físicas involuntarias, que a menudo son visibles).

Si no puedes sentirla, estás poniendo demasiado empeño

Al principio, puede haber ocasiones en las que no siempre estarás seguro de que la energía esté presente. La única forma de que no aparezca es si temes que no llegue, o si estás poniendo demasiado empeño en ello. Una vez activada, *llega* a través de ti. Ya está ahí. No la perderás nunca. Sin embargo, para ayudarte a encontrarla durante esos momentos de incertidumbre, levanta ligeramente tus ojos mirando a un lado o al otro. Ésta es la posición de ojos que normalmente ves en una persona que está siguiendo atentamente una conversación por teléfono. Accede a la parte de tu cerebro que escucha e interpreta, no sólo con tus oídos sino con tu propia esencia. No trates de *enviar* la energía; no se trata de forzar o empujar. Se trata de *recibir*. Se trata de «estar atento» a otra sensación. Se trata de «escuchar» con un sentido diferente.

Si esperas a recibir y sentir la energía, la otra persona la sentirá también. Y será capaz de confirmarte la sensación. Es la única forma que tienes de saber que aún está ahí, que la tienes. Con el tiempo, la sensación te resultará tan familiar como sentir el agua o el viento en tu piel.

Aunque nuestro foco de atención está en «recibir», estos ejercicios contienen también un elemento de «enviar». Recuerda que su propósito es ayudarte a sintonizar con tus percepciones. Una vez que hayas desarrollado tu agudeza, tu habilidad para discernir y discriminar entre los dos aumentará considerablemente.

ന്ദ്രന്ദ്ര

Capítulo Veinte

El tercer implicado

Nada de lo que imaginemos está más allá de nuestro alcance,
sólo más allá de nuestros conocimientos actuales.
Theodore Rozak

Sobre la camilla

Has activado tus manos, has descubierto cómo sentir la energía y has aprendido cómo jugar con ella y tenerla presente mientras mueves las manos. Ahora estás preparado para ver qué ocurre cuando incluyes al tercer implicado –el paciente– en la ecuación. ¿Cómo incorporas al paciente en el flujo de energía entre el universo y tú? ¿Qué tipo de respuestas puedes esperar por parte de los dos, el paciente y tú mismo?

Antes de contestar a esas preguntas, permíteme indicar que por el momento quizá fuera más sencillo que tu «paciente» fuera alguien conocido dispuesto a acostarse y a dejar que practiques con él o ella. Haz que en las primeras sesiones no haya intereses de un tipo u otro por tu parte ni por la de la otra persona. En otras palabras, practica con alguien que no espere disfrutar una sanación ni pretenda *probar que estás equivocado.* Te sugeriría que simplemente le digas a alguien: «¿Sabes?, estoy leyendo un libro raro que… ¿Me dejas verte la mano un momento?». Si está de acuerdo, pon las manos en posición, alrededor de las suyas, comienza con la estrategia «siéntela, encuéntrala, estírala» y una vez que sientas la respuesta en tus propias manos, pregúntale qué está sintiendo. No hace falta que la persona realmente necesite una sanación, aunque siempre le hará bien. Procura que la sesión sea ligera. Lo que menos deseas es una sensación de presión para que «ocurra algo» o para obtener resultados. No le des pistas diciéndole lo que crees que debería sentir. Sencillamente, juega. Siéntela, encuéntrala, estírala. Espera a que llegue y entonces déjate llevar. Y escucha con las manos. Escucha... con un sentido diferente.

Si el ambiente es relajado, puede que quieras que tu amigo o amiga se acueste boca arriba sobre una camilla de masaje o cualquier otro acomodo que hayas decidido. Haz que la persona cierre los ojos y recuérdale que simplemente tiene que *notar*, que elimine su pensamiento participativo en el proceso, y que sencillamente observe cuándo nota algo y cuándo no; que se quede acostado y se deje llevar como si disfrutara de un pequeño descanso inesperado.

No le aconsejaría que ponga la mente en blanco o que no piense en nada. Por regla general, la gente tiene problemas con el concepto de no pensar en nada. La mente siempre está funcionando. Aconséjale que simplemente se fije en aquello que atraiga su atención. Eso da algo en qué entretenerse y tiende a aliviar la tensión que a menudo se observa al tratar de no pensar en nada... y darse cuenta de que no se sabe cómo. Oriéntale para que preste atención al interior de su cuerpo y para que viaje a través de él. Observar todo lo que considere extraordinario puede ser suficiente para mantener ocupada su mente sin que se pierda pensando en lo que «debería» o «no debería» pensar.

Ahora estás listo para comenzar.

Deja espacio

Como se ha dicho antes, en la Sanación Reconectiva, las diversas sensaciones que tienen los pacientes durante la sesión constituyen para la mayoría de ellos una parte crucial de la experiencia. El sanador también se beneficia de esas sensaciones ya que casi todos los pacientes exhiben signos notorios mientras se trabaja con ellos. Algunos también oyen, ven o huelen cosas de las que no es consciente nadie más en la habitación. No hay que interferir en este proceso de ninguna manera, razón por la que, como dije antes, debe evitarse: vestir ropa holgada que pueda rozar al paciente con cada movimiento; dejar caer el pelo sobre el paciente de modo que llegue a tocarle su propio pelo, cara o cuerpo inadvertidamente; llevar o utilizar perfumes en la habitación; canturrear o poner música; o incluso proyectar sombras fortuitas sobre los párpados del paciente. Con todo esto en mente, ha llegado la hora de ponerse en marcha de nuevo, sólo que esta vez con un compañero.

Moverse a lo largo del cuerpo

En primer lugar, colócate cerca del cuerpo del paciente. ¿A qué distancia? En mi caso, después de establecer la conexión con el campo del paciente, me gusta mantener las manos alejadas unos 30 centímetros de su cuerpo. ¿Cambia la energía cuando las pongo más lejos? Sí. Se hace *¡más fuerte!* ¿Por qué pasa eso? *¡No lo sé!*

Aléjate del paciente y acércate a él, sigue alerta y en contacto con tus sensaciones mientras observas las respuestas de la persona que está sobre la camilla. Aunque esa persona tenga los ojos cerrados, tú, como facilitador, tienes que mantener los tuyos abiertos durante las sesiones de Sanación Reconectiva. Tus ojos forman parte integral del proceso de sanación y tienen muchas más cosas que hacer que simplemente observar la perpendicularidad de las paredes.

Explora mientras sigues la energía. Deja que te guíe. Observa cómo tu movimiento afecta a los registros. Observa cómo sus cambios concuerdan con las diferencias en intensidad y en carácter de lo que sientes en las manos y alrededor de ellas. Según te vayas sintiendo más cómodo, empezarás a percibir signos de sensaciones –registros internos de respuesta dinámica– que se dan también en tu propio cuerpo.

¿Por qué parte del cuerpo del paciente deberías empezar a trabajar? ¿La cabeza? ¿Las manos? ¿Deberías comenzar trabajando con un chakra específico? Realmente da igual. Yo comienzo muchas veces por la zona de la cabeza o del pecho. Tampoco es raro que empiece por los pies. Esto varía según mi intuición y se ve influenciado a menudo por mi ángulo de aproximación. En otras palabras, no le prestes más atención consciente de la que prestarías a cómo acercarte a un sillón: por la izquierda o por la derecha. Cuantos más análisis premeditados hagas, más difícil te será encontrar el «ritmo».

Si eliges comenzar por la parte superior, mantente de modo que puedas colocar una mano a cada lado de la cabeza del paciente, con los brazos relajados y extendidos en una posición anatómica normal. A continuación, encuentra la energía –o dicho con más propiedad, deja que la energía te encuentre–. Una vez más, siéntela, encuéntrala, estírala. Siente el hormigueo o el calor o el frío o lo que sea en *tu* caso. No te preocupes por si estás sintiendo lo que debes sentir. Sea cual sea la sensación que tengas, es la correcta. *No es lo que sientes; es* que *lo sientes*. Una vez que aparezca, trabaja con ella, estira el caramelo o desenrolla el muelle.

211

A continuación, manteniendo las manos en una postura relajada, acércalas y aléjalas despacio o muévelas describiendo círculos pequeños. Mezcla y combina hasta que encuentres la confluencia. Ése es el ritmo de tu vida. Tu energía está alcanzando un plano distinto y tu ser será capaz de percibir cosas con más profundidad e integrará esa fuerza en tu existencia. Estás encontrando el ritmo que amplifica la longitud de onda, que amplifica la fuerza que llega a través de ti. Ese indicador, ese selector que amplifica la energía está en tu vida y bajo tu control.

Muchas veces yo empiezo haciendo girar las manos en un plano vertical si estoy junto a la cabeza o a los pies o en un plano horizontal si estoy sobre el cuerpo. O puedo mover una o ambas manos sin dirección concreta, haciendo movimientos exploratorios. No lo analices demasiado; simplemente deja que tus manos se muevan y exploren de acuerdo con tu intuición.

Así lo que haces es establecer un contacto o una comunicación entre tu campo energético y el del paciente. Estás uniendo tu energía con la suya y con la del resto del universo. No sólo puede sentirlo el paciente, es que muchas veces tú serás capaz de sentir con una mano el movimiento de la otra mano.

Por ejemplo, imagina que hay alguien acostado boca arriba sobre una camilla y tú estás de cara a él, a su izquierda. Mueve tu mano izquierda de manera circular con la palma dirigida hacia abajo, por encima de sus piernas, permitiendo que aumente constantemente la sensación que recibe tu mano. Ahora, estírala un poco hacia arriba y mantén la intensidad que recibe mientras está estirada. Con tu mano derecha localiza un punto a unos quince centímetros por encima del pecho de la persona. De nuevo, comienza a explorar con un pequeño movimiento circular y estírala hacia arriba. Mientras mantienes el «estiramiento» en cada mano, date cuenta de que puedes detectar nítidamente el movimiento circular que está haciendo tu mano derecha en forma de un remolino energético en la palma de tu mano izquierda. Al alcanzar ese grado elevado de sensibilidad, tomas conciencia de niveles nuevos en el ciclo de retroalimentación. Ése es el siguiente paso en tu avance hacia el dominio del proceso, ya que la retroalimentación resulta decisiva a estas alturas. Las energías fluyen a través de tu ser. No sólo eres una pieza del intercambio, sino que eres un participante. No está fuera de ti, está *dentro* de ti.

Por primera vez estás involucrando la energía de alguien más en el proceso. Lo que sientes es una confluencia y esa confluencia te permite disfrutar de un grado mayor de percepción, no sólo durante las sesiones de sanación, sino también en tu vida.

No hay interferencias

He mencionado una palabra clave, *confluencia*. Otra palabra esclarecedora es *esencia*. Concepciones más antiguas sobre el mundo, más basadas en la materia sólida y con conciencia de las limitaciones que supone nuestra supuesta existencia en cuatro dimensiones, podrían hacerte pensar que el cuerpo físico de una persona bloqueará o impedirá el flujo de energía. A menudo se ven «sanadores» que caen en esa falacia al dar la vuelta o girar a la persona para «llegar al otro lado». No *hay* otro lado. Es una ilusión *basada en el miedo*. El ser humano que está acostado delante de ti no interfiere de ninguna manera con la energía reconectiva. En realidad, es una parte integral de la interacción. Su esencia es el componente que permite que se dé la nueva confluencia. Esa persona no sólo contribuye al proceso, sino que no podría bloquear la energía aunque jugara en la liga nacional de fútbol americano.

Si esto está empezando a parecerte un poco «fuera de lo normal», deja que te lo explique desde un punto de vista físico. Si eliminaras todo el espacio vacío de un cuerpo humano, lo que quedaría sería un pedazo de materia proporcional a una bola de golf en medio de un campo de fútbol vacío. O míralo así: si agrandaras un átomo de hidrógeno hasta el tamaño de ese mismo campo de fútbol, el núcleo sería la bola de golf y el electrón estaría orbitando a su alrededor a la altura del borde exterior del campo. En medio lo único que hay es el vacío, una gran cantidad de espacio para permitir que la energía pase de una mano a otra.

Haz lo que te parezca correcto

En este momento, el paciente siente la misma energía que tú. Comienza a avanzar despacio a lo largo de su cuerpo. Deja que tus manos continúen acercándose y alejándose con la energía. ¿En qué dirección ir? En la que te parezca bien. ¿Cómo mover las manos?: ¿en círculos?, ¿estiradas?, ¿como si flotaran? Deja que las manos te lo digan. Estás interactuando con una fuerza vital. Tu energía está en una esfera de influencia clave para tu comprensión de una esfera de influencia *diferente*. Eres portador de su fuerza de una manera diferente y multidimensional.

Eres un receptor. No se trata de un proceso consciente en el que haya que tomar decisiones. Es lo mismo que cuando vas andando. Sabes que estás yendo de un punto a otro, pero no piensas: *Muy bien, voy a levantar el pie izquierdo y a poner en el suelo primero el talón y después la puntera; ahora voy a desplazar mi peso hacia delante y a levantar el pie derecho y a poner en el suelo primero el talón y después la puntera...*, simplemente andas.

Por si tienes dificultades para lograr abstraerte, recordemos un ejercicio de unos cuantos capítulos atrás. Imagina de nuevo que estás hablando con alguien por teléfono. Ahora sube un poco los ojos y llévalos hacia un lado. Estás escuchando atentamente. ¿Lo recuerdas? *Escucha* con las manos. *Simplemente* presta atención, no pienses acerca de lo que sientes. No lo analices. No lo interpretes. Simplemente siente.

A modo de ejemplo, voy a compartir lo que yo podría hacer durante una sesión de sanación típica. Podría empezar a los pies de la camilla haciendo un movimiento circular con una mano dirigida hacia las plantas de los pies del paciente. Es como si estuviera agitando algo, aunque en realidad no sé por qué empiezo tantas veces las sesiones por esa zona. No es una elección consciente y podría empezar sobre el área del estómago o la cabeza con la misma frecuencia. El movimiento circular o de agitación intensifica la percepción de la sensación inicial; es como mover un poco los dedos de los pies cuando empiezas a hundirlos en un lago o en una piscina.

Muchas veces empiezo buscando las zonas sobre el cuerpo del paciente que me proporcionan más información o sensaciones más claras. Puede que los ojos del paciente estén abiertos todavía y charlemos mientras muevo una mano circularmente y la otra hacia atrás o hacia delante. Por último, le pido al paciente que cierre los ojos y se relaje y sigo a partir de ahí.

Tu mano derecha sabe lo que está haciendo tu mano izquierda

Por cierto, pocas veces muevo las dos manos sincronizadamente. Al hacer eso, lo único que se consigue es crear patrones sólo por crearlos. ¿Cómo se sabe eso? Piensa en los limpiadores del parabrisas; se mueven en paralelo o en oposición uno con respecto al otro, pero siempre de forma regular, sincronizada. Ese patrón sirve porque los limpiaparabrisas lidian con las gotas de agua siempre de la misma manera. Pero eso no es lo más adecuado para *nosotros*. Mientras que en una zona sentimos una cosa, en otra sentiremos algo diferente. Ya que cada una tiene características exclusivas, no estaremos siendo fieles al proceso si pasamos por alto este hecho y simplemente hacemos movimientos por hacerlos.

Imaginemos que estás sentado a oscuras en un cine. La bebida está en el suelo al lado de tu pie izquierdo y las palomitas en una bolsa en el regazo de un amigo sentado a tu derecha. Cierra los ojos y busca a tientas la bebida y las palomitas a la vez. Date cuenta de que la mano derecha y la izquierda se mueven de manera independiente. Eso pasa porque en realidad estás tomándote el tiempo necesario para introducirte en las sensaciones, dejando que las manos respondan individualmente a la información sensorial que te devuelven dos objetos situados en lugares distintos, con diferente densidad y estructura. Si tus dos manos siguieran el mismo patrón de movimientos, tu amigo tendría las palomitas por encima de él y las personas sentadas delante de ti tendrían la bebida por encima de ellas. También puedes pensar en un pianista o en un guitarrista, cuyas manos hacen cosas diferentes y aún así trabajan juntas para conseguir un único y armonioso resultado.

Análogamente, según vas moviéndote a lo largo del paciente, «escucha» con las manos, atento a sentir las variaciones de energía. Cuando notes que la energía sea más fuerte o más débil o diferente en cualquier sentido, juega con ella, estírala, muévela, interactúa con ella. Nota si burbujea, como los chorros de un hidromasaje o la efervescencia del agua con gas; si es fresca y ligera como una brisa común; o caliente y nítida como si acabaras de meter la punta de los dedos en cera caliente. Ante cualquier cosa en la energía del paciente que te llame la atención, detente y juega con ello, pero sin ningún objetivo determinado en mente. Céntrate en el proceso, no en el resultado. Simplemente juega con ella mientras te parezca interesante y estimulante. Luego sigue adelante.

Mientras tanto, presta atención al resto del cuerpo del paciente. Observa los ojos del paciente sin perder de vista lo demás. Estate lo más atento que puedas a todos los cambios y relaciona esas respuestas con lo que en ese mismo instante estás sintiendo a través de las manos.

Eso es muy importante porque te garantiza que no confundes sensaciones fortuitas o imaginarias captadas por las manos con flujos de energía y conexiones reales.

Registros habituales

Tal y como he mencionado antes, un registro es una respuesta involuntaria, fisiológica o física, ante las frecuencias. Esos registros son tan variados y aleatorios como las sensaciones que se experimentan durante las sesiones de sanación. No hay que esperar ningún registro en específico. Algunos pacientes muestran registros más notorios que otros, pero siempre que estableces una comunicación lo más probable es que se note algo en el paciente. Según vas moviendo las manos, explorando y descubriendo más cosas en el entramado de esta comunicación, los registros variarán tanto en intensidad como en carácter. Durante los seminarios hay personas que los muestran de una manera lo suficientemente notoria como para que la gente al fondo de la sala los pueda ver claramente, mientras que los de otros voluntarios son tan leves que sólo puedo señalárselos a las filas de asistentes más cercanas. Una vez que las energías se sincronicen contigo y con tu paciente, lo más probable es que empieces a ver los registros claramente.

Sea cual sea el registro o la respuesta, siéntete cómodo con el hecho de *no* definirlo o darle un sentido. Se trata de respuestas automáticas, muchas de ellas actos reflejos, como el que sucede cuando el médico te golpea la rodilla con un martillo de goma. Las lágrimas pueden indicar tanto alegría como pena o la liberación de dolor. Es más adecuado considerar un registro como una indicación de que has encontrado un buen «punto» en el campo energético, un buen lugar de conexión para quedarte.

Te darás cuenta de que cuanto más trabajas con un área que ha dado lugar a un registro, más tiende el paciente a mostrar ese registro. Cuando el registro disminuye o tu interés sobre ese registro específico empieza a decaer, sigue adelante y encuentra otro. ¿Qué significan esas manifestaciones involuntarias? Los registros indican que la persona que está sobre la camilla ha llegado al lugar en el que se están tomando decisiones acerca de su sanación.

Hay tres cosas que aparentemente no tienen nada que ver entre sí: la localización de los síntomas en el cuerpo de la persona, el lugar donde se colocan las manos y el área donde aparecen los registros. En otras palabras, es frecuente que los registros no coincidan en absoluto con el área del cuerpo en la que se cree que el paciente tiene la lesión o la dolencia.

Por ejemplo, trabajar cerca de los pies puede hacer desparecer un dolor de cabeza del paciente, del mismo modo que puede conseguirlo trabajar cerca de la cabeza. Trabajar cerca de la cabeza puede hacer tanto que una persona recupere la audición como que desaparezcan sus juanetes. Asimismo, los registros podrían manifestarse tan fácilmente en las rodillas como en la cara. No importa dónde te sitúes tú o dónde pongas las manos. Tu función es localizar un lugar interesante en el campo de energía del paciente y trabajar con él hasta que tengas ganas de moverte. ¿Por qué un lugar interesante? Porque al aumentar tu interés, te mantiene presente y conectado. Y cada vez que vas a un sitio nuevo en el cuerpo vuelves a estar presente y conectado.

Sí, en realidad no haces más que eso. Sentir la energía en un punto y *jugar con ella, estudiarla, explorarla*, sin expectativas u objetivos. La energía resuena en tus manos y en tu vida interna. Es de naturaleza circular. Acerca o aleja las manos, muévelas circularmente y haz en cada momento cualquier cosa que te parezca bien o que intensifique tu conexión. No hagas ademanes o movimientos «bonitos» en el aire simplemente por hacerlos. Mantente completamente consciente de las sensaciones que percibes y de su relación con los registros del paciente. Te darás cuenta de que cuanto más trabajas con el punto, más intenso se muestra el registro… o hay mayor tendencia a que otros registros se unan a la sinfonía. Estás orquestando la energía de modo apropiado para conseguir una especie de «convergencia armónica» con las vidas que estás tocando.

A continuación se muestran algunos de los registros más frecuentes.

Movimiento ocular rápido (REM)[16]

El movimiento ocular rápido, que muchas veces es el primer registro que aparece, presenta una dualidad fascinante, ya que es frecuente que el paciente experimente un estado de quietud increíble pero, visto desde fuera, parece estar de cualquier forma *excepto* quieto. La apariencia es similar a la de una persona que está durmiendo y entra en la fase del sueño. Pero el origen es completamente distinto en el caso de una persona que está teniendo una experiencia reconectiva porque, una vez más, el paciente *no* está dormido. El REM que ocurre con las frecuencias reconectivas suele seguir una serie de patrones diferentes. A veces consiste en una ligera agitación de los párpados; otras veces la agitación es fuerte. A veces es rápido, a veces lento. Normalmente se puede estar seguro de que hay movimiento, pero a veces es difícil de percibir. En la mitad de los casos se

---

16. *N. de la T.:* En inglés, *Rapid Eye Movement*.

mueven los párpados; en la otra mitad es el propio ojo. Cuando el ojo se mueve, a veces se trata de un movimiento lento, casi errático; otras veces es rápido y de un lado a otro. A veces un ojo o los dos se abren parcialmente; normalmente están cerrados. Casi siempre los ojos muestran algún registro. Se trate o no de un REM, la mayoría de las veces el paciente es plenamente consciente de lo que está pasando.

Cambios respiratorios

Los cambios respiratorios constituyen uno de los primeros registros y, en general, se dan inmediatamente después de los registros oculares o al mismo tiempo. Este registro puede manifestarse por sí mismo de muchas maneras: respiración más rápida, más profunda o irregular; y lo que yo llamo «respiración con resoplidos». Se me ocurrió este término para referirme a un tipo de respiración poco común que se da cuando los labios se encuentran relajados y ligeramente separados, de tal manera que en cada espiración el aire sale con un ruido ligero y suave. La respiración por un lado de la boca es una variación de la respiración con resoplidos en la cual el aire sale por la esquina de la boca. También hay ronquidos, que sólo se diferencian de los normales en que el paciente está despierto y es consciente de que está emitiendo ese sonido.

A veces alguna persona deja de respirar por completo. Lo creas o no, es una respuesta deseable, un estado elevado de unidad en el que puedes experimentar la quietud y el silencio del universo. La respiración volverá en el momento adecuado.

Hay una línea de continuidad recorriendo todos esos cambios en la respiración. El término de los Vedas *samadhi* hace referencia a una integridad, un estado de unidad y felicidad. A menudo se describe que en ese estado uno no está ni despierto ni dormido, sino existiendo de una forma más real. Eso es lo que explican muchos de los que experimentan esas alteraciones de la conciencia, esas alteraciones de la respiración. Aunque no conozcan el término *samadhi*, esos pacientes describen un estado muy parecido y muchas veces hay momentos durante la sesión en los que son conscientes de los cambios y del modo extraño en que respiran.

Hay ciertas situaciones en las que estás en la cuerda floja. No se debe influir en la vivencia de nadie diciéndole qué puede pasarle pero, por otra parte, no es deseable que alguna vivencia inesperada le hagan salir disparado de la sesión. La mayoría de la gente se encuentra en un estado tan dichoso mientras experimenta esos cambios en la respiración, que simplemente disfruta de su éxtasis. Sin embargo, de cuando en cuando, la parte lógica de la mente de alguno interfiere. Se da cuenta de que ha dejado de respirar y, a pesar de que la experiencia es maravillosa, se esfuerza por respirar de nuevo. Si alguien te lo comenta después de la sesión, hazle saber con vistas al futuro, que está completamente a salvo en ese lugar y que no debe tratar de esforzarse en volver a respirar. Durante el transcurso de una sanación, a veces tu propia respiración se detendrá por un momento porque se *supone* que en tu vivencia debe incluirse un momento de calma absoluta, un reflejo de la conexión total que estás experimentando con la «unicidad». Cuando llegue el momento de que tu paciente vuelva a respirar, lo hará. Simplemente lo hará.

Tragar

Tragar suele ser el tercero de los registros iniciales. Muchas veces se produce un aumento en la frecuencia o la intensidad con la que la persona traga. A veces se mantiene a lo largo de casi toda la sesión; normalmente sólo se da al principio. Es un registro muy común y, en caso de aparecer, lo hace dentro de los primeros minutos de la sesión, si bien se presenta con menos frecuencia e intensidad que los movimientos oculares rápidos y las alteraciones de la respiración.

Lágrimas

La aparición repentina de lágrimas también es un signo fascinante. Las lágrimas brotarán sin previo aviso de los ojos de la persona, caerán y correrán sin parar por sus mejillas mientras la cara del paciente seguirá reflejando felicidad. Las lágrimas son una reacción al hecho de alcanzar la Verdad, de experimentar y recordar la Verdad. Es reconocer la Verdad como el lugar del que todos procedemos y el lugar al que todos regresaremos, el lugar que parece que no vemos desde hace mucho tiempo. Cuando tenemos el privilegio de alcanzar la Verdad e interactuar con ella, aunque sólo sea por un momento, se desatan nuestras emociones debido a la sensación de estar en Casa y saber que pronto estaremos allí de nuevo.

Risa

A veces la persona que está acostada en la camilla se echará a reír descontroladamente. Lo más probable es que te diga que no sabe por qué se está riendo. Es correcto hacerle saber que reírse está bien. Pero si no le parece algo admisible, se reirá aún más, lo que puede interferir con el aspecto vivencial de la sesión. Si una vez que comienza se le da permiso de viva voz para que se ría, en general parará poco a poco.

Movimientos de dedos

En muchos casos, el movimiento de dedos es un registro que no comienza hasta que han transcurrido varios minutos desde el comienzo de la sesión. Los movimientos involuntarios de los dedos suelen ser bilaterales, de tipo sincronizado o no sincronizado. A veces se mueven los dedos de ambas manos, a veces sólo los de una de ellas. A veces los dedos de ambas manos se mueven simultáneamente; otras veces se mueven primero los dedos de una mano y a continuación les siguen los de la otra. Muchas veces verás que, según transcurre la sesión, la mano y la muñeca también se mueven. En algunos casos, sucede lo mismo con el brazo. También se dan variaciones de este patrón en el caso de los pies.

Rotación de la cabeza y movimientos del cuerpo

A veces la cabeza gira despacio. O parece como si la empujaran a un lado o al otro. Es normal ver movimientos del abdomen y del pecho. También se ven «saltar» los brazos o las piernas.

Ruidos en el estómago

Muchas veces el estómago de la gente «borbotea» o hace ruido durante las sesiones, especialmente cuando las manos están en esa zona del cuerpo. Te recomiendo que antes de comenzar la sesión le digas a la gente que es algo normal. Puede que a alguien el ser consciente de que hay un ruido, si no le has dicho que podía pasar, le pueda impedir disfrutar de la experiencia.

Dejar que las cosas discurran por su propio cauce... y tu responsabilidad

Déjame explicar a qué me refiero con permitir que las cosas discurran por su propio cauce. Aunque es cierto que realmente, desde fuera, no se puede interpretar de forma precisa lo que está viviendo la persona que está sobre la camilla, esta fuerza tiene su propia inteligencia, una clara Inteligencia Superior. Sabe lo que le conviene a la persona sobre la camilla aunque nuestras mentes limitadas, educadas, orientadas inductivamente, puedan no saberlo.

Las sesiones reconectivas se sienten casi siempre como algo agradable, valioso y único. Es raro que alguien piense de otra manera respecto a su sesión. *La interpretación de su sesión no es tu responsabilidad.* Pero tienes que usar un poquito de sentido común. Como se ha dicho antes, en general, si alguien llora sobre la camilla o parece estar sufriendo físicamente, por lo general no está experimentando por dentro lo que aparenta. La gente que se agarra el corazón y señala hacia el cielo jadeando «Ya voy, Ethel» bien merece que verifiques que todo está bien. Aprenderás a discernir y juzgar por ti mismo si interrumpir o no la sesión.

Hasta ahora, en las pocas ocasiones que he decidido interrumpir por iniciativa propia desde que todo esto empezó en 1993, los pacientes me han dicho que todo era maravilloso y que querían seguir adelante con la sesión.

Puede que realmente nunca haya una razón para intervenir, considerando que esto lo dirige una fuerza más allá de nuestra comprensión. Aún así, en caso de que decidas hacerlo, normalmente una palabra tuya en voz baja servirá para abrir la comunicación, permitiendo comprobar cómo está la persona. Si el paciente no responde, puedes sacarlo suavemente de la sesión tocándole ligeramente –o firmemente si las circunstancias lo justifican– justo debajo de la clavícula (o en el hombro) y llamándolo por su nombre. Muy excepcionalmente he tenido que chasquear los dedos un par de veces cerca de uno de sus oídos, a la vez que hacía lo que acabo de explicar. Puede que quieras decirle al paciente que abra los ojos y los mantenga abiertos unos instantes hasta que se oriente. También es útil tener un vaso de agua cerca.

De vez en cuando, es posible que alguien no reconozca que se ha sanado. Tampoco tienes la culpa. Puede que la sanación se haya producido de manera que se note más tarde o puede que se haya producido de manera que no se reconozca con facilidad en *ningún* futuro cercano. Y, como he dicho antes, cuando me preguntaban: «¿Se sana todo el mundo?», solía contestar: «No». Ya no pienso de ese modo. Creo que todo el mundo se sana; simplemente puede ser que la sanación no se anuncie con clarines y trompetas.

Lo que puedes sentir

Hasta ahora, en el libro sólo he mencionado unas pocas de las sensaciones que puedes tener en las manos o en el cuerpo. Ha sido para que tuvieras tiempo de hacer tus propios descubrimientos según íbamos avanzando. Ahora me gustaría darte una lista algo más larga para que puedas tener por escrito una parte de lo que, con toda seguridad, ya te has encontrado durante tu evolución transensorial. La relación y la interacción entre la energía y tú son exclusivas, individuales y muy íntimas. Es esencial que seas todavía más consciente de lo que producen estas sensaciones y te familiarices más con ellas, porque comenzarás a desarrollar tu maestría partiendo de ese conocimiento. Los niveles de destreza a los que eso te hará llegar, son inconmensurables.

Aquí están algunas de las sensaciones que los practicantes de las sanaciones mencionan con más frecuencia:

Burbujas. Puede que en la palma de la mano aparezca una sensación de burbujitas diminutas o burbujas del tamaño de una canica o burbujas del tamaño de una bola de billar o de una pelota de tenis.

Agua. Lo normal es que se sienta como un goteo o una lluvia ligera.

Chispas. ¿Te has preguntado alguna vez qué sensación tendrías tocando las chispas de una bengala? Pues es ésa.

Otras sensaciones habituales son:

- Sequedad.
- Calor.
- Frío.
- Calor, frío, humedad y sequedad, todo a la vez (no sé cómo explicarlo, pero una vez que lo hayas sentido entenderás qué quiero decir).
- Sensación de que tiran de ti.
- Sensación de que te empujan.
- Palpitaciones.
- Electricidad.
- Atracción magnética.
- Repulsión magnética.
- Cambios en la densidad del aire.

- Corrientes de aire (normalmente frías y asociadas a un punto específico).
- Expansión –sensación de que el cuerpo se estuviera haciendo más grande–, muchas veces es como si tuvieras un «traje espacial» o un «traje inflable» a la medida, aunque normalmente mucho mayor que tu cuerpo. En ocasiones, la sensación se focaliza en un brazo o una pierna; en otras afecta a una cuarta parte o a la mitad del cuerpo; y en otras es más general.

Sigue moviéndote

Continúa moviéndote a lo largo del cuerpo del paciente, encontrando puntos en la energía con los que te apetezca jugar. Si no sientes nada en absoluto, probablemente sea porque te estás esforzando demasiado. Simplemente, déjalo un rato y espera. No necesitas ponerte en «modo de interpretación» elevando las manos por encima de la cabeza e invocando dramáticamente al Espíritu o a Dios; no necesitas una gran escenografía para que vuelvan las sensaciones. Simplemente déjalo y dite a ti mismo: *«Está bien, me he centrado demasiado en esto. Voy a dar un paso atrás y a dejar que las sensaciones acudan a las manos».* Después déjalo. Vuelve a prestar atención a las manos y espera a que vuelva la sensación. Es así de sencillo.

¡Siéntela, encuéntrala, *investígala*! Al aumentar tu destreza, podrás moverte con bastante rapidez. Cuando encuentres un punto, afloja la marcha y dedícate a conocerlo. Mantén el contacto. Hazlo notorio, amplifícalo, trabaja con él. A veces son las exploraciones más difíciles las que producen los resultados más importantes. Puedes usar las dos manos sobre la zona o dejar que una de ellas deambule hasta encontrar un segundo punto, un nuevo punto interesante para que cada mano tenga su propia zona de trabajo. Deja que las manos cobren vida propia durante este proceso, que tengan su propia curiosidad.

Pero recuerda que *no* estás buscando puntos *preexistentes*. Esto es muy importante; este nuevo nivel de sanación y de evolución es distinto a las limitaciones y las equivocaciones de los enfoques de algunas «técnicas» anteriores.

Puede que en el pasado hayas asistido a algún curso en el que el sanador/instructor dijera que iba a enseñarte cómo «escanear». El instructor se queda junto al paciente, pasa las manos como si flotaran por el aire y dice: «Veamos, está... sí; aquí está, aquí mismo. Ahora, que todo el mundo se ponga en fila y vea si puede sentirlo. ¿Notas algo ahí? Muy bien. El siguiente. ¿Notas algo ahí? Muy bien. El siguiente...».

Bueno, pues *no* es «algo» y *no* está «ahí». No hay un «punto» fijo que sentir. Recuerda, una sanación no consiste en que un paciente se acueste en la camilla y el sanador revolotee a su alrededor dirigiendo energía hacia su cuerpo o buscando un área de congestión preexistente. Estas transformaciones son una ecuación y, como en cualquier ecuación, si se cambian los números, se obtienen resultados diferentes. Del mismo modo, si hay dos personas que tratan de encontrar un mismo punto, ninguna lo encontrará, *porque el punto no está ahí*.

Tal y como señala la ciencia, el descubrimiento puede ser perfectamente un acto de *creación*. El punto que surge para *mí* no es el punto que se hace visible para *ti*. El punto es una creación conjunta, producto del amor, el sentimiento y la comunicación entre el universo, el paciente y tú. De esa tríada surge una transferencia: la esencia eterna y sin forma de nuestro universo siempre en evolución.

Puntos de conexión omnidireccionales

Una vez dicho esto, déjame añadir que determinadas áreas del cuerpo tienden a producir como respuesta los registros más notorios. Los *puntos* se siguen creando, pero el proceso es más sencillo si se acude a las zonas más fértiles del campo. Probablemente obtendrás las mayores respuestas jugando con la energía alrededor de la cabeza (lo que comúnmente se conoce como el *chakra corona*); el centro de la frente (lo que se conoce como el *tercer ojo*); la garganta; el corazón; el bajo vientre, el dorso o la parte superior de manos y muñecas; el empeine de los pies y los puntos blandos por encima de los tobillos. Yo llamo *puntos de conexión* a estas zonas de alta sensibilidad. Acceder, conectarse y comunicarse con el campo de una persona a través de estos puntos puede ser muy fácil y a menudo hace que se manifiesten registros más llamativos. Puedes pensar en ellos como «nudos» donde se intercambia información.

Un sistema de respuesta dinámico, recíproco y multiestratificado

La información que te devolverá el paciente que está sobre la camilla no se limita a los registros mencionados anteriormente. No sólo es algo multiestratificado, es dinámico y recíproco. Tú estás en uno de los estratos. Estirando la energía, por ejemplo. Sientes algo. Entonces, según la estás estirando, el ojo del paciente se mueve de una manera determinada. Es el registro. Pero a la vez percibes que cambia la intensidad de *tus* sensaciones. Así sabes que lo que estabas haciendo *provocaba* el movimiento del ojo.

En un nivel de la retroalimentación el paciente muestra una respuesta externa. En otro nivel puede que no haya una respuesta visible; no obstante, tú sientes una reacción interna en tus manos o en tu cuerpo. Así y todo, cuando se combinan las dos, hay un sistema de retroalimentación *dinámico* que permite una sintonización más precisa. No se trata sólo de sentir algo y percibir la respuesta de la persona. Se trata de que tú estés «sintonizado», permitiéndote sentir lo que está pasando y advertir, mientras se produce un cambio (un cambio nítido y reconocible) en tus sentimientos o tus sensaciones, que, *¡zas!*: hay un cambio simultáneo o una respuesta concreta en el paciente.

Entras en un estado de alerta de la conciencia. Con la práctica, conseguirás sentir en una mano lo que está haciendo la *otra* cuando las manejes independientemente. En otras palabras, tu mano izquierda podría estar siguiendo un «camino» y encontrar un punto y después tu mano derecha podría explorar y encontrar un segundo punto. Si en ese momento te pones a hacer círculos con la mano derecha en el punto en el que está, podrías sentir el movimiento circular con la mano izquierda, que no está haciendo círculos. Cuando consigues eso, parece que el campo alrededor de la persona se hace más intenso todavía y provocas que el paciente manifieste registros más fuertes.

Basándote no solamente en lo que estás haciendo, sino en lo que estás viendo y sintiendo *en relación con* lo que estás haciendo, puedes decir que el nuevo nivel de intensidad que has alcanzado por ti mismo está directamente correlacionado con una respuesta más intensa y más impresionante por parte del paciente. Muchas veces parece que se obtienen reacciones más fuertes con movimientos menores. Justo cuando estás sumido en un éxtasis, el brazo o la rodilla del paciente dan un «brinco» inesperadamente. Es como si una partícula subatómica que estuviera *aquí* respondiera al movimiento de una partícula subatómica que está *allí* moviéndose simultáneamente. Ésta es una de las premisas bajo las que funciona la sanación a distancia, la sanación en ausencia y la sanación remota.

Mientras continúas vigilando al paciente, quizá no veas muchos movimientos ni notes ningún cambio sensitivo en tus propias manos. Sigues mirando y de nuevo, *¡zas!*, los ojos se dan la vuelta o aparece otro registro y a la vez el *paciente* siente algo en *sus* manos.

Debes aceptar el hecho de que unos pacientes muestran muchos más registros que otros. Eso no significa que la sanación sea mejor o peor que otras. Ni significa que sea más o menos eficaz. Es como comprar dos coches, uno con todos los indicadores imaginables en el panel de control: cuentarrevoluciones, presión del aceite, temperatura del motor, nivel del líquido de frenos, lo que se te ocurra. El segundo coche es más viejo y en el panel de control te dice cuándo se está sobrecalentando el radiador o cuándo te falta gasolina y nada más.

Lo que quiero decir es: el hecho de que el coche viejo dé menos información, no significa que no funcione tan bien como el nuevo. Así que no decidas lo que haces basándote en lo que ves.

A pesar de ello, necesitas desarrollar la sensibilidad, una especie de arte de tocar, para que reconozcas el «sentir». Mantén la vista sobre el paciente fijándote en los registros más llamativos: en los ojos, en la respiración, en cómo traga; pero deja que la visión periférica también capte señales, indicadores que pudieran aparecer en los dedos de las manos, los dedos de los pies o cualquier otra parte. Al mismo tiempo, aprende a reconocer las sensaciones que acompañan a los movimientos. Ése es tu sistema de retroalimentación dinámico, recíproco y multiestratificado.

Imaginemos que estás conduciendo un coche automático. Con el pie *buscas a tientas y encuentras* el acelerador. En ese momento, estás fundando un sistema de retroalimentación. En el momento en que aprietas el acelerador, y el coche empieza a acelerarse, estás uniéndote al sistema de retroalimentación. Los receptores sensitivos del pie crean un sistema de retroalimentación que te dice continuamente cuánta presión dinámica y cuánta tensión estás aplicando al acelerador. La aceleración del coche te devuelve una información distinta sobre la cantidad de tensión y de presión que estás aplicando al acelerador.

Como tienes dos medios de retroalimentación, el sistema es *multiestratificado*. Como cada uno afecta al otro, el sistema es *recíproco*. Y como la retroalimentación es un proceso continuo que cambia con las variaciones en la aceleración o en la presión sobre el acelerador, el sistema es *dinámico*. Te encuentras en un *sistema de retroalimentación dinámico, recíproco y multiestratificado*. En un momento determinado, al alcanzar suficiente velocidad, la transmisión automática «cambiará» a la siguiente marcha y sentirás la sutil sacudida hacia adelante del vehículo.

En ese instante te has incorporado a otro sistema de retroalimentación, pero permaneciendo en el sistema dinámico recíproco multiestratificado original. No estás recibiendo solamente retroalimentación sobre la presión y la tensión que aplicas sobre el acelerador proveniente del sistema sensorial de tu pie y de la aceleración del coche, también la estás recibiendo proveniente de la presión de tu cuerpo contra el respaldo del asiento. Ahora tienes tres estratos de retroalimentación proporcionándote información acerca de la presión y de la tensión sobre el acelerador. Incluso la retroalimentación visual que recibes, que ha estado funcionando a la vez con todo lo anterior, tiene que incluir múltiples estratos, ya que tú evalúas la velocidad tanto por medio de objetos inmóviles –por ejemplo, árboles–, como por medio de objetos móviles que se mueven a velocidades distintas –por ejemplo, pájaros y otros vehículos–.

Cuando la transmisión automática «cambia» a otra velocidad, tú detectas una sacudida en el cuerpo, mientras que el coche experimenta otra sacudida hacia delante más apreciable y no tan sutil. Eso hace que detectes un cambio de presión en el acelerador y, una vez más, tu cerebro tiene que tener en cuenta y compensar cambios en los puntos de referencia visuales (vehículos, pájaros, árboles, etc.). Estás en un sistema de retroalimentación dentro de un sistema de retroalimentación dentro de otros sistemas de retroalimentación.

Imaginemos que has comprado un coche nuevo con transmisión manual y tú solamente sabes conducir coches automáticos. Ahora, además de considerar el sistema de retroalimentación anterior en su totalidad, tienes que añadir otra cosa: *cómo* y *cuándo* cambiar de velocidad. Debes seguir un proceso de aprendizaje: al principio se cambia de velocidad teniendo en cuenta el cuentarrevoluciones; después teniendo en cuenta el sonido del motor y otros nuevos indicadores internos más perfectos y recién desarrollados. Éste no es más que uno de los muchos sistemas de retroalimentación dinámicos, recíprocos y multiestratificados con los que trabajamos cada día. Se trata de un sistema *aprendido*, exactamente lo mismo que el de este libro. Estás siguiendo un *proceso de aprendizaje* porque, aunque una parte importante de la retroalimentación no se puede percibir, se trata de algo *real, como el estudio que se llevó a cabo en la Universidad de Arizona*.

Exactamente igual que aprendemos a percibir la profundidad cuando somos niños y aprendemos a apreciar la diferencia entre una ventana, un cuadro, un espejo y un hueco en la pared que da a otra habitación, podemos aprender a percibir estas energías. Todas estas cosas son reales. No son inventadas, aunque puedan parecérselo así a quien no esté iniciado. Y todas esas energías, una vez que se reconocen y se automatizan o se incorporan como una «segunda naturaleza» (un término que ahora me parece fascinante), *son* comprensibles. Exactamente como lo que yo digo.

ಐಚಿಐಚಿ

Capítulo Veintiuno

Interactuar con tus pacientes

Lo más poderoso que puedes hacer para cambiar el mundo es cambiar tus propias creencias sobre la naturaleza de la vida, la gente y la realidad hacia algo más positivo... y actuar en consecuencia.
Visualización creativa[17] – **Shakti Gawain**

Tú eres tu instrumento

Ya has desarrollado la habilidad para reconocer cuándo la energía reconectiva está fluyendo a través de ti. Sabes cómo reconocer los registros, estás familiarizado con «sentir» la energía alrededor del cuerpo de tu paciente y te sientes cómodo jugando con ella y dejando que lo que tenga que ocurrir, ocurra.

En otras palabras, estás preparado para ayudar a alguien en su sanación.

Recuerda, tu meta principal en una sesión de Sanación Reconectiva es quitarte de en medio. Cuando tu cuerpo continúa en su cambio y transporta las nuevas frecuencias, y después de que hayas desarrollado cierta familiaridad con la retroalimentación que es parte del uso de estas energías, verás que todo se pone en su sitio. Aún así, deberás cultivar una cierta perspectiva antes de que comiences a trabajar con otros seres humanos. Después de todo, ahora que le has dado una patada a la dependencia de tu viejo «juguete sanador», el único «instrumento» que utilizarás para este tipo de sanación eres *tú*.

✜

---

17. *N. de la T.:* Publicado en español por Sirio, Málaga, 1999.

Palabras para sanar

Mantente en la admiración.

¿Cómo puedes mantenerte en la admiración? Siendo como un niño. Viendo todo con ojos nuevos. No siendo demasiado rápido para creer que comprendes lo que estás presenciando. La comprensión que presumes se parece a una explicación superficial que se te trasmite a través de incontables filtros e interpretaciones erróneas, dejándola débil, aguada y sin sustancia. Que sepas que tu única conexión a esta perspectiva, que nadie puede cortar, es tu habilidad para decir: «No lo sé». Con esto, tienes la facultad de ver todo con genuina admiración.

¿Recuerdas el regalo de ser como un niño y tener admiración por todo? *¡Recuerda ese regalo!*

El regalo de estar sobrecogido, de ver todo con una genuina sorpresa, da a tu admiración la pureza cristalina de la infancia, una condición inherente a Dios. Suaviza tu deseo de diagnosticar, de explicar, de intentar, de hacer, de forzar, de empujar, de esforzarte. E incluso alivia tu necesidad de reconocimiento.

¿Recuerdas ahora ese regalo?

Es hora de que tengas tu corazón, mente e intenciones en orden. Se trata de que formes parte de la ecuación de la sanación.

«Preparar» al paciente

Por regla general, los nuevos pacientes pertenecen a uno de estos dos grupos: los que llegan a tu consultorio, se acuestan en la camilla, y se dejan hacer, con la esperanza de experimentar cualquier cosa que esté en su camino, o los que se suben a la camilla rápidamente y hacen todo lo que creen que «deberían» hacer durante la sesión. Sus mentes van a un kilómetro por segundo. Rezan, visualizan, recitan mantras, respiran con el estómago, respiran con el pecho, ponen sus palmas hacia arriba, meditan, ponen sus manos en posición de rezo, y cosas de esas.

Mueven sus labios débilmente, con lágrimas en los ojos (a veces silenciosamente y otras con lamentos), mientras piden a Dios algo que quieren para ellos mismos y probablemente para todos los demás que conocen. Sin control, este monólogo y este surtido de demostraciones continuará a lo largo de toda la visita, y estas personas se engañarán a sí mismos en cuanto al aspecto vivencial de la sesión reconectiva. Será lo mismo que si hubieran estado en un grupo de oración, una sesión de curación de tipo técnico, o simplemente meditando en casa.

No debes permitir que esto pase. Pero tampoco debes decirles que *no* lo hagan antes de que lo estén haciendo. Es como decir: «No imagines el color rojo». Así que lo que deberás hacer cuando veas que tienes un potencial *emprendedor* o *parlanchín* en la camilla es salirles al paso.

Esto es lo que suelo decirles: «Pase. Acuéstese, cierre los ojos. Deje flotar su cuerpo, sin quedarse dormido. Créame que quienquiera que oiga sus pensamientos y rezos ya los ha escuchado. No sólo han escuchado lo que esté pidiendo sino que también han escuchado lo que *no* ha pensado pedir. Lo saben todo. Incluso antes de que entrara aquí. Así que deje de hablar, pare su parloteo mental, y sólo escuche; deje que el universo le traiga lo que decida que usted necesita. Simplemente acuéstese aquí y esté tan abierto a experimentar *nada* como a experimentar *algo*. En esa apertura, llegará su experiencia».

No es un consejo fácil de seguir para mucha gente, pero es el mejor consejo que puedes darles. Con suerte, se dejarán ir y se acostarán sin expectativa. Es deseable para ellos estar en un estado de expectación, abiertos a recibir algo. El equilibrio está en no pasar a un estado de expectativa, en el que su atención recae sobre el resultado exacto que desean. Uno, porque eso puede no ser lo que realmente necesitan, o lo que el universo tiene en mente para el propio interés de ellos; y dos, fijar expectativas puede estrechar, limitar o recolocar lo que podría ser su camino.

Asimismo, de ti depende estar receptivo y sin juzgar, o esperar y ser parte de lo que va a ocurrir, sea lo que sea. Esperar es una forma de «escuchar con el espíritu». Esperas hasta que llega la energía. Que es lo que sucede. Y de repente, fluye a través del paciente y se conecta *contigo*, a *través* de ti, y *alrededor* de ti.

No nos corresponde determinar qué tipo de sanación necesita experimentar la persona. Nuestra labor es ofrecernos como parte de la ecuación y dejar que la sanación tome su forma natural.

Como parte del enfoque sin enjuiciamiento que he descrito anteriormente, generalmente no me aferro al problema específico que trae el paciente. Les dejo hablar sobre eso hasta cierto punto porque les ayuda a sentirse vinculados conmigo, algo que puede ser importante. Pero la verdad es que, tanto si sabes o no lo que está mal en el paciente, él va a experimentar la misma sanación. Creo que hay una inteligencia en el universo que está involucrada en esto, una inteligencia más allá de la tuya o la mía, para que la sanación apropiada se manifieste por sí misma.

Déjalo ser

Nuestra necesidad de mantener nuestros egos fuera de la ecuación va más allá de lo que quizá esperas. Por ejemplo, muchos terapeutas sanadores quieren enfocar sus mentes en el *cómo,* algo aparentemente inocuo como imaginar al paciente «sano», o hacer subir la energía desde sus pies, o hacerla bajar desde su cabeza o hacerla salir por la nariz; poner al paciente en luz violeta, o envolverlos en nubes rosas... tratando de proyectar la salud en el paciente de la forma en que piensen que puede ayudar. ¿Por qué? Porque eso es lo que han oído o les han contado en el pasado. Ahí ya se ha establecido la duda. Todas esas cosas son diferentes formas de interferencia. Cuanto más tratas de *hacer*, menos capaz eres de *ser*, y es el estado de ser lo que permite a la energía fluir a través de ti en primer lugar. El estado de ser es lo que hace que nuestro *yo* se quite de en medio, permitiendo a nuestro *Yo* formar parte del proceso. La sanación llega cuando nos encontramos en ese estado.

Se nos ha instado a que tomemos el control y dirijamos nuestras propias vidas. Una vez que hemos determinado las formas en las que sentimos que las cosas «deben» ser hechas, la idea de cambiar repentinamente nuestros métodos puede asustarnos. He aquí un ejemplo.

Mi abuela, Annie Smith, tenía una cafetería en un barrio predominantemente católico. En aquella época, los católicos no podían comer carne los viernes, así que cada viernes, ella preparaba lo que llegó a ser su famoso pastel de pescado: puré de patatas, cebollas, sal, pimienta, especias y bacalao, todo ello empanado y frito a la perfección.

Siempre había cola fuera de la cafetería esperando el pastel de pescado, pero la noche de ese mismo viernes, la cola daba la vuelta a la manzana. Durante todo el día, cuanta más gente entraba, más larga parecía la cola.

«Oye, Annie, éstos son los mejores pasteles de pescado que has hecho nunca», decían entusiasmados. Sus provisiones menguaban, y Annie vendió todo y cerró el restaurante por la noche. Mi abuela, que medía 1,40 m y era una dinamo de alto rendimiento, entró en la cocina para hacer la limpieza final. Mientras que colocaba las cosas, abrió la nevera y se quedó sorprendida al ver que un enorme recipiente de pescado limpio y sin espinas que había preparado cuidadosamente para los pasteles aún estaba allí. Mi abuela había olvidado añadir el pescado. Estaba horrorizada. Había estado sirviendo a toda esa gente nada frito con puré de patatas, cebollas y especias. ¿Cómo podía ser que hubiera recibido tales elogios un pastel de pescado que no llevaba pescado? Todo lo que tenían de pescado era el aroma que salía del mostrador y algún posible residuo de las cazuelas. Lo que había vendido, en parte, era la *esencia* del pastel de pescado. Annie nunca se lo contó a nadie, y el siguiente viernes, volvió a añadir el bacalao. ¿Podrían los pasteles de pescado sin pescado, que había vendido como sus pasteles de pescado normales, haber llegado a ser la nueva exquisitez de la ciudad? Nunca lo sabremos. Esta historia es un ejemplo de cómo se le puede mostrar a alguien algo diferente, o darle una oportunidad para salir de su zona habitual, y con bastante frecuencia, elige quedarse allí o regresar a lo que conocía, como en este caso.

A veces se nos muestran nuevos caminos. A veces tenemos el valor de seguirlos.

Trato al paciente

Otro aspecto de mantener a tu ego fuera de la ecuación es conseguir un estado saludable de imparcialidad, no involucrándote demasiado con el proceso de tu paciente. Como ya dije antes, la persona que está en la camilla está muy probablemente en un estado de tranquilidad y felicidad, generalmente con movimientos involuntarios del cuerpo. En raras ocasiones, como mencioné antes, pueden aparecer lágrimas repentinamente. Esto no es una invitación a que des un paso con palabras amables y tranquilizadoras. Por favor, resiste a nuestro impulso culturalmente reforzado de interferir de esa manera. Es la experiencia del paciente y es parte de su proceso. No le prives de ello. Es más que probable, y a pesar de las apariencias externas, que esté disfrutando de lo que está ocurriendo. Si te sientes impulsado a hacer algo, pregúntale amablemente si se siente bien o si quiere terminar la sesión. Lo más probable es que te diga que está bien. Si quiere salir de eso, probablemente lo hará. Como ya mencioné antes, si alguien requiere tu ayuda para salir de una sesión, tócale suavemente, di su nombre, y un vaso de agua cerca hará el resto.

Permanecer sensible y disponible hará que se produzca esta situación inesperada. Dependerá de ti asistir al paciente, no sólo como sanador sino como ser humano comprensivo. En estos casos, simplemente tranquiliza al paciente diciéndole que todo está bien, que estas reacciones son normales y aceptables y, en su caso, probablemente también necesarias. Cuando se haya calmado, puedes continuar, o posponer el tratamiento para otro momento que sea oportuno para todos los involucrados.

◖◗◖◗

Quedarse dormido

Quieres que tus pacientes «desconecten» y no que piensen o se preocupen sobre lo que sucede mientras están en la camilla, pero a veces esa desconexión va mucho más allá y el paciente se queda dormido. No es mi forma favorita de trabajar. De manera innata siento que un paciente dormido no va a conseguir el beneficio total del proceso de sanación. Por no mencionar la parte de mí que es puro ego y quiere que el paciente haya disfrutado el aspecto vivencial consciente.

Sin embargo, me doy cuenta de que si el paciente se queda dormido durante la sesión, es lo que es apropiado para esa persona. Por otra parte, si un paciente es demasiado activo para que lo manejes de otra manera, es decir, alguien que es hiperactivo (o un niño), haz lo posible por hacer el trabajo cuando estén dormidos.

¿Y qué pasa contigo como sanador? ¿Es posible que *tú* te quedes dormido durante una sesión? Sí, pero normalmente es indicativo de que no has dormido lo suficiente y/o que no estás «en el momento». De cualquier forma, por favor honra al paciente y la situación teniendo en cuenta tus propias necesidades para que puedas estar allí para ellos. Esto me hace recordar la precaución de seguridad que se da en los aviones: *Madres, por favor, pónganse ustedes las máscaras de oxígeno antes de ponérselas a sus hijos.*

Recuerda, estás permitiendo a tu mente alcanzar un lugar en el que no estás exactamente despierto ni exactamente dormido, en el que estás en algún otro lugar. Ése es el lugar en el que la energía de sanación llega a la Tierra.

Información del paciente

Un viejo y sabio pájaro se sentó en un roble.
Cuanto más oía, menos hablaba.
Cuanto menos hablaba, más oía.
¿Por qué no eres como ese viejo y sabio pájaro?

Anónimo

Para los que intentan llevar un historial –y les animo a hacerlo, si no para sí mismos, ¡al menos para que me envíen material para los próximos libros!– hay un arte para lo que yo llamo «obtener información» del paciente. Me creas o no, los pacientes te ven como una figura de autoridad y quieren agradecértelo. Si les haces saber, consciente o inconscientemente, qué tipo de respuestas quieres, ésas serán las respuestas que te darán. Para conseguir una información precisa, mantener buenos historiales, y no confundir tus datos, te sugiero lo siguiente.

Al final de la sesión, toca suavemente a la persona justo debajo de la clavícula y hazle saber suavemente que la sesión ha terminado. Cuando abra sus ojos, ten preparado bolígrafo y papel (o su ficha con el nombre, dirección, teléfonos, y otra información necesaria) para tomar notas. Depende de ti dirigir esta parte de la sesión y te animo a que lo hagas. Debes proceder así:

1. Pregunta al paciente: ¿Cómo ha sido su experiencia?, o, ¿qué recuerda? Mientras responde a tus preguntas, asegúrate de que se ajustan a los hechos: sentí esto, vi eso, oí esto, olí aquello.

2. Haz que el paciente describa con detalle todo lo que recuerde. Si vio un hombre con un abrigo blanco, pídele que lo describa. Invítale a recordar, realizando tus preguntas sin dirigirle, algo así como: ¿Qué más recuerda de él? Deja que el paciente hable. Después pregúntale cosas sobre el color del pelo, la altura, el largo del abrigo, y qué edad aparentaba. Según vaya contándote, puedes ayudarle a expresar o recordar todo lo que pueda de cada experiencia.

   Ten cuidado de no dirigirle. Un ejemplo de dirigir sería hacerle preguntas sobre si el hombre era alto, si tenía el pelo negro, o si aparentaba unos 30 años. Si la persona está dudosa de alguna manera, este tipo de puntualizaciones puede afectar excesivamente su memoria. Cuando creas que ya tienes toda la información que puedes sobre el hombre, pregunta: ¿Qué más recuerda? «Qué más» es una buena forma de decirlo, porque invita al paciente a buscar más detalles en su propia conciencia. No es lo mismo preguntar: ¿Recuerda algo más? Así, le pones en un contexto de sí/no, y cuando formulas cosas de esta manera, la tendencia natural, especialmente en el estado de relajación en el que muy probablemente se encuentra después de una sesión, es responder con un No.

3. Cuando hayas obtenido todas las respuestas y todos los detalles relativos a tus preguntas «¿Qué más?», plantea más interrogantes relativos a los cinco sentidos: ¿Vio algo más? ¿Oyó? ¿Sintió? ¿Olió? ¿Saboreó? (Sí, en ocasiones algunas personas sienten incluso «un sabor» durante sus sesiones.) Me gusta preguntar a la gente si les toqué en algún sitio durante la sesión. Si responden, por ejemplo: «Tocó mi pie», les pido que me muestren cómo lo hice. ¿Por qué? Porque tocar puede significar diferentes cosas para la gente. Para algunos significa un toque rápido con un dedo; para otros significa un apretón o un suave golpe con dos dedos. Una vez que sepas lo que significa «tocar», podrás describirlo con más precisión en tus notas.

Algunas notas para ti

Aquí van un par de «notas» para *ti*. Primero, al final de la visita, mantén al paciente concentrado en lo que *realmente experimentó durante la sesión.* En este punto no le dejes que te dé su interpretación de lo que su experiencia significa para él, cómo se relaciona con lo que va a pasar en su vida, o que te cuente sobre experiencias anteriores que ha tenido en algún otro lugar. Si comienza a hacer esto, tráele de vuelta a lo específico de *esta* experiencia sin interpretación. ¿Por qué? En primer lugar, su interpretación de lo que un hombre con un abrigo blanco significa, es generalmente poco más que volver a contarte lo que otra persona cree que significa, algo que alguien le ha dicho o ha leído en un libro. A menudo es su forma de impresionarte con lo que cree que sabe, y muy probablemente tiene poco que ver con una percepción precisa de la realidad de lo que acaba de experimentar.

Lo que es más importante, cada segundo que el paciente pasa contándote sus impresiones, está olvidando detalles de lo que realmente sucedió para él en esta sesión. Por esta misma razón, no debes compartir ninguna de *tus* historias con ellos en ese momento. Sugiere educadamente que permanezcan concentrados en contarte lo que realmente sucedió y hazle saber que puede darte sus interpretaciones y otras historias al final de este informe. Si tienes suerte, se le olvidará hacerlo.

Algo más: puedes no darte cuenta de cuán importantes pueden llegar a ser ciertas notas hasta algún tiempo después de que las hayas escrito. Si yo no hubiera tomado notas la primera vez que uno de mis pacientes mencionó «Parsillia», «George» o algún otro nombre, no las hubiera tenido para compararlas cuando esos seres se dieron a conocer en fechas posteriores a otros pacientes.

Un último apunte, pon cara de jugador de póquer profesional. No me refiero a una cara de piedra. Permanece cómodo y auténticamente interesado; simplemente no muestres tus emociones en respuesta a las contestaciones de algunos tipos de pacientes. Si tú «te enciendes» cada vez que tu paciente dice que ha visto a alguien, en su deseo subconsciente de agradarte, puede verse embelleciendo no intencionadamente la historia con cosas que «deberían» recordar. Así, si no muestras el mismo grado de «interés» en la próxima cosa que recuerde, tenderá a saltarse algunos detalles importantes. Es una forma inconsciente de confundir tus propios datos.

Espera hasta el final de la sesión para comenzar con el informe. Pedirle que te cuente las cosas mientras están ocurriendo, a menos que tengas una razón específica, no es justo para el paciente. Esto interrumpe la continuidad y profundidad de la sesión, privándole de la totalidad del aspecto vivencial. Las dos sugerencias que hago antes de comenzar la sesión son que, si algo que siente en la habitación llama su atención, puede abrir ligeramente los ojos para calmar su curiosidad, y después cerrarlos de nuevo para que pueda continuar con la sesión.

No sugiero que eso sea algo que deba suceder porque, si *tiene* una experiencia, no quiero influir intencionadamente en ella. También le digo que si durante la sesión sucede algo que sienta que es muy importante recordar, me lo puede decir en voz baja cuando ocurra. Le explico que si hace eso, puedo escribirlo para recordárselo después y así él no tendrá que recordarlo conscientemente.

❦❦❦

Capítulo Veintidós

¿Qué es sanar?

La verdad no cambia, aunque tu percepción de ella puede variar o alterarse drásticamente.
Eyes of the Beholder – **John y Lyn Clair Thomas**

Si parece que no sucede nada...

Si parece que no sucede nada durante la sesión, es o porque estás poniendo demasiado empeño o lo está haciendo el paciente. Mírale y mira su cara. Si ves que su cabeza echa humo o que se mueve nerviosamente, probablemente está haciendo algo más que «relajarse». Generalmente cuando le preguntas qué está haciendo, te dice: «Rezando». En su mente, está diciendo: «Querido Jesús, dame esta sanación; querido Jesús, dame esa sanación, Dios, dame esto, no olvides aquello y quiero que venga de esta forma...», y tal y tal y tal.

No estoy intentando disuadirte (ni tampoco a tu paciente) de rezar; digo: «Ten la fe de ser capaz de decir una oración –*una sola*– y convéncete de que ha sido escuchada».

Autosanación

La gente a menudo pregunta si es posible utilizar estas energías para sanarse uno mismo. Por supuesto que sí.

La autosanación es muy simple, casi demasiado simple, al igual que la sanación a distancia: si tratas de hacerla más compleja, será menos efectiva.

Por ahora, ya estás familiarizado de alguna manera con la sensación de tener la energía moviéndose en alguna parte de tu cuerpo. Así que, busca un lugar cómodo, quizá una cama o una butaca reclinable. Sé consciente de que tu intención es entrar en contacto con la energía con un propósito de autosanación, y reconoce ese hecho.

Ahora, deja que la sensación de la energía aparezca en tus manos. Observa cómo se va haciendo más fuerte. No intentes *forzarla*; simplemente *nótala*. Dale *permiso*, y espera a que llegue. Aparecerá cuando pongas tu atención en ella. A medida que concentres tu atención en ella, irá creciendo en intensidad. Cuanto más fuerte se haga, más la notarás. Cuanto más la notes, más fuerte se hará. Es un ciclo.

Sé consciente de que, a medida que la sensación se vaya haciendo más fuerte, también empezará a extenderse. Observa otras áreas de tu cuerpo, como tus brazos, y espera a que la sensación llegue allí; llegará. Después, pon la atención en tus pies y observa cómo empieza allí. Pronto subirá por tus piernas. A medida que la energía recorra tu cuerpo, comenzarás a vibrar a un nivel más alto. La energía entonces se volverá tan fuerte que comenzará a bloquear otros sonidos y pensamientos que te puedan distraer. Básicamente, comienza a tomar el mando.

Siente cómo toma el mando y se hace cada vez mayor. Después, permítete deslizarte en el vacío. A medida que entres en este vacío, tus pensamientos conscientes irán desapareciendo. Si estás ahí acostado pensando *me estoy sanando, me estoy sanando, me estoy sanando...* pues no, «no lo estás, no lo estás, no lo estás». Relaja el pensamiento.

De repente, ya no te das cuenta de nada, porque estás *en* el vacío. Aunque no te percatarás hasta que hayas salido de él. De repente, abres los ojos: cinco minutos, veinte minutos, una hora y media después. O, si te metes en este proceso por la noche, puedes elegir no salir de él hasta la siguiente mañana. Cuando sea el momento de salir del vacío, de repente te darás cuenta de que estás fuera. Así es. Así de simple.

Después déjalo ir. No vuelvas atrás. Ten por seguro que la sanación adecuada ha tenido lugar y *sigue adelante*. ¿Por qué? Porque cada vez que vuelves a buscar más, estás reforzando la creencia de que *no conseguiste todo* la primera vez. *Sigue adelante y no mires atrás*. De esta manera tu esencia reconoce que la sanación está completa, permitiendo así su totalidad. Tu intención fue la oración. La energía fue la portadora de la comunicación. Dejarla y no mirar atrás es tu agradecimiento y aceptación.

Sanación a distancia

El Dr. Richard Gerber, en su libro *La curación energética*, habla del modelo Tiller-Einstein del espacio-tiempo positivo y negativo: la materia

240

física existe en el espacio-tiempo positivo; las energías más allá de la velocidad de la luz (tales como las frecuencias etéricas y astrales) existen en el espacio-tiempo negativo. Gerber explica que la energía (y la materia) del espacio-tiempo positivo son ante todo eléctricas por naturaleza, mientras que la energía del espacio-tiempo negativo es ante todo magnética. Según esto, el espacio-tiempo positivo es el campo de la radiación electromagnética (EM), mientras que el espacio-tiempo negativo es el campo de la radiación magnetoeléctrica (ME). La energía del espacio-tiempo negativo, aparte de su naturaleza magnética primaria, tiene otra característica fascinante: una tendencia hacia la entropía negativa. La entropía es una tendencia hacia el desorden, la desorganización, el *mal-estar*. Cuanto mayor sea la entropía, mayor será el desorden. La entropía negativa es la tendencia hacia el orden, la organización, el bien-estar. Es la tendencia hacia la regeneración y la sanación.

¿Qué tiene esto que ver con la sanación a distancia? Las frecuencias de la Sanación Reconectiva no se rigen por las leyes del espacio-tiempo positivo. Al menos en algunos niveles son congruentes con los conceptos del espacio-tiempo negativo. Es un sistema de referencia completamente diferente. Es probablemente una visión parcial de por qué no hay ninguna razón para utilizar tus manos con la autosanación o la sanación a distancia y por qué no hay una razón real para utilizar tus manos cuando estás físicamente presente en la sala con tu paciente.

Como ya se ha dicho, uno de los principios de la mecánica cuántica es que la fuerza se vuelve más potente con la distancia. Trabajar con alguien que no está físicamente presente te da la oportunidad de experimentar este fenómeno.

❦❦❦

Para comenzar el proceso de la sanación a distancia, busca un lugar cómodo. Cierra los ojos si quieres y, como ya comentamos en la sección «Autosanación», deja que las sensaciones te lleguen: desde tus manos a tus brazos; desde tus pies a tus piernas; en tu cuerpo y en tu ser. Conscientemente conviértete en tu esencia, y permanece con la persona con la que estás conectado –ya sea en lo que imagines como su ambiente físico, o algún lugar en el espacio o la negrura, el vacío– todo y nada. Date cuenta de que estás allí y de que la otra persona está allí contigo. No importa si sabes o no qué aspecto tiene. «Sentir» a la persona será suficiente. *No* necesitas hablar por teléfono con ella, ni necesitas una foto, ni una pieza de joyería, ni una muestra de su escritura, ni un mechón de su cabello.

Permanece con esa persona. Deja que las vibraciones de estas frecuencias se hagan más grandes y más intensas. A veces incorporo parte del trabajo que imparto en los seminarios avanzados, pero no es necesario. Es simplemente algo que me gusta hacer.

Quédate en este proceso tanto como quieras, ya sea un minuto o una hora. Puedes elegir incluso ir más allá y entrar en el «vacío». Inicialmente, sé consciente de tu intención y después déjate entrar.

¿Tiene que ser consciente la otra persona de lo que estás haciendo? No.

Tengo un amigo en el sur de Florida que me llamó porque su madre estaba en un hospital en el norte de Florida, a unas cuatro o cinco horas en coche desde donde estaba él. Aparentemente ella había empeorado, y el hospital le había llamado porque este hecho era inesperado. Realmente no creían que ella fuera a vivir lo suficiente como para que él condujera hasta allí para verla. Me llamó a Los Ángeles y me preguntó si podía hacerle una sanación a distancia.

No había conocido nunca a la madre de mi amigo y ella no estaba disponible conscientemente para darme permiso ni para saber lo que yo iba a hacer, pero accedí.

Así que me fui a ese *lugar* y ella y yo nos encontramos allí. Permití que las sensaciones fluyeran sobre y a través de mí. Quince minutos después, sentí que la sanación estaba completa. Mi amigo me llamó al día siguiente y me contó que su madre había tenido una absoluta mejoría, sorprendiendo totalmente al equipo del hospital. Al día siguiente ella estaba mejor. Su cambio había sucedido mientras que él estaba de camino para verla en su coche. Sucedió mientras ella y yo estábamos juntos en el vacío.

¿Su recuperación se debió a nuestra interacción? No lo sé. ¿Se mueven las frecuencias reconectivas a velocidades superiores a la de la luz? Probablemente. Y si todo es luz y la luz es todo, quizá podríamos decir que más rápido que la luz *visible*. ¿Estamos funcionando en los niveles de espacio-tiempo negativo de los componentes dimensionales superiores de la gente? ¿Lo que estamos haciendo entonces es organizar y apoyar las estructuras moleculares/celulares del cuerpo físico? ¿Las estamos reorganizando quizá?

El concepto de los campos magnetoeléctricos y la entropía negativa proporcionan potencialmente algunas visiones fascinantes tanto en la

Sanación Reconectiva a distancia y las frecuencias reconectivas como en su interacción con la autosanación y la sanación cercana.

Elección y permiso

Karmagedon: Es como si todos te estuvieran enviando todas las malas vibraciones, ¿no? Y entonces, como si la tierra explotara y tuvieras un mal viaje.
The Washington Post

Elección y permiso son dos conceptos que están, de alguna manera, entrelazados. No es que cada uno no sea «uno» por sí mismo, sino que estas dos ideas tienen una relación interesante cuando se trata de sanación. Una conversación sobre ellas tiende a sacar algunas emociones fervientes en mis seminarios, así que generalmente dejo el tema para después del almuerzo, por si la comida pesada hace que algunos participantes tengan sueño.

Comencemos con la *elección*. Uno de los grandes culpabilizadores que ha estado haciendo la ronda durante bastante tiempo tiene que ver con este concepto. No intento hacer una revisión exhaustiva aquí, pero quiero darte la suficiente información para que te lo plantees.

Pasa el tiempo suficiente en cualquier librería o reunión de Nueva Era e inevitablemente, tan pronto como una charla gire sobre la falta de salud de una persona, alguien dirá, generalmente con tono santurrón: «Bueno, me pregunto qué hizo para provocárselo». Los demás asentirán con la cabeza de la forma habitual y conocida por todos.

Todos hemos visto esto. Esta pobre persona, sea quien sea, ya tiene suficientes problemas sin un grupo de CNE (Charlatanes de la Nueva Era) intentando sentirse superiores a expensas de ella. «Bob (o Mary o quien sea) debería elegir simplemente sentirse bien», continúa la conversación. «Fíjate sólo en lo que está provocando esto en sus niños.» El complejo de superioridad espiritual es tan denso que podrías cortarlo con una varita de cristal.

Si fuéramos capaces de hacer nuestras propias elecciones tan sencillamente como somos capaces de elegir una camiseta o un pedazo de pizza, yo seguramente elegiría estar feliz, sano, viviendo una relación amorosa con mi pareja la cual llenara todos mis deseos y necesidades y ser próspero en la carrera que he elegido. Y, ya puestos, elegiría ser increíblemente guapo (¡qué caramba!). Sé que muchos elegirán algunas de estas mismas cosas; también sé que si hubiera una píldora que nos pudiera dar todo eso, estaríamos todos en el consultorio del médico a primera hora de la mañana haciendo cola para que nos la recetara.

Así que, ¿por qué no manifestamos todos estas cosas en nuestras vidas hasta el punto que creemos que nos gustaría? Porque la parte de nosotros que hace la elección no es la parte de nosotros que cree que *pensar* sea la elección. No es la parte consciente de nosotros la que decide sobre la camiseta azul o la pizza de peperoni. Es la parte de nosotros que ve el conjunto global, la visión general de nuestras vidas, es la parte de nosotros que tiene el entendimiento de que estamos pasando por nuestras lecciones aquí en la tierra y que nuestras experiencias están para ser vividas dentro de ciertos parámetros, aquellos que muy probablemente aceptamos como prioritarios al encarnarnos en este tiempo. ¿Lo sé por experiencia? No. ¿Tiene sentido? Sí.

Así que quizá Bob (o Mary) no pueden simplemente ordenarse a sí mismos una ración instantánea de «buena salud». Quizá asumir la responsabilidad de esto, *o sentirse enfermos en primer lugar*, no sirve para nadie. Cuantas más personas seamos capaces de ver las cosas con una perspectiva mayor, menos dolor provocaremos en aquellos que realmente queremos que estén bien.

Entonces, ¿qué tiene esto que ver con pedir permiso a alguien antes de sanarle?

Básicamente pedir permiso a alguien que ha venido a nuestro consultorio y que está tendido sobre nuestra camilla es, obviamente –y dicho educadamente– redundante. (Y sí, realmente he visto a sanadores hacerlo.) Ahora, si ya has conseguido tu respaldo, *vuelve* atrás y relee los primeros párrafos sobre la «elección», prestando mucha atención a la parte sobre *quién* está haciendo la elección, porque es la misma parte de ti que está concediendo el permiso. Digamos que tienes un precioso niño de cinco años. «Johnny» ha estado enfermo desde que tenía un año y medio y vive constantemente con dolores. Su pelo se cae y su medicación le hace tener nauseas. Pasa la mayor parte de sus días entre su habitación y el baño. Es precioso, es guapo, es estoico.

Un día escuchas hablar de un sanador sorprendente, un monje que vive en una cueva en el Himalaya. Te pones en contacto con el monje y haces los preparativos para que él venga en avión porque Johnny no está lo suficientemente fuerte como para salir del país. Pones al monje en un bonito hotel y después de un día de descanso vas a buscarle y le traes a tu casa. Cuando llega, le llevas escaleras arriba a la habitación de Johnny. Después de unos valiosos minutos de conversación, parece que el monje y el chico han simpatizado. Ahora, con afectación y respeto, el sanador se inclina hacia delante y le dice a tu hijo: «Johnny, ¿me das permiso para sanarte?». Johnny, que no puede imaginar la vida sin dolor –y por tanto asocia «sanación» sólo con una vida más larga llena de dolor– piensa por un momento. Después, suave y temerosamente, dice: «No». ¿A quién habría que estrangular primero, a Johnny o al sanador?

Con toda seriedad, en la Tierra, un informe de consentimiento no es siempre un consentimiento *con información*. Realmente, un informe de consentimiento es más que un consentimiento *sin información*.

Johnny no dio su permiso porque no podía ver más allá de su situación presente. Basó su decisión en la desinformación. Su consentimiento o su falta de él, no estaba *informado,* estaba *desinformado*. ¿Cuántos de nosotros tenemos realmente todas las respuestas? ¿Cuántos de nosotros podemos ver lo que nos depara el futuro?

Al contrario de lo que pudiera parecer, tú sólo puedes *ofrecer* una sanación; no puedes *producir* una sanación. El permiso, por tanto, se pide automáticamente como parte del acto de ofrecer. La sanación, una vez realizada, conlleva el permiso. Así pues, ofrecer una sanación siempre es correcto (verbalmente o en silencio en tu propio pensamiento) ya sea la persona un receptor consciente, es decir alguien que te llama para una cita, o un individuo que no es capaz de hacer una elección conciente en ese momento. Tanto su aceptación como la forma que tome se dan con la mejor intención de esa persona.

¿Qué es una sanación con éxito?

¿Qué determina una sanación con éxito? ¿Es alguien que se levanta de una silla de ruedas y anda? ¿Es la desaparición de la enfermedad? ¿Es la reestructuración y transformación de nuestro ADN?

O quizá la vida es la enfermedad y la muerte es la sanación.

Un día recibí una llamada de un oncólogo que me preguntó si podría ver a uno de sus pacientes. Dije: «Por supuesto». Aquella mujer no podía dejar el hospital, así que fui a verla a ella y a su marido por la noche. Cuando llegué, ella estaba dormida, así que hablé con su marido durante unos minutos y después comencé la sesión. Al poco tiempo ella abrió los ojos. Su marido nos presentó y durante la duración de la sesión la pareja mantuvo una conversación muy animada y divertida. Podías ver los efectos que la quimio y otros tratamientos a largo plazo habían provocado en ella, aunque también podías distinguir el brillo de la belleza en su sonrisa y en sus ojos.

Era una pareja joven, de unos treinta años probablemente. Cuando hablaban entre ellos, sus ojos parecían como los de dos amantes que se habían reunido después de una larga separación. Parecía que disfrutaban el uno con el otro y que se amaban mucho. Ella hablaba, él escuchaba; él hablaba, ella escuchaba. Se reían y me metían en su conversación como si fuera un amigo de toda la vida. Compartieron conmigo historias de diferentes cosas que habían hecho juntos y me hablaron de sus viajes y de gente que conocían.

De repente, a la mujer se le antojó un helado ¡de tres sabores diferentes! Yo llevaba en el hospital más tiempo de lo que había planeado, pero ofrecí quedarme hasta que su marido fuera a buscar el helado. Cuando estaba a punto de irse ella decidió que también estaría bien un poco de tarta de queso. Eran las 11.00 de la noche, pero nada podía hacer más feliz al hombre que ir a buscar esas cosas para traérselas a su mujer. Prometió volver pronto, aunque todos sabíamos que en ese momento salir del complejo del hospital, encontrar algún lugar abierto, y volver con todo, llevaría sus buenos 45 minutos. Y así fue. Fueron incluso unos de los 45 minutos *más largos* de mi vida porque según se cerró la puerta detrás de él, ella se volvió hacia mí y me dijo: «Me voy a ir ahora».

Dije: «¿Que vas a qué?». Sabía lo que ella quería decir, pero no podía creer lo que estaba oyendo.

«Me voy a ir ahora», repitió.

«*¿Ahora?*», pregunté.

Asintió.

Me quedé en estado de shock. El comportamiento y la expresión de la mujer no dejaban lugar a una mala interpretación. Me estaba diciendo que estaba planeando morir, y planeaba morir *justo entonces*. Había enviado a su marido a buscar comida para asegurarse de que no estaría presente.

«Oh, no, no te vayas», le dije.

No quería que él volviera con los brazos llenos de helado y tarta de queso y me viera sentado junto a su mujer muerta.

«Me voy a ir ahora», repitió.

«Te vas a quedar aquí mismo hasta que tu marido vuelva», le dije en respuesta a su tercera y más reciente amenaza, mirando al reloj y viendo lo despacio que parecía pasar el tiempo. La cuestión era que, yo no tenía ninguna duda de que ella podía «irse» en ese preciso momento. La única forma de evitar que esto ocurriera era darle conversación. Sabía que una vez que ella dejara de hablar, se dejaría ir y cruzaría al otro lado. Le dije a la mujer que si había tomado la decisión de irse, su marido desearía tener la oportunidad de decirle adiós. Estaba manteniéndola ocupada en el proceso mental, y eso era bueno. En ese momento hubiera agarrado un ukelele y tocado *Tiptoe through the tulips* si creyera que eso la iba a mantener con vida hasta que él regresara. Hablamos. Ella «se quedó».

Unos 45 minutos después volvió su marido. No se habló de la «despedida» de ella. Volvieron a la conversación normal como si nada hubiera ocurrido. Mi corazón aún latía fuerte mientras la mujer comía su helado. Me ofrecieron un poco. Yo… no tenía mucha hambre. Dije buenas noches y me fui rápido. Su marido me llamó al día siguiente para decirme que había fallecido. Ya lo sabía. Me contó entonces que ella había estado dormida y/o casi inconsciente durante casi los dos meses anteriores a mi visita. Era la primera vez que había estado lúcida durante más de un minuto. Me agradeció haberle devuelto a su mujer durante aquella noche final.

¿Quién tuvo la sanación y qué fue? Bueno, *ambos* tuvieron una sanación. Él necesitaba, después de dos meses, ver a su mujer una última vez para decirle adiós y dejarla ir. Ella necesitaba verle de nuevo y saber que estaría bien si ella se iba. Ambos recibieron su regalo.

La gente se muere. Cambiamos. Es parte de nuestra experiencia cósmica de reciclarnos.

Cuando alguien cruza al otro lado no significa que no se hayan sanado. Su sanación puede muy bien ser el bienestar con el que les permites hacer su transición, la paz que reciben de tu visita para aceptar y dejarles ir, y esa oportunidad de sonreír y decir «te quiero» a alguien que necesita escucharlo por última vez.

Así que no interpretes, no analices. Simplemente sé. Y sé consciente de que transportas el regalo de la sanación, cualquiera que sea la forma que tenga.

ෲෲෲ

Pensamientos finales

La maravilla de todo

En este libro hemos hablado de la sanación como descubrimiento, la sanación como teoría y la sanación como práctica. Pero para terminar, hay un aspecto que quiero destacar: la sanación como milagro. Cuando digo «milagro», me refiero exactamente a eso: un hecho maravilloso que manifiesta un acto sobrenatural de Dios. Por supuesto, en un universo de quarks, agujeros negros y once dimensiones, *sobrenatural* no significa lo que suele significar. Y, de la misma manera, tampoco Dios significa lo que suele significar.

Aun así, el sentido de conciencia y duda que llega cuando ocurre lo «imposible» nunca disminuye. Ya ves, cuando facilitas estas energías no sólo estás asistiendo a la sanación de una persona, eres un asistente en la transformación de una magnitud hasta ahora desconocida.

La gente me pregunta si *todos* tienen la habilidad de portar estas frecuencias y convertirse en sanadores. Mi respuesta es: «Sí. Todo el mundo puede alcanzar este nivel, pero están ciegos. Sólo unos pocos se atreven a abrir los ojos… y a menudo aquellos que lo hacen están cegados por lo que ven».

Para mí, esto es lo que Deepak Chopra me quiso decir con la frase «permanece como un niño». Todo sorprende a los niños; ven el mundo como una aventura completamente nueva cada día. Al no tener nuestro contexto limitado de las cosas, ellos no están *cegados* por *nada* de lo que ven. Sin el aprendizaje del miedo, no están limitados con los «debería», los «no debería», los rituales obligatorios o la seriedad. Todo forma parte del maravilloso universo que han venido a habitar.

Yo siento esa misma excitación cada día. Cada vez que hago este trabajo lo experimento con una sensación de novedad y descubrimiento como si fuera mi primera vez. Porque, con cada persona, *es* la primera vez. Sé que tú te sientes así también. Traes a la existencia luz e información que únicamente llega a través de los dos (realmente, tres, incluyendo a Dios).

Cuando este *don* se me presentó por primera vez, yo ya era un doctor con mucha práctica. Así pues, supuse que este don tenía que ver con la sanación. Sabía que algo *muy grande* estaba ocurriendo y lo llamé *sanación* porque pensé que *tenía* que ver con la sanación (en un amplio sentido de la palabra doctor/paciente/milagro) y porque *quería* que tuviera que ver con sanación.

Ahora veo que, desde el principio, fue mi *intención* que este don tuviera que ver con la sanación. Quería *entenderlo*, *clasificarlo* y muy probablemente después *dirigirlo* y «*aumentarlo*». La sanación era el contexto en el que yo ejercía, y el contexto en el que yacían las limitaciones ocultas que yo había impuesto en La Reconexión. No eran limitaciones intencionadas. Estaban simplemente establecidas por mi incapacidad de ver más allá, de reconocer desde el principio que esto tenía que ver con algo mucho mayor.

Lo que he llegado a reconocer es que eso es sanación en un sentido muy diferente del que hemos aprendido a percibir, comprender, o incluso creer o aceptar. Esta sanación trata de un proceso evolutivo hecho realidad a través de la co-creación en la interacción vibracional superior con el universo. He llegado a creer que se trata realmente de reestructurar nuestro ADN, aunque haya dudado en decirlo al principio. Cuando cambiamos a transensoriales –o *transcendensoriales*– (con un significado más allá de nuestros cinco sentidos básicos), cambiamos al ámbito de la coexistencia con una energía y presencia más allá de lo que hemos conocido antes.

Mi intención bien podría haber redirigido parte de esto para fijar el primer alcance de mis creencias y entendimiento. Y, aunque enseño que debemos apartarnos del camino, no dirigir ni proponer la forma en que la sanación se debe realizar, me doy cuenta de que he estado *en* el camino desde el momento en que tomé la decisión de que esto trataba sólo de la curación doctor/paciente/milagro.

El problema no era que yo tuviera intención, era *lo específico* de la intención. Tomé mi estado de *expectación* con los ojos como platos y a través de lo específico de mis deseos e intenciones, lo miré con la menor *expectativa* posible.

Deepak Chopra, autor del que considero uno de los libros más importantes que ninguno de nosotros haya leído, *Las siete leyes espirituales del éxito*, explica que una de las *Leyes de la intención y el deseo* es el «desapego al resultado. Esto significa renunciar a tu atadura rígida a un resultado específico y vivir en la sabiduría de la incertidumbre». En cierto modo, muchos de nosotros hacemos esto ahora. Yo lo hice así, hasta el punto de renunciar a mi atadura al resultado *de las sanaciones*. Sin embargo, no renuncié a mi atadura al resultado de *ser* una sanación; por lo tanto, limité mi propia experiencia.

Tú y yo podemos avanzar ahora. Para hacerlo, necesitamos permanecer conscientes de nuestras intenciones, aquellas tan sutilmente arraigadas que merodean en su mayor parte justo por debajo de nuestro radar consciente. Cuando hacen «bip» en nuestra pantalla, es nuestra responsabilidad examinarlas. Nuestras intenciones ocultas influyen en la dirección que tomamos, generalmente con más fuerza que nuestras intenciones conscientes, porque no somos suficientemente conscientes de ellas para examinarlas a la luz. Si no sabemos que tenemos miedo, no le haremos frente.

A través de la información impartida en este libro estás experimentando tu propia transición evolutiva. Ahora eres capaz de escuchar y oír con un sentido diferente, de ver con una nueva visión. Has aprendido a sentir lo que otros aún no han sentido. A medida que aprendes la experiencia de esta nueva conciencia, cambias tu existencia como ser transcendensorial.

Ahora, cuando aquellos que vienen a tu consultorio escuchan *cuando nada es audible para los demás,* huelen *cuando no tienen el sentido físico del olfato,* ven *cuando sus ojos están cerrados*, y sienten *cuando, para el espectador, no habría nada que causara esa sensación,* sabes que estás escoltándolos hacia *su* nuevo nivel transcendensorial de existencia. Y cada ocasión es tan excitante como cuando lo descubriste por ti mismo.

Lo que estás haciendo es traer luz e información al planeta, y donde hay luz e información no puede haber oscuridad. A través de esta luz e información, entre otras cosas, llega la transformación y la sanación.

La sanación no es el «cómo» o el «por qué», no es una receta. Es un estado de *ser*. Así pues, con tu miedo, entra en la luz y la información. El amor se vuelve eso. Y eso se vuelve amor, y eso es el sanador. Tú eres al mismo tiempo el observador y el observado, el amor y el amado, el sanador y el sanado.

Hazte uno con la otra persona, y entonces sánate a ti mismo. En tu propia sanación, sanas a los demás. Y en la sanación a los demás, te sanas a ti mismo.

Reconecta. Sana a otros; sánate a ti mismo.

Algunas cosas son difíciles de explicar; los milagros hablan por sí mismos.

Lee este libro tres veces

No habrás leído realmente *La Reconexión* hasta que lo hayas leído tres veces.

No importa cuántas veces hayas leído *La Reconexión: Sana a otros; sánate a ti mismo*, porque cada vez que lo leas, observarás que hay más de lo que en principio habías visto. Quizá ya habrás descubierto que está escrito en un número *infinito* de niveles. No necesariamente con intención, y por supuesto no según mi diseño consciente, aunque ahí está, exactamente igual. Cada vez que leas *La Reconexión*, encontrarás más revelaciones –*luz e información*– esperándote. Así que, *léelo una vez más.* Después léelo *otra vez. Escribe en él. Subráyalo. Revísalo.* Hay más por descubrir. *Muchísimo* más.

Comparte *La Reconexión*

Muchos de los que han leído *La Reconexión* querrán compartir lo que hay en este libro. Como todos sabemos, el regalo de la sanación es uno de los mayores regalos que podemos ofrecer. Para los que estamos involucrados en la conciencia, la iluminación y la evolución, para muchos de los que adoramos a nuestras familias y amigos, *La Reconexión* probablemente sea uno de los regalos más apasionantes y valiosos para dar y recibir. Un regalo de presencia. Así que, si eliges compartir tu libro o regalarle otro ejemplar a alguien, debes saber que *lo que estás haciendo es reconectar las hebras. Lo que estás haciendo es reconectar las cuerdas. Lo que estás haciendo es traer luz e información al planeta.*

Sobre el autor

El doctor Eric Pearl renunció a una de las consultas quiroprácticas más exitosas de Los Ángeles cuando él y otros comenzaron a ser testigos de sanaciones milagrosas. Desde entonces, se ha comprometido a impartir la luz y la información del proceso de la Sanación Reconectiva a través de conferencias y seminarios internacionales sobre «La Reconexión». El doctor Pearl ha aparecido en numerosos programas de radio y televisión de todo el mundo. Fue invitado a hablar en las Naciones Unidas, y se presentó ante una audiencia que llenaba el Madison Square Garden. Sus seminarios han sido destacados en diferentes publicaciones, incluido *The New York Times*.

ຓຓຓຓ

Para tu seguridad

Este libro te proporciona información que puede servirte en tus primeros contactos con la Sanación Reconectiva. Sin embargo, leer este libro no te hará ser un Terapeuta de Sanación Reconectiva o un Terapeuta de Reconexión, ni te permitirá enseñar Sanación Reconectiva® o La Reconexión®, ni te permite presentarte ante otros como Terapeuta de Sanación Reconectiva, Terapeuta de Reconexión o profesor de cualquiera de ellas. Asistir a los seminarios impartidos por Eric Pearl es un requisito para convertirte en un Terapeuta de Sanación Reconectiva o en un Terapeuta de Reconexión.

Actualmente, Eric Pearl es el único instructor autorizado y certificado para enseñar Sanación Reconectiva y La Reconexión. Eric está comenzando a ofrecer seminarios para preparar instructores en Sanación Reconectiva y La Reconexión. Puedes encontrar información sobre los seminarios del Programa de Instructores en la página web de Eric y/o en sus folletos. También puedes conseguir esta información poniéndote en contacto con La Reconexión en el listado de direcciones de correo electrónico y teléfonos. Es necesario que completes los dos cursos básicos de fin de semana antes de pasar al entrenamiento para convertirte en un Terapeuta Titulado, Profesor Adjunto y Mentor, o pasar al Programa de Instructores. También pueden ser necesarios otros requisitos previos y éstos pueden estar sujetos a cambios.

Para tu seguridad, por favor ponte en contacto con nosotros a través de info@TheReconection.com o llámanos por teléfono al +1-323-960-0012 o 1-888-ERIC PEARL (1-888-374-2732) antes de asistir a un seminario que tenga la intención de ofrecer un entrenamiento de Sanación Reconectiva o La Reconexión impartidos por cualquier otro que no sea Eric Pearl. Te informaremos si estás asistiendo a un seminario impartido por un instructor autorizado.

Para obtener más información sobre los requisitos para ser Terapeuta de Sanación Reconectiva, Terapeuta de Reconexión, Terapeuta Titulado, Profesor Adjunto y Mentor, para entrar en el Programa de Instructores o simplemente mantener tu estatus como terapeuta, por favor envíanos un correo electrónico a info@TheReconnection.com o llama al +1-323-960-0012 o 1-888-ERIC PEARL (1-888-374-2732). Esperamos tus comentarios y preguntas.

Información de contacto del Dr. Eric Pearl y La Reconexión

Dr. Eric Pearl
c/o The Reconnection
P.O. Box 3600
Hollywood, CA 90078-3600
www.TheReconnection.com • e-mail: info@TheReconnection.com

Para asistir a los seminarios u
organizar un seminario en tu zona, llama al:
+1-323-960-0012

o

1-888-Eric Pearl (1-888-374-2732)
o escribe a
info@TheReconnection.com

Para informarte sobre sesiones privadas con un terapeuta,
visita nuestro Directorio de Terapeutas en nuestra página web
www.TheReconnection.com
o llama al
+1-323-960-0012

Por favor, envía al Dr. Pearl tus historias de sanación ya sean como
resultado de la lectura de este libro, de una sesión privada con un
terapeuta o de asistir a uno de los seminarios del Dr. Pearl. Por favor,
envíalas a las direcciones de correo electrónico o físico arriba indicadas.
¡Esperamos tus noticias!